Utopie und utopischer Roman

LITERATURSTUDIUM

Hiltrud Gnüg

Utopie und utopischer Roman

Philipp Reclam jun. Stuttgart

Die Deutsche Bibliothek – CIP-Einheitsaufnahme

Gnüg, Hiltrud:
Utopie und utopischer Roman / Hiltrud Gnüg. –
Stuttgart : Reclam, 1999
(Universal-Bibliothek ; Nr. 17613 : Literaturstudium)
ISBN 3-15-017613-1

Universal-Bibliothek Nr. 17613
Alle Rechte vorbehalten
© 1999 Philipp Reclam jun. GmbH & Co., Stuttgart
Gesamtherstellung: Reclam, Ditzingen. Printed in Germany 1999
RECLAM und UNIVERSAL-BIBLIOTHEK sind eingetragene Marken
der Philipp Reclam jun. GmbH & Co., Stuttgart
ISBN 3-15-017613-1

Inhalt

I
Zum Begriff der Utopie
und des utopischen Romans

Und es entstand die erste, die goldene Zeit: ohne Rächer,
Ohne Gesetz, von selber bewahrte man Treue und
                Anstand.
Strafe und Angst waren fern; kein Text von
                drohenden Worten
Stand an den Wänden auf Tafeln von Erz; es fürchtete
                keine
Flehende Schar ihren Richter: man war ohne Rächer
                gesichert.
Fichten fällt man nicht, um die Stämme hernieder von
                ihren
Höhn in die Meere zu rollen, nach fremden Ländern
                zu fahren;
Außer den ihrigen kannten die Sterblichen keine
                Gestade.
Keinerlei steil abschüssige Gräben umzogen die Städte;
Keine geraden Posaunen, nicht eherne Hörner,
                gekrümmte,
Gab es, nicht Helme noch Schwert, des Soldaten
                bedurften die Völker
Nicht: sie lebten dahin sorglos in behaglicher Ruhe.
Selbst die Erde, vom Dienste befreit, nicht berührt
                von der Hacke,
Unverwundet vom Pflug, so gewährte sie jegliche
                Gabe,
Und die Menschen, zufrieden mit zwanglos gewachsenen
                Speisen,
Sammelten Früchte des Erdbeerbaums, Erdbeeren der
                Berge,

Kornelkirschen, in stachligen Brombeersträuchern die
Früchte
Und die Eicheln, die Jupiters Baum, der breite, gespendet.
Ewiger Frühling herrschte, mit lauem und freundlichem
Wehen
Fächelten Zephyrlüfte die Blumen, die niemand gesäet.
Ja, bald brachte die Erde, von niemand bepflügt, das
Getreide:
Ungewendet erglänzte das Feld von gewichtigen Ähren.
Hier gab's Ströme von Milch, dort ergossen sich Ströme
von Nektar,
Und es troff von der grünenden Eiche der gelbliche
Honig.

(Ovid, *Metamorphosen*, 26 f.)

*Vom besten Zustand des Staates oder von der neuen Insel
Utopia* (*De optimo reipublicae statu, deque nova insula
Utopia*) kündet Thomas Morus' Schrift, die der Gattung ihren Namen gab. Sein ›Nicht-Ort‹ – so die wörtliche Übersetzung der griechischen Wortbildung – ist jedoch keineswegs in einem Nirgendwo angesiedelt, sondern hat seine
Wurzeln im festen Erdreich konkreter Geschichte.

Anders als etwa Ovids Mythos vom Goldenen Zeitalter,
der eine paradiesische Ära in einer zurückliegenden, vorge-
schichtlichen Zeit vorstellt, zeichnet Morus in seiner Utopie
den Entwurf einer glücklichen Menschengesellschaft, den
die Zukunft einlösen soll. Der Mythos beschwört einen paradiesischen Glückszustand vor dem Sündenfall, ein sorgenfreies, angenehmes Leben, das eine verschwenderisch groß-
zügige Natur den Menschen schenkt. Hier bedarf es noch
nicht der menschlichen Arbeit, um der Natur ihre Schätze
abzugewinnen, und kein Gesetz ist nötig, das das Zusammenleben der Menschen regelte. Freundliche Sanftheit
macht hier das ›natürliche‹ Wesen von Mensch und Natur
aus. Doch auch wenn in die Utopie Glücksvorstellungen
einfließen, die die Wunschphantasie im Mythos ausmalt, sie

nimmt ihren Ausgangspunkt jeweils von einer als mangel-
haft, schlecht empfundenen Realität, in der die Natur dem
Menschen nichts freiwillig preisgibt und in der Gesetze
das menschliche Zusammenleben bestimmen; sie geht vom
homo faber aus, der sich eine glückliche, das heißt, auch ver-
nunftgemäße Lebensordnung selbst schaffen muß. Die Utopie, aus dem Möglichkeitssinn des Subjekts geboren, gründet nicht in einem archaischen, vorlogischen Urtraum von
dem *einen* Glück, sondern sie ist jeweils geschichtlich ver-
ankerter Gegenentwurf zu einer gesellschaftlichen Realität,
in der falsche Gesetze dem Glück der Menschen entgegen-
stehen. Der Titel der Schrift von Thomas Morus verweist
schon auf Wesensmerkmale der Utopie; sie beansprucht die
Konzeption einer besten Staatsverfassung, die sie in einem
fernen Inselreich realisiert weiß. Die Ferne ist gleichsam das
fiktionale Signal, daß Utopia *noch* nicht von dieser Welt ist;
doch indem ihre politische und soziale Verfassung als Optimum vorgestellt, das Optimum zugleich als das Vernunftge-
mäße gedacht wird, ist sie zugleich mächtiger Appell, der
Vernunft zu ihrem Recht in der Geschichte zu verhelfen.
Die Realisierungstendenz ist der Utopie anders als z. B.
dem Märchen immanent.

Erst allmählich löste sich der Begriff Utopie von dem
Werk des Thomas Morus und wurde einerseits zur Bezeich-
nung einer literarischen Gattung, dem utopischen Staatsroman, andererseits vollzog sich auch mit der Ablösung von
dem einmaligen literarischen Werk eine solche Ausweitung
des Begriffs, die eine einheitliche Definition unmöglich
macht. Gleichzeitig wechselte die Einschätzung der Utopie;
der Bedeutungswandel des Begriffs reicht von dem ursprünglichen ›Nichtort‹, der jedoch ideelle Realität besaß
und Produkt konstruktiver Vernunft war, über den ›besten
Staat‹ bis hin zur Schimäre, so in der 8. Auflage des »Dict-
ionnaire de l'Académie française« von 1931.

Einzig François Rabelais, jüngerer Zeitgenosse des Thomas Morus, spielt in seinem Riesen-Roman *Gargantua et*

Pantagruel – erschienen 1532–64 – mehrmals direkt auf Thomas Morus' Werk *Utopia* an. Mit diesen Anspielungen suggeriert er den Lesern einen weiteren Deutungshorizont seines phantastischen Romans, in dem sein Realitätsgehalt schärfere Konturen gewinnt. An der Unterschiedlichkeit dieser beiden Werke des 16. Jahrhunderts, die beide pointierte Zeitkritik mit dem Entwurf einer besseren Gesellschaft verbinden, läßt sich die Spannweite des utopischen Romans veranschaulichen. Morus' *Utopia* ist in strengem Sinne kein Roman, und Rabelais' *Gargantua et Pantagruel* läßt sich kaum mit dem Etikett des ›Utopischen Staatsromans‹ charakterisieren. Doch man müßte aus der Vielfalt utopischer Prosa sicherlich viele interessante Werke weglassen, um einem ›reinen‹ Begriff vom utopischen Roman zu entsprechen. Insofern plädieren die meisten Literaturwissenschaftler für eine flexible Auslegung des Begriffs, die der Fülle utopischer Literatur gerecht wird. Friedrich Krey, der Mitherausgeber eines wichtigen Sammelbandes zum utopischen Roman, umreißt in seiner Einleitung die Forschungssituation in folgender Weise:

Allein die für das Utopische offenbar besonders fruchtbare englischsprachige Literatur enthält eine solche Fülle derartiger Werke, daß sie bisher von keinem auch noch so emsig sammelnden Bibliographen bewältigt werden, geschweige denn durch die definitorische Kunst eines Theoretikers in ein System gebracht werden konnte. Ein Kenner wie Arthur O. Lewis jr. [...] definiert diese dann auch in traditioneller Weise als erzählende Prosawerke, die das Bild einer idealen Gesellschaft enthalten, nachdem er zuvor feststellt, daß der heute herrschende Gebrauch des Begriffs es ihm ohne weiteres gestattet hätte, die Verfassung der Vereinigten Staaten, das Manifest der Weathermen oder die Kommentarspalten der New York Times in seine Reihe aufzunehmen. (Villgradter/Krey, 1973, 12)

Nun, die Verfassung der Vereinigten Staaten mag viel Utopisches enthalten, insofern sie ein Maximum an Freiheit und Gleichheit garantiert, das die Realität nicht eingelöst hat. Utopisch wäre daran der Idealitätscharakter, die Nicht-Existenz/Noch-Nicht-Existenz der verheißenen besten Staatsverfassung. Dennoch ist wohl offensichtlich, daß sie nicht der utopischen Literatur, genauer dem utopischen Roman zuzurechnen ist: Sie versteht sich als unmittelbare Handlungsanweisung für die politische Praxis, stellt keine Fiktion dar. Der *fiktionale* Charakter jedoch, das heißt, die Einkleidung des idealen Gesellschaftsentwurfs in eine Geschichte, kennzeichnet den utopischen Roman, die utopische Erzählprosa. Fiktionalität grenzt den utopischen Staatsroman gegen philosophische Traktate oder Parteiprogramme *strukturell* ab, der Entwurf einer idealen Gesellschaft, eines glücklichen Lebens hebt ihn *inhaltlich* von anderen epischen Genres wie dem Abenteuerroman, der Familiensaga usw. ab. Dabei kann einmal der konstruktive Entwurf im Vordergrund stehen – wie in den Staatsutopien von Morus, Bacon, Campanella, Mercier u. a. –, andererseits die Lust an fiktionaler Ausgestaltung – so bei Rabelais, Cyrano de Bergerac, Swift u. a.

Daß der Utopiebegriff seit dem späten 19. Jahrhundert immer stärker die Bedeutung der bloßen Schimäre annimmt, eines phantastischen Ideals, das per Definition schon eine »impossibilité« darstellt – so die Bestimmung in der »Grande Encyclopédie« von 1901 –, das hängt sicherlich mit der Fiktionalität der utopischen Romane zusammen. Wenn die Wörterbücher den Begriff für das 17. und 18. Jahrhundert nicht notieren, für Jahrhunderte, in denen viele utopische Romane geschrieben worden sind, weist das darauf hin, daß der Begriff hier noch eng an das Werk des Thomas Morus geknüpft war. Doch der Bedeutungswandel zum bloß Imaginativen, nicht Realisierbaren hat seinen Grund auch in der Geschichte der politischen Theorie: Friedrich Engels' Schrift *Die Entwicklung des Socialismus von der Utopie zur Wissenschaft* (1883) bescheinigt den Sozialutopien, wie sie sich in der Tradition der Utopia des Thomas Morus entwickelt haben, letztlich – bei aller Würdigung – ihren phantastischen, nicht realisierbaren Charakter. Auch wenn Engels vornehmlich politische Sozialutopien wie die von Saint-Simon, Fourier oder Owen analysiert und sie von seinem dialektisch-materialistischen Wissenschaftsbegriff her in ihrem begrenzten Erkenntniswert kritisiert, seine Einschätzung der Sozialutopien als wichtige, aber durch die marxistische Wissenschaft überholte Phase des Sozialismus mag zu der Wandlung des Utopieverständnisses beigetragen haben. Zwei Beispiele nur für das 20. Jahrhundert: Das spanisch-deutsche Wörterbuch übersetzt den Begriff mit »unmöglich, phantastisch«, die 13. Auflage des Duden von 1947 erklärt ihn mit »Schwärmerei, Hirngespinst«. Damit wird nicht nur die Realisierungstendenz utopischer Entwürfe negiert, sondern auch der logisch-konstruktive Impuls, der den Staatsromanen in der Nachfolge des Thomas Morus eignete.

Doch sowohl die philosophisch diskursive Utopie wie auch das fiktionale Genre des utopischen Romans, die jeweils in anderer Weise die Faktizität des Bestehenden transzendieren, leben aus der Spannung zu ihrer jeweiligen geschichtlichen Realität. Insofern tritt die *Utopie* kaum ohne ihre Zwillingsschwester, die *Satire*, auf. Wenn in der Satire – so Schiller in seiner Schrift *Über naive und sentimentalische Dichtung* (1795) – »die Wirklichkeit als Mangel dem Ideal als der höchsten Realität gegenübergestellt« (38) wird, malt der Autor in der Utopie das Ideal bester Lebensverhältnisse aus: beide sind aufeinander bezogen. Das heißt, Mangel und Wunsch sind die beiden Impulse utopischen Denkens.

Kritik an bestehenden Verhältnissen und der Wunsch, eine bessere Zukunft zu schaffen, unterscheiden die Utopien von der bloßen tagträumenden Phantasie, die gleichsam ›ohne Fahrplan‹ ausschweift.

»Auch Utopien haben ihren Fahrplan« (Bloch, 1977, 555), formuliert Ernst Bloch in seinem Werk *Das Prinzip Hoffnung*, das heißt, sie sind nicht beliebige, frei über der konkreten Geschichte schwebende Wachträume, sie »gehorchen« einem sozialen Auftrag, einer unterdrückten oder erst sich anbahnenden Tendenz der bevorstehenden gesellschaftlichen Stufe (556). Sie entsprechen also einer in der Realität angelegten Tendenz, die sich jedoch keineswegs in der Zukunft durchsetzen muß. So kann denn auch die tatsächliche Verwirklichung – wie es Karl Mannheim in seiner Schrift von 1928/29, *Ideologie und Utopie*, bestimmt – nicht das Kriterium der Utopie sein. Gegen die beste Möglichkeit, die die Staatsutopie in Rückkoppelung mit den realen Tendenzen entwirft, kann eine schlechte Wirklichkeit gewinnen. Da sich Geschichte nicht gleichsam ›organisch‹ als evolutionärer Prozeß nach inhärenten Gesetzen vollzieht, das Miteinander bzw. Gegeneinander von objektiven Möglichkeiten und Geschichte gestaltendem Subjekt viele Wege offen hält, kann die Einlösung utopischer Vorstellungen durch die spätere Geschichte nicht Maßstab ihrer Vernünftigkeit oder ihrer Realitätsbezogenheit sein.

Fortschritt als linearer Prozeß zeigt sich in der Geschichte am augenfälligsten in der Entwicklung naturwissenschaftlichen Denkens und seiner Anwendung in der Technik. Da bietet sich die Konzeption an, den Realitätsgehalt utopischen Entwerfens an »spezifisch wissenschaftlich-technische Denkweisen« (Schwonke, 1957, 118) zu binden, so Martin Schwonke in seiner 1957 erschienenen Schrift ›Vom Staatsroman zur Science Fiction‹. Doch auch wenn der Mensch sich nur durch Beherrschung der Natur vom Zufall der Verhältnisse befreit, er jene durch Einsicht in ihre Gesetze für seine Lebensverbesserung einsetzen kann, technologischer Fortschritt *muß* keineswegs eine Verbesserung der sozialen Lebensverhältnisse mit sich führen. Utopien, die in kühnem Vorgriff technische Möglichkeiten ersinnen, zeigen sich oft in diesen Erfinderträumen gerade nicht von einer konkret utopischen Seite, entwerfen keineswegs Bilder freundlicheren menschlichen Zusammenlebens.

So kritisiert Michael Butor in seinem Essay »Die Krise der Science-Fiction« den Realitätsschwund der meisten Science-fiction-Romane, deren planetenstürmende Phantasie zwar den Kosmos erobert, sich aber als recht einfallslos erweist in der Darstellung gesellschaftlicher Möglichkeiten. Er resümiert,

> [...] daß die Flucht in den Planetenraum und in Epochen von überweiter Entfernung, die sich zunächst wie eine Errungenschaft ausnimmt, in Wirklichkeit die Unfähigkeit der Autoren maskiert, die näheren Zeiträume in Einklang mit der Wissenschaft als ein in sich zusammenhängendes Phantasieprodukt vorzustellen.
>
> (Butor, 1965, 228)

Ebenso wie diese Flut von Science-fiction-Romanen im 20. Jahrhundert, die ihre technischen Wunderwelten in immer ferneren Galaxien ansiedeln, in Fernstzeiträumen, zeugen z. B. auch Bacons flugkundige Menschen eher von einem phantastischen Wunschtrieb, der die Schranken der Realität zu überfliegen sucht. Mondlandungen, U-Boote, fliegende Menschen, Zeitmaschinen, die in die Vergangenheit oder Zukunft führen, computergesteuerte Retortenmenschen oder körperlichem Verfall trotzende ›Supermen‹, all die Vorstellungen, die vom technologischen Genie des Menschen ausgehen, aber zu ihrer Zeit jeder wissenschaftlichen Denkmöglichkeit entbehren, gehören eben in den Bereich der Schimäre und nicht in den des utopischen, d. h. auf Realität bezogenen und sie überschreitenden Denkens.

Doch schimärenhaft wie die Landung auf dem Mond zu einer Zeit, die noch nicht einmal den Fesselballon kennt, bleiben auch die sozialen Fern-Antizipationen, wenn sie die Realität in ihren Tendenzen in kühnem Flug weit hinter sich lassen, ihrem Wünschen keine objektive Tendenz entspricht. Andererseits – darauf verweist Ernst Bloch in seinem 1965 gehaltenen Berliner Vortrag über »Antizipierte Realität – Wie geschieht und was leistet utopisches Denken« – birgt die Nah-Antizipation, die sich auf das unmittelbar Mögliche beschränkt, die Gefahr, daß »die Utopie krauchend-evolutionistisch« werde, nur noch auf eine »stufenweise Verbesserung der Gefängnisbetten« ziele (Bloch, 1980, 111). Wenn also das Zukunft entwerfende Subjekt seinen Veränderungswillen von der Maxime des jetzt oder bald Machbaren eingrenzen läßt, entsteht umgekehrt die Gefahr eines Pragmatismus, der sich nur mit Detail-Korrekturen eines in sich schlechten Systems beschäftigt. Insofern fordert Bloch:

> Die Hauptsache wäre, Einheit zwischen Nah- und Fernzielen herzustellen, humane Einheit herzustellen, eine Realität, die zwei Forderungen entspricht: Sozialismus und Demokratie, die ohnehin sich nahe beistehen könnten, wenn es soweit wäre, daß der Sozialismus anfinge zu beginnen. (Ebd., 114 f.)

Das Prinzip des Sozialismus ist die Egalité, die Gleichheit, und das der Demokratie die Liberté, die Freiheit. Gleichheit, nicht nur verstanden als formale Rechtsgleichheit oder als Jenseits-Trost (»Vor Gott sind alle gleich«), bedeutet gleiche Existenzbedingungen aller Mitglieder eines gesellschaftlichen Systems; das setzt gleiche ökonomische Bedingungen voraus, also idealiter die Abschaffung des Privateigentums, da nur die Gleichheit der Eigentumsverhältnisse eine reale Chancengleichheit bedingte.

Andererseits birgt das Gleichheitsprinzip auch die Gefahr in sich, eine geometrische Ordnung auszubilden, die die Individuen der Uniformität unterwirft. Die vom besten Staat den Bürgern verordnete Gleichheit könnte leicht zu einem Prokrustes-Bett werden, das ihnen ihre individuellen Neigungen, Interessen, Möglichkeiten beschneidet. Dann pervertierte das Gleichheitsprinzip, das ja im Sinne der sozialen Gerechtigkeit allen Bürgern ein glückliches Leben sichern

soll, zu einem Staatsinstrument, das allen den Kuchen verweigert, keinem seine Entfaltungsmöglichkeiten gestattet.
Wenn nicht das Freiheitsprinzip, das Recht auf Selbstbestimmung, mit dem Gleichheitsprinzip verknüpft wird,
droht diese ein lebendiges gesellschaftliches Leben in Zwang
zu ersticken.

Umgekehrt, auch der Freiheitsbegriff hat seine Ambiva-
lenzen, kann in verschiedenster Weise interpretiert werden,
zum Deckmantel privater oder klassenspezifischer Egois-
men dienen. Ernst Bloch hat dieses Problem überzeugend
formuliert: Der »Liberté-Ruf« reicht

> [...] von freier Konkurrenz, wirtschaftlichem Manche-
> stertum bis zum Kampf gegen eben diese liberalen
> Herren. Er reicht von dem bürgerlich-revolutionären
> Akt, der die freie Konkurrenz gegen Zunftschranken
> und feudale Bevormundung durchsetzte, bis zur freien
> revolutionären Tat des Proletariats, die genau wieder
> vom emanzipierten Bürgertum emanzipiert.
>
> (Bloch, 1977, 615)

Deutlich wird, was in *einer* geschichtlichen Phase als Freiheit, Befreiung gelten konnte, kann in einer späteren Phase
zum Sozialdarwinismus verkommen, der seinen Egoismus
gegen andere Gruppen durchsetzt.

Erst die bürgerliche Philosophie Kants und des deutschen Idealismus entwarf am Ende des 18. und zu Beginn
des 19. Jahrhunderts den Gedanken des freien Individuums,
das sich seiner Freiheit und Individualität bewußt ist. Das
freie, selbstbewußte Subjekt als Eckstein eines Staates der
Freiheit – das war die zündende revolutionäre Idee, die die
gottgegebene hierarchische Ordnung des Absolutismus, in
der sich die Person durch Stand, Religion, Geschlecht definiert, radikal in Frage stellt. Freiheit, das war *eine* Farbe in
der ›Tricolore‹ der Französischen Revolution! Doch wenn
nun jedes Subjekt sich in seiner Subjektivität verwirklicht,
es sich in der Individualität seiner Neigungen und Wünsche

auslebt, verletzt es dann nicht die Bedürfnisse anderer Subjekte? Muß dann nicht das Chaos herrschen? Die bürgerliche Philosophie seit Kant suchte die Antinomie, den Widerspruch zwischen Freiheits- und Gleichheitsprinzip, die sich beide auf das Naturrecht berufen, dadurch zu lösen, daß sie ein Subjekt annimmt, das seine Natur frei dem Vernunftgesetz unterwirft, das es sich selbst gab. Wenn sich alle Subjekte dem Vernunftgesetz anpassen, dann sind alle zugleich frei und gleich, so die Konzeption des idealistischen Versöhnungsschemas. In dieser Synthese wird das Glück des Individuums mit dem Gemeinwohl aller zusammengedacht, eine faszinierende Idee, die ihre Widerhaken wohl erst in ihren ausgestalteten Entwürfen vom besten Staatswesen zeigt. Das Problem von Freiheit und Gleichheit, Individualität und Ordnung, das sich in allen Gesellschaftsentwürfen zeigt, wird ein Aspekt sein, unter dem die utopischen Staatsromane vorgestellt, analysiert werden.

Weitere Aspekte, die gerade vom heutigen Problembewußtsein her an Bedeutung gewinnen, werden Auswahl und Analyse bestimmen: Von einem heutigen Wissensstand her, von dem aus vieles technisch machbar, aber weder im Sinne des Gemeinwohls noch im Sinne des individuellen Glücksstrebens wünschbar ist, erscheint ein technologisch ausgerichtetes Utopiedenken sehr ambivalent. Insofern ist es reizvoll, vergangene Entwürfe einer idealen Gesellschaftsordnung gerade auf ihren technologischen Zukunftsoptimismus bzw. auf ihre Vorbehalte anzuschauen. Wie bei den wohlgemeinten Entwürfen einer besten Staatsordnung manche Strukturen sich von späterer Erfahrung her als rigide, glücksfeindlich herausstellen, so zeigen auch einige technologische Zukunftsphantasien gerade heute ihre problematische Kehrseite. Im Zusammenhang technologischer Zukunftsentwürfe, die den Menschen mehr Reichtum und weniger Plackerei bescheren wollen, ist für den heutigen Betrachter auch von Bedeutung, inwiefern auch ökologische Überlegungen mitspielen.

Neben wichtigen Aspekten wie Bildung, Wohnkultur, das jeweilige Verhältnis von Freizeit und Arbeit, Sexualität, Rechtswesen usw. interessiert den heutigen Leser früherer Entwürfe vom besten Staat auch, welche Rolle die Frau im jeweiligen Utopia spielt. Wenn man bedenkt, daß die französische Revolution, die die Freiheit und Gleichheit aller Bürger verkündete, doch wieder die Frau vom aktiven und passiven Wahlrecht ausschloß, ist man neugierig, welche Möglichkeiten nun die meist von Männern entworfenen Utopien für sie vorsehen.

Es liegt am Genre des utopischen Staatsromans, daß inhaltliche Fragen von besonderem Interesse sind. Andererseits jedoch stellt es die Autoren auch vor schwierige ästhetische Probleme. Ihr Hauptproblem bleibt das der ästhetischen Langeweile. Bekanntlich ist das Inferno bei weitem farbiger, reizvoller darzustellen als das Paradiso. Und im Gegensatz zum Teufel bleibt der Engel eine langweilige Figur. Wenn nun im jeweils besten Staat alles zur Zufriedenheit seiner Bürger geordnet ist und der Hauptgrund allen Erzählens ist, eben das zu demonstrieren, geraten die Bürger, von denen der Roman berichtet, zu abstrakten Strichmännchen ohne das Fleisch einer Geschichte mit ihren Widersprüchen und Konflikten. Der Exempelcharakter bildet die Fluchtlinie, auf deren Zielpunkt alle Handlung zugeschnitten ist. Das gilt vor allem für die utopische Staatsprosa im strengen Sinn, die ihre Imagination auf den Entwurf eines besten Staates konzentriert und ihrer fabulierenden Phantasie die Flügel stutzt. Es wird sich zeigen, daß die Autoren utopischer Romane bestimmte Muster ästhetischer Erzählstrategien entwickeln, um ihr abstraktes Modell in die anschauliche Form der epischen Fiktion, der Geschichte zu überführen.

Die Utopien des 20. Jahrhunderts, die zum größten Teil das Gegenteil von dem sind, was Utopia zunächst zu sein beanspruchte, deren Welt einer Schreckensvision entspringt, werden ihre Erzählstrategien ändern. Da Kritik an diesem

Negativ-Staat nur möglich wird, wenn sich der einzelne *nicht* in Übereinstimmung mit dem Staatssystem empfindet, gewinnt hier die Geschichte des Individuums, seine Erfahrungen, seine Ängste, seine Wünsche, seine Widersprüche, an Bedeutung. Der einzelne wird zum Störfaktor im funktionierenden negativen Gesellschaftsmodell, die Erzählstruktur wandelt sich, Formen des Bewußtseinsromans prägen die Erzählperspektive.

Es mag auf den ersten Blick befremdlich sein, daß zu den utopischen Romanen auch die gerechnet werden, die gerade ein sehr düsteres Zukunftsbild entwerfen. Doch letztlich hat sich hier nur ein Akzent entschieden verlagert: So wie die Utopien vom besten Staatsmodell auch satirisch die eigene Zeit angreifen, sie gegenüber schlechten gesellschaftlichen Verhältnissen das Ideal ausmalen, so prangern die Negativutopien, Dystopien oder Warnutopien in satirischer Vergröberung die eigene Zeit von ihrem nicht ausgeführten Konzept einer besseren Welt her an. Daß aber im 20. Jahrhundert die Negativutopien gehäuft auftreten, hat konkrete geschichtliche Gründe, liegt auch an einem verstärkten Fortschrittsskeptizismus.

Als erstes nun soll im folgenden Interpretationsteil Platons philosophischer Entwurf vom besten Staat vorgestellt werden, da sich spätere Utopien immer wieder auf ihn berufen.

II

Platon: *Politeia*

Das Postulat nach Gemeineigentum findet sich in den meisten Utopien vom besten Staatswesen. So erhebt auch Platon (427–347) in seinem Dialog *Politeia* im 4. Jahrhundert v. Chr., der einen von Philosophen regierten Idealstaat entwirft, die Forderung, die Bürger sollten wie Freunde alle Güter – inklusive der Frauen – gemeinsam besitzen, er lehnt also das Privateigentum ab. Und obwohl er dieses Postulat der Kommune nur für die beiden oberen Stände, für die den Staat regierenden Philosophen und die für seine Ordnung zuständigen Wächter erhob, nicht für die übrige Güter produzierende Bevölkerung, wirkte seine Schrift in der Folge – vor allem in der Renaissance – als eine Art sozialistisches Programm. Während Platon in seinem aristokratischen Geist die Kommune der Führungsschicht vorbehielt, er die unteren Schichten ihrer nicht würdig erachtete, wurde er in produktivem Mißverständnis als Verkünder einer urkommunistischen Gesellschaftsform rezipiert. Ernst Bloch hat in seinem Werk *Das Prinzip Hoffnung* aufgezeigt, daß Platons Idealstaat durchaus ein reales Vorbild hatte: Sparta. So wie der spartanische Staat auf der strengen Klassenhierarchie der Heloten, der Spartiaten und dem Rat der Alten (der Gerusia) aufbaut und die Kaste der Produzierenden scharf von der der Krieger und Herrscher trennt, so sind auch in Platons Idealstaat Wehrstand und Lehrstand vom Nährstand säuberlich geschieden. Das bedeutet aber, daß Platons Idealstaat, der einerseits das Gemeineigentum, also ökonomische Gleichheit, propagiert, andererseits jedoch Hierarchie/Ungleichheit festschreibt, eine Kombination, die auch in späteren Staatsromanen wieder auftaucht. Er begründet die Hierarchie, als die sich sein ›harmonisches

Staatsganzes‹ erweist, mit einer Art Seelenchemie. Im
3. Buch der *Politeia* wird ein »phönikisches Geschichtchen«
erzählt, das allegorisch die naturgegebene Vorbestimmung
zu einer der drei Kasten veranschaulichen soll; seine Quint-
essenz:

> Ihr seid nun also freilich, werden wir weiter erzählend
> zu ihnen sagen, alle, die ihr in der Stadt seid, Brüder;
> der bildende Gott aber hat denen von euch, welche ge-
> schickt sind zu herrschen, Gold bei ihrer Geburt bei-
> gemischt, weshalb sie denn die köstlichsten sind,
> den Gehilfen aber Silber, Eisen hingegen und Erz den Ak-
> kerbauern und übrigen Arbeitern. Weil ihr nun so alle
> verwandt seid, dürftet ihr meistenteils zwar wohl auch
> selbst Ähnliche erzeugen; bisweilen aber könnte doch
> auch wohl aus Gold ein silberner und aus Silber ein
> goldener Sprößling erzeugt werden, und so auch alle
> andern aus einander. *(Politeia,* 145; 3. Buch, 415a–b)

Auch wenn Platon die Möglichkeit einräumt, daß in seltenen Fällen der Seele eines Handwerker- oder Bauern-
sprosses Silber oder Gold beigemischt sein kann, so sucht er
doch letztlich die hierarchische Ordnung aus der menschlichen Natur herzuleiten. Er behauptet die naturgegebene
Ungleichheit, jedoch nicht eine der vielfältigsten Möglichkeiten, der unterschiedlichsten Begabungen und Neigungen, sondern wieder eine im Sinne der Dreizahl zurechtge-
stutzte. Hier spricht nicht der Individualist, sondern der
Kasten-Denker, der die bunte, vielgesichtige menschliche
Existenz auf sein abstraktes hierarchisches Sozialschema reduziert. Auch wenn Platon in Analogie zur Dreigliederung
des Staates die Seele ihrerseits in drei Kräfte einteilt, in die
Begierde, den Mut, die Vernunft, und er diese Kräfte wiederum hierarchisch ordnet, sucht er seine Staatshierarchie
wieder aus der *Natur* der menschlichen Seele zu begründen.
So wie der Vernunft als der Hüterin der Weisheit das Herrschen zukommt, dem Mut aber, »diesem folgsam zu sein

und verbundet« (167; 4. Buch, 443e), beide zusammen das Begehren, »welches wohl das meiste ist in der Seele eines jeden und seiner Natur nach das Unersättlichste« (167; 4. Buch, 442a), bewachen sollen, so sollen die Wächter die Gesetze der Philosophen-Herrscher erfüllen und für den Gehorsam der übrigen Bevölkerung sorgen. Platons Idealstaat geht nicht von insgesamt *mündigen Subjekten* aus, die die Vielfalt ihrer intellektuellen und praktischen Fähigkeiten zur harmonischen Persönlichkeit entfalten sollten, sondern von *Spezialisten,* die für ihr Spezialgebiet schon in frühester Kindheit selektiert werden. Da nach Platon *der* die »schönere Arbeit« leistet, der nur »eine Kunst«, ein Gewerbe ausübt (107; 2. Buch, 370b), sieht sein Erziehungsideal vor, die Kinder möglichst früh nach ihrer ›Gold‹-, ›Silber‹- bzw. ›Erzseele‹ zu sortieren und sie im Sinne ihrer Kaste auszubilden. Kopf- und Handarbeit fallen in diesem Konzept völlig auseinander, und natürlich steht die Handarbeit rangmäßig weit unter der Kopfarbeit. Das Kind nun soll gezielt auf seinen späteren Beruf vorbereitet werden: diesem Zweck dient alle Unterweisung. So werden die zukünftigen Wächter in Askese, Mut, Tapferkeit trainiert, wird ihnen aus Homer z. B. auch nur das vermittelt, was ihren Kampfesmut stärkt, ihnen die Angst vor dem Tod nimmt. Alle Stellen, in denen der Hades als trauriger, grausiger Ort beschrieben wird, werden gestrichen, ebenfalls die Passagen, die einen Helden in bitterem Wehklagen über den Tod eines Freundes zeigen. Apodiktisch heißt es bei Platon:

> Mit Recht also schaffen wir die Klagen ansehnlicher Männer ab und überlassen das den Weibern, jedoch auch unter diesen nicht einmal den besseren, und solchen Männern, die nichts taugen, damit diejenigen sich schämen, Ähnliches zu tun, die wir zum Schutz des Landes erziehen.　(121; 3. Buch, 387d–388a)

Empfindlichkeit und Leidensfähigkeit werden diesen zukünftigen Helden abtrainiert. Da auch der Schmerz um den

Verlust eines Freundes oder Verwandten sie den Tod fürchten lehren könnte, wird ihnen beigebracht, daß sie – im Unterschied zur Masse – »sich selbst genügen, um gut zu leben« (121; 3. Buch, 387d), sie die anderen nicht brauchen.

Hier wird berufsspezifische Indoktrination betrieben, bewußt auf eine Verarmung ihrer emotionalen Fähigkeiten hingearbeitet. Ähnlich soll auch der zukünftige Schuhmacher allein auf seinen Beruf vorbereitet werden. Aber auch der Dichter, der sich natürlich an Platons ausführlichen Verbotskatalog zu halten hat, u. a. keine üppigen Gelage oder erotischen Leidenschaften der Helden beschreiben darf, muß sich für die Tragödie oder Komödie entscheiden. Äußerste Spezialisierung auch in der Kunst! (Vgl. 130; 3. Buch, 397c–398b) Das ›Schuster-bleib-bei-deinen-Leisten‹-Prinzip wird hier so radikal ausgelegt, daß es den Menschen in seinen vielseitigen Möglichkeiten auf eine spezielle Funktion im Staat festlegt. Gerechtigkeit als höchstes Gut seines Idealstaates vollzieht sich, wenn »jede von jenen drei Gattungen [...] das Ihrige tat« (167; 4. Buch, 441d), jeder einzelne seine spezielle Funktion. Was die idealistische Philosophie im Zuge der beginnenden Industrialisierung beklagt, die zunehmende Entfremdung des bürgerlichen Subjekts, seine Zerstückelung durch wachsende Spezialisierung, der Verlust harmonischer Ganzheit, all das erscheint bei Platon als Ideal, das der Gerechtigkeit dient. Wie könnte sich der einzelne beklagen, wenn von ihm doch nur das gefordert wird, wozu ihn ›die Natur‹ bestimmt!

Daß Platons Staat, dessen Fundament die Gerechtigkeit sein sollte, nur eine kastenspezifische Gleichheit kennt, also gesetzlich festgeschriebene Ungleichheit, ist evident. Platons *Politeia* ist eine Utopie der Ordnung, nicht eine der Freiheit, noch der Gleichheit. Doch wo sie denn innerhalb eines Standes Gleichheit und zwar Gleichheit inklusive Gemeineigentum verordnet, nimmt sie sich nicht sehr attraktiv aus: Die Kommune der Wächter ähnelt einem Lager, in dem militärische Zucht herrscht, weder Raum für

Privatleben existiert, noch harmlose Sinnengenüsse zugelassen sind.

Platon hat sich gegen die Freiheit und für sein Reglement entschieden, in dem jeder seine Funktion zum Besten des Staatsganzen ausübt und darin seinen Anteil am Glück findet. Den Einwand des Adeimantos, er mache »diese Männer eben nicht sehr glücklich« (148; 4. Buch, 419a), bekräftigt Sokrates sogar noch: seine Wächter erhalten das bloße Essen, sind ohne Sold, können weder eine Reise machen, noch den Mädchen Geschenke geben. »Dieses und mancherlei anderes der Art übergehst du noch in der Beschuldigung« (148; 4. Buch, 420a). Doch all dem hält er entgegen: »wir sähen jedoch bei der Einrichtung unserer Stadt gar nicht darauf, daß irgendein Stamm ausgezeichnet glücklich sei, sondern daß die ganze Stadt es sei, so sehr als möglich« (148; 4. Buch, 420b). Reichtum und Wohlleben sind in diesem Staat der Gerechtigkeit für alle ausgespart, da er die Bürger davon abhalten könnte, all ihren Eifer auf ihre eine Funktion im Staate zu verwenden. Der Töpfer würde weniger töpfern, der Schuster würde sich weniger um seine Schuhmacherkunst kümmern. Folglich müssen die Wächter des Idealstaates dafür sorgen, daß weder Reichtum, der »Aufwand und Faulheit und Neuerung« erzeugte, noch Armut, die zur »Niederträchtigkeit und Untauglichkeit außer der Neuerung« bewirkte, in den Staat unbemerkt eindringen (150; 4. Buch, 422b). Platon zielt in seinem Entwurf auf einen Staat der gesunden, einfachen Kost, nicht der üppigen, gaumenkitzelnden. Auch wenn Sokrates sich auf Glaukons Einwand hin, der vorgesehene Lebensstandard erinnere an einen Staat der Schweine, darauf einläßt, die Entstehung eines »üppigeren Staates« auszumalen (vgl. 110; 2. Buch, 373b), der eine verfeinerte Kultur erst ermöglicht, bemüht er sich, Luxus und verfeinerte Kultur unmerklich aus seinem Staat wieder zu verbannen. So wie er schon den armen Homer für seine Wächter-Erziehung arg zensierte, verweist er schließlich im 10. Buch die nachahmende Dichtung ganz aus seinem Idealstaat, da sie die Seele erregen würde. Emotionalität in ihrer freien Entfaltung würde sein Staatskonzept gefährden, da sie den einzelnen von seiner *einen* staatsdienenden Aufgabe ablenken würde. Wenn jeder seine Funktion im Staat aufs beste erfüllt und so der Staat »gedeiht und gut eingerichtet ist [...] wie für jede einzelne Abteilung die Natur es mit sich bringt, an der allgemeinen Glückseligkeit teilzunehmen« (149; 4. Buch, 421d). Das heißt, *das Glück der einzelnen besteht im Dienst für den Staat.* Letztlich ist der Staat dann aber nicht für das Glück seiner Bürger da, sondern diese für das abstrakte Funktionieren des Staatswesens.

Besonders deutlich erscheint diese Tendenz, das Staatswohl apodiktisch mit dem Glück des Individuums identisch zu setzen, in Platons Ausführungen zu Ehe und Familie, zum Verhältnis der Geschlechter überhaupt. Das Staatsinteresse – und das bedeutet die für den Wächterstaat geistig und körperlich günstigste Zucht von Nachkommen – bestimmt völlig die entsprechende Gesetzgebung. Was sich zunächst als lustorientiert präsentieren mag, die Polygamie, wird nur aus *Zucht-Interessen* zugelassen. Sprechend der Hinweis auf die Zuchtkriterien bei edlen Jagdhunden und Kampfhähnen. Wie bei diesen sollen auch nur die edelsten zur Zucht zugelassen werden. Deshalb werden die Herrscher »zum Vorteil der Beherrschten« häufig – Sokrates gesteht es offen ein – »Trug und Täuschung anwenden müssen«:

Nach dem Eingestandenen sollte jeder Trefflichste der Trefflichsten am meisten beiwohnen, die Schlechtesten aber den ebensolchen umgekehrt; und die Sprößlinge jener sollten aufgezogen werden, dieser aber nicht, wenn uns die Herde recht edel bleiben soll; und dies alles muß völlig unbekannt bleiben, außer den Oberen selbst, wenn die Gesamtheit der Hüter soviel möglich durch keine Zwietracht gestört werden soll.

(181; 5. Buch, 459d–e)

Ohne Skrupel billigt Platon hier den Herrschern seines
gerechten Staates List und Manipulation zu, um jeweils den
»Jünglingen, die sich wacker im Kriege oder sonstwo gezeigt haben, [...] reichlichere Erlaubnis zur Beiwohnung
der Frauen, damit zugleich auch unter gerechtem Vorwand
die meisten Kinder von solchen erzeugt werden« (181;
5. Buch, 460a–b). Geschickte Verlosungen tarnen den Trug.
Platon schafft in seinem Staat im Grunde Ehe und Familie
ab, obwohl er festliche Hochzeiten mit passendem Dichter-
wort beibehält. Indem er den kurzen Festakt mit religiös-
politischer Aura aufwertet, sucht er einem freizügigen Sexualleben mit freier Partnerwahl gegenzusteuern. Denn da er
das Familienleben verwirft, die ›Brautleute‹ nach glücklicher Zeugung wieder getrennt werden bzw. im jeweiligen
Wächterlager leben, die Kinder in einer staatlichen Anstalt
aufwachsen, würde sich eigentlich auch der Hochzeitsakt er-
übrigen. Die Kibbuzim, deren Konzept gemeinsamer Kindererziehung möglicherweise auf Platons Modell zurück-
geht, haben ihre rigiden Vorstellungen zum Teil revidieren
müssen. Es hat sich gezeigt, daß feste Bezugspersonen für
die emotionale Entfaltung der Kinder förderlich sind; andererseits drängen auch die Eltern, die von der Kinderpflege
und -erziehung befreit waren und so ihre beruflichen Interessen entwickeln konnten, stärker danach, sich selbst um
ihre Kinder zu kümmern. Bei Platon scheidet diese Möglichkeit insofern aus, als verhindert wird, daß die Eltern
ihre Kinder überhaupt kennen. Lakonisch heißt es, daß
»[...] *diese Weiber alle allen diesen Männern gemeinsam
seien*, keine aber irgendeinem eigentümlich beiwohne, und
so auch *die Kinder gemeinsam*, so daß weder ein Vater
sein Kind kenne, noch auch ein Kind seinen Vater.« (179;
5. Buch, 457c)
Platon ist keineswegs prüde, die Reglementierung des
Geschlechtsverkehrs soll allein einer besten Kinderzucht
dienen: »Wenn aber, denke ich, Frauen und Männer erst das
Alter der Fruchtbarkeit überschritten haben, dann wollen

wir [d. i. sie] frei lassen, sich zu vermischen« (182; 5. Buch,
461b–c). Überraschend ist hier die Gleichstellung von Frau
und Mann, eine Gleichstellung, die auch einschließt, daß die
Frauen zu allen Berufen inklusive dem Wächterberuf zugelassen werden. Die Frauen der Wächter erhalten dieselbe
körperliche und musische Erziehung, trainieren mit den
Männern zusammen nackt in den Gymnasien, ein kühnes
Konzept, das Sokrates geschickt seinen Gesprächspartnern
schmackhaft macht.

Platon setzt bei der Frau die gleichen Anlagen wie beim
Mann voraus, die mögliche Eignung zu den verschiedensten
Berufen, gleichzeitig jedoch hält er auch daran fest, daß die
Frau in allen Berufen schwächer ist als der Mann. Nachdem
er zunächst von dem biologischen Unterschied ausgeht und
daraus folgert, daß beiden entsprechend ihrer Natur eine
andere Aufgabe zugewiesen werden müsse, stellt er eben-
diesen Natur-Begriff in Frage: Danach müßten auch Kahlköpfe und Langhaarige ein entgegengesetztes Wesen haben,
dürften die Langhaarigen z. B. nicht Schuster werden, wenn
schon die Kahlköpfe den Schusterberuf ausübten. Dagegen
hebt Platon die verschiedenen natürlichen Anlagen zu einem *Beruf* von körperlichen Unterschieden allgemein ab.
Seine Konsequenz:

> Wenn sich aber zeigt, daß sie [d. i. Männer und Frauen]
> allein dadurch verschieden sind, daß der Mann erzeugt
> und das Weib gebärt: so werden wir sagen, es sei da-
> durch um nichts mehr bewiesen, daß in bezug auf das,
> wovon wir reden, das Weib von dem Mann verschie-
> den sei, sondern wir werden noch ferner glauben, daß
> unsere Hüter und ihre Frauen dasselbe betreiben müs-
> sen.   (176 f.; 5. Buch, 454d–e)

Wenn man sich vor Augen hält, welche weitreichenden
Wesensbestimmungen etwa Kant oder Hegel später aus
dem biologischen Unterschied zwischen Mann und Frau
ableiteten – z. B. männliche Aktivität / weibliche Passivi-

tät –, dann erstaunt Platons Diktum von der prinzipiellen Anlagen-Gleichheit um so mehr. Es mag vielleicht an seiner Geringschätzung der Körperlichkeit liegen, daß er aus dem biologischen Unterschied keinen prinzipiellen Rollendualismus deduziert. Revolutionär war sein Postulat schon zu seiner Zeit, weitgehend eingelöst wurde es erst im 20. Jahrhundert. Die grundsätzlich gleiche Naturanlage fordert auch die grundsätzlich gleiche Förderung und Erziehung, gesteht der Frau alle Berufsmöglichkeiten zu. Das war ein Gedanke, der erst allmählich Realität werden konnte. Und auch wenn in Platons idealem Staat der Gerechtigkeit die Frau sich ebenso wenig wie der Mann in ihrer komplexen Individualität entfalten konnte, da auch sie einseitig auf ihre jeweilige Funktion im Staat hin ausgebildet wurde, der Gedanke prinzipieller Gleichheit, prinzipiell gleicher Entwicklungsmöglichkeiten barg die Voraussetzung weiblicher Emanzipation, d. h. auch individueller Entfaltung.

III

Thomas Morus:
De optimo reipublicae statu, deque nova insula Utopia

Thomas Morus (1478–1535) widmete die Schrift *Vom be-sten Zustand des Staates oder von der neuen Insel Utopia* seinem Humanistenfreund Erasmus von Rotterdam. Ihm und den europäischen humanistisch Gebildeten war die Schrift auch zugedacht. Sie stellten die ›idealen Leser‹, die den Witz seiner Satire, die ironische Brechung der Dialoge, die Offenheit in der Argumentation zu schätzen wußten. Wurde sein *Utopia* einerseits wie selbstverständlich als Plä-doyer für die Abschaffung des Eigentums in der Nachfolge von Platons *Politeia* verstanden, schien anderen Interpreten gerade diese so sichere Auslegung sehr zweifelhaft. Der Grund dieser so differierenden Deutung liegt in dem ästhe-tischen Arrangement der Schrift, in der Thomas Morus selbst als Persona, Person und Maske, auftritt, argumen-tiert, Gegenargumente hinnimmt. Anders als Platons So-krates, der Mäeutiker, Geburtshelfer der Erkenntnis, der in seiner scheinbaren Offenheit die Gesprächsleitung fest im Griff hat, läßt Morus divergierende Argumente vorbringen, ohne schließlich ein klares Urteil zu sprechen. Der Leser selbst wird zur Entscheidung aufgerufen.

Ein fiktiver Brief des Thomas Morus an den niederländi-schen Humanisten Petrus Ägidius, einem Freund des Mo-rus und des Erasmus, leitet die Schrift ein. Hierin entschul-digt er sich, daß seine täglichen Geschäfte es ihm erst nach fast einem Jahr gestatteten, ihm den Bericht über die Insel Utopia zuzuschicken, obwohl er der Mühe des Erfindens enthoben sei, da er ja nur das aufzuschreiben brauchte, was

sie gemeinsam von dem Reisenden Raphael Hythlodeus gehört hätten. Wahrheitsbeteuerung als ›Lügensignal‹/Fik-
tionssignal, mit diesem Kunstgriff bedeutet Morus seinen
literarisch gebildeten Lesern augenzwinkernd die ›historisch verbürgte Wahrheit‹ des Berichts.

Thomas Morus bzw. sein Erzähler-Ich berichtet zunächst
über die Umstände seiner Begegnung mit dem Weltreisenden
Raphael Hythlodeus in Antwerpen, einem Portugiesen, der
sich dem Amerigo Vespucci auf seinen Weltreisen anschloß
und in dem Zusammenhang auch – die näheren Umstände
bleiben unerwähnt – die Insel Utopia kennenlernte. Geschickt geht Morus hier von einem historischen Phänomen,
den Entdeckungsfahrten des Vespucci, aus und wandelt die
Form des Reiseberichts für seine Zwecke um. Sein Weltreisender fährt nicht zur See wie Palinurus, der Steuermann des
Aeneas, sondern »wie Odysseus oder, besser gesagt, wie Platon« (*Utopia*, 18), d. h., nicht wie ein Seemann, der fremde,
exotische Länder kennenlernen will, sondern wie der Philosoph, der sich für die Gesellschaftsverhältnisse anderer Völker interessiert und nach der besten Staatsverfassung sucht.

Morus' Weltreisender, der auf der fernen Insel Utopia diese
vernünftige und weise Staatsverfassung fand, ist wie der Autor griechisch gebildet, schätzt seinen Platon, auf den er sich
mehrmals bezieht, und vergleicht explizit die auf Utopia exi-
stierenden Verhältnisse mit dem Entwurf in der *Politeia*. Ver-
gleichspunkt ist eben die Abschaffung des Privateigentums,
der prinzipielle Gemeinbesitz: Die Persona ›Morus‹ jedoch
zweifelt diesen Gedanken, die Abschaffung des Privateigentums als Grundlage einer besten Staatsverfassung, gerade an:

> »Mir dagegen«, erwiderte ich, »scheint dort, wo alles
> Gemeingut ist, ein erträgliches Leben unmöglich.
> Denn wie soll die Menge der Güter ausreichen, wenn
> sich jeder vor der Arbeit drückt, da ihn keinerlei
> Zwang zu eigenem Erwerb drängt und ihn das Ver-
> trauen auf fremden Fleiß faul macht?«   (45 f.)

Hythlodeus begründet seine Ansicht, für die er auch bei der Autorität Platon Argumente vorfindet, mit der Beschreibung der Verhältnisse auf Utopia: Das *Exemplum*, die konkrete Anschauung, mag dem theoretischen Zweifel begegnen. Es folgt nun als zweites Buch der Schrift der eigentliche Bericht vom »besten Zustand des Staates oder von der neuen Insel Utopia«. Danach mag der Leser entscheiden, ob er weiterhin Morus' Skepsis teilt oder ob er bekehrt ist. Die Persona ›Morus‹ hält sich mit einem klaren Urteil zurück, spricht noch einmal seinen Zweifel aus »an dem, was die eigentliche Grundlage ihrer ganzen Verfassung bildet, nämlich an ihrem gemeinschaftlichen [kommunistischen] Leben und der Lebensweise ohne jeden Geldumlauf« (109), und er beschließt dann seinen Bericht mit den etwas sibyllinischen Sätzen:

> Inzwischen kann ich zwar nicht in allem zustimmen, was er gesagt hat, obschon er unstreitig sonst ein ebenso gebildeter wie welterfahrener Mann ist, jedoch gestehe ich gern, daß es im Staate der Utopier vieles gibt, was ich unseren Staaten eher wünschen möchte als erhoffen kann. (110)

Wie Platon macht er den Vorbehalt, daß das Staatsideal nicht rein zu realisieren sei, aber als regulative Idee wünschbar wäre. Und der im Sinne Platons dialektisch geschulte Leser kann seinen Schlußworten entnehmen, daß der Autor Morus durch den Bericht seines Mediums Hythlodeus die Persona ›Morus‹, die den zeitgenössischen Common sense vertritt, überzeugt hat. Denn wenn die »eigentliche Grundlage ihrer ganzen Verfassung« (109) unsinnig wäre, gäbe es in diesem Utopia sicherlich nicht vieles, was den Staaten zu wünschen wäre. Die Lust am Versteckspiel und möglicherweise die Sorge vor Zensur halten ihn ab, eindeutiger zu werden.

Auch in einer anderen Frage, die nun nicht die utopische Verfassung berührt, sondern die Stellung des Philosophen in den realen, keineswegs ›utopischen‹ Staatsverhältnissen, exponiert der Autor Morus zwei Standpunkte, ohne dem Leser den einzig wahren deutlich zu machen. Hythlodeus' weltläufige Bildung und seine umfassende Kenntnis der verschiedenen Staatsverfassungen prädestiniere ihn dazu – so meinen Morus und Ägidius –, sich mit diesem Wissen einem König zur Verfügung zu stellen, ihn mit seinem Rat zu unterstützen. Entrüstet lehnt Hythlodeus es ab, sich »in die Abhängigkeit von Königen« (21) zu begeben. Diese Kontroverse bildet den Auftakt für den Dialog des ersten Buches, der die politischen und sozialen Verhältnisse der Zeit angreift, zu Fragen der Rechtsprechung, Ökonomie, Kriegswesen, Finanz- und Außenpolitik Stellung nimmt. Hythlodeus leitet das Gespräch, und indem er an verschiedenen Beispielen die Unsinnigkeit aufweist, die Mächtigen mit klugem Rat beglücken zu wollen, deckt er zugleich satirisch die herrschenden Mißstände im damaligen England auf. Dem Ideal, dem Entwurf des besten Staatswesens, geht die Satire, die kritische Auseinandersetzung mit der Realität, voran, eine Struktur, die spätere Staatsutopien häufig aufgreifen werden.

Der distanzierte Beobachter, Portugiese von Geburt, Weltenbürger im Geiste, führt zunächst als Beispiel für die Korruptheit des höfischen Lebens seine Erfahrungen während eines Diners bei dem Kardinal und damaligen Lordkanzler von England an, dessen Rat »der König am meisten zu vertrauen« (23) schien. Gegenüber einem Juristen, der mit Vehemenz den Rechtsbrauch der Todesstrafe für Diebe rühmt, vertrat Hythlodeus die Ansicht, »ein einfacher Diebstahl sei kein so gewaltiges Verbrechen, daß es den Kopf kosten müßte« (24). Das menschliche Leben als höchstes Gut könne nicht wegen des Raubes einiger Taler geopfert werden. Die Unangemessenheit von Tat und Strafe sei letzten Endes trotz bestehenden Rechts unrecht. Wenn man das christliche Gebot »Du sollst nicht töten« so leichtfertig außer Kraft setze, »daß das Töten nur soweit untersagt sei,

wie das Gesetz der Menschen nicht das Töten verlange«
(29), dann könnten auch alle anderen Gebote durch willkürliche Setzung beliebig aufgehoben werden.

In seiner sehr modern anmutenden Argumentation weist
er nach, daß die wirtschaftlichen Praktiken der Großgrund-
besitzer, die aus egoistischer Gewinnsucht das Agrarland
immer mehr in Weideland für Schafzucht verwandeln, eine
Vielzahl von Pächtern brotlos gemacht, sie zur Arbeits-
losigkeit verurteilt haben. Er geißelt die Drohnen-Existenz
und den Luxus des Adels, der eine Menge von Müßiggän-
gern aushält und der seinen Überfluß dem Schweiß und der
Armut der Arbeitenden verdankt. Die »mehr zahlreichen
als wohlhabenden« (26) Pächterfamilien werden zum Aus-
wandern gezwungen, haben in kürzester Zeit den Erlös
vom Verkauf ihrer Habseligkeiten verbraucht:

> [...] was bleibt ihnen schließlich anderes übrig, als zu
> stehlen und – natürlich nach Recht und Gerechtigkeit
> – gehenkt zu werden, oder aber umherzustreunen und
> zu betteln, obgleich sie auch dann als Landstreicher ins
> Gefängnis geworfen werden, weil sie sich müßig her-
> umtreiben? (27)

Auch wenn Hythlodeus' bzw. Morus' Kritik an der besitzenden Führungsschicht sich einerseits an einer christlichen Ethik vom bescheidenen, vernünftigen Leben orientiert, so geht seine Argumentationsmethode, die Kriminalität des einzelnen durch gesellschaftliche Bedingungen zu
begründen und auf ökonomisch-gesellschaftliche Ursachen
zurückzuführen, über die traditionelle christliche Laster-
Satire hinaus.

Die Beschreibung der Verhältnisse auf Utopia wird als
positives Spiegelbild auf die hier kritisierten englischen Verhältnisse zurückverweisen. Hythlodeus macht die von einer
egoistischen Minderheit erzeugte Armut für die steigende
Kriminalität verantwortlich, kritisiert scharf das Handels-
»Oligopol«, die willkürliche Festlegung der Preise durch ei-

nige wenige Leute, die reich genug sind, die Ware erst dann
zu verkaufen, wenn sie sie »beliebig teuer verkaufen können« (27).

Im Gegensatz zu Platon, der in seiner *Politeia* kaum auf
konkrete ökonomische Fragen eingeht, analysiert Morus
durch den Mund seines weisen Weltreisenden sehr detailliert die bestehenden Eigentumsverhältnisse und die in ihnen begründeten wirtschaftlichen Mißstände. Sein Postulat,
an das Brechts Devise »Und das Tal den Bewässerern« aus
dem *Kaukasischen Kreidekreis* (301) erinnert:

> Schafft diese verderblichen Seuchen aus der Welt! Ver-
> fügt, daß entweder die Leute, die Gehöfte und Dörfer
> vernichtet haben, sie wieder aufbauen oder sie an die
> abtreten, die bereit sind, sie wiederherzustellen oder
> neu zu errichten! Schränkt diese Ankäufe der Reichen
> ein und die Möglichkeit, sie wie ein Monopol zu hand-
> haben! Laßt nicht so viele vom Müßiggang leben!
> Stellt die Landwirtschaft wieder her.   (*Utopia*, 28)

Indirekt liegt in dieser Analyse und den daraus abgeleite-
ten Postulaten auch schon eine Antwort auf die skeptische
Frage der Persona Morus, wie denn die Menge der Güter in
einem Gemeinwesen ohne Eigentum ausreichen solle, wo
jeder sich vor Arbeit drücke, da keinerlei Zwang ihn zu ei-
genem Erwerb dränge und ihn das Vertrauen auf fremden
Fleiß faul mache. Damit hat er die *bestehenden* englischen
Verhältnisse beschrieben, den »Müßiggang« der herrschenden Klasse und ihres großen Gefolges, die eben das Vertrauen auf fremden Fleiß faul gemacht hat. Die kritische
Zeitanalyse dagegen zwingt die Schlußfolgerung auf: In einem Gemeinwesen, in dem jeder zur Arbeit verpflichtet ist
und jedem die angemessene Möglichkeit zur Arbeit geboten
wird, kommt die »Menge der Güter« allen gleichermaßen
und ausreichend zu. Wenn alle arbeiten, müssen alle weniger arbeiten, muß keiner sein Leben in einem langen Fron-
dienst zubringen, um sein armseliges Leben zu fristen.

Im Negativbild scheint die Idee von Utopia auf! Denn dieses gleiche Recht und diese gleiche Pflicht zur Arbeit zielen auf ein Gemeinwesen, das auf dem Gleichheitsprinzip aufbaut, wie es in *Utopia* realisiert ist. Und das Gleichheitsprinzip läßt sich nur durchsetzen, wenn gleiche Besitzverhältnisse garantiert sind. Hythlodeus vertritt am Ende seiner kritischen Ausführungen noch einmal mit Vehemenz die Überzeugung,

> [...] daß der Besitz nur dann auf gleichmäßige und gerechte Weise verteilt oder die Geschicke der Menschen nur dann glücklich gestaltet werden können, wenn das Privateigentum aufgehoben worden ist; solange es besteht, wird immer auf dem weitaus größten und weitaus besten Teile der Menschen die drückende und unvermeidliche Bürde der Armut und des Kummers lasten. Man wird sie – das gebe ich zu – ein klein wenig erleichtern können; sie gänzlich aufzuheben – das behaupte ich – ist unmöglich.   (45)

Das ist ein politisches Konzept, geht über die Idee des Urchristentums hinaus: diese forderte zu freiwilliger Selbstgenügsamkeit und brüderlicher Teilung auf, schrieb aber nicht durch Gebot die Eigentumslosigkeit vor; Morus/Hythlodeus jedoch, voll skeptischer Einsicht in den Egoismus der Menschen, konzipiert die Aufhebung des Privateigentums, dessen Abschaffung qua Gesetz.

In einem zweiten Teil läßt der Autor seinen Weltreisenden als Replik auf die skeptischen Einwände von ›Morus‹ und Ägidius in Ruhe über die ferne Insel Utopia berichten, auf der die Geldwirtschaft ebenso abgeschafft ist wie das Privateigentum und auf der »ein so wohlgeordnetes Staatswesen« herrscht wie »nirgendwo sonst« (46).

Ursprünglich war Utopia noch mit dem Festland verbunden, doch Utopos, der Gründer des Staates, der »das rohe und wilde Volk zu der Gesittung und Bildung heranzog, durch die es jetzt fast alle Menschen übertrifft« (48),

ließ es vom Festland abtrennen, erzeugte also künstlich
eine *Insellage*, ein künftig fast durchgehendes Konstituens
des utopischen Staatsromans. Auch wenn diese beste aller
Welten nicht immer im Wortsinn auf einer Insel angesiedelt ist, eine inselähnliche, schwer zugängliche abge-
schirmte Lage kennzeichnet diese Wunschländer. Ihre Un-
zugänglichkeit bedeutet Schutz gegen Eindringlinge, begründet zugleich ihre Unbekanntheit in der abendländi-
schen Welt.

Wenn Morus die ursprüngliche Wildheit und Roheit des
Volkes erwähnt, das er als das gesittetste preist, zeigt sich
darin der *Bildungsoptimismus* des Humanisten, der an die
verändernde, prägende Kraft geistiger Erziehung glaubt.
Bildung spielt folglich im Staate Utopia eine große Rolle.
Doch anders als bei Platon, der Kopf- und Handarbeit säuberlich trennt und schon die Kinder gezielt auf ihre spätere
Funktion im Staate ausbilden läßt, gibt das utopische Erzie-
hungsmodell den individuellen, vielfältigen Entwicklungsmöglichkeiten einen größeren Spielraum. In Utopia erlernt
jeder ein Handwerk, kann jedoch nach Neigung und Veranlagung auch ein weiteres erproben. Da alle arbeiten, kann
auch die Arbeitszeit für alle eingeschränkt werden, ohne
daß es der Gemeinschaft an Gütern mangelte. Sechs Stunden sind für die Arbeit bestimmt. So bleibt den Utopiern
genügend Zeit »zur eigenen Verfügung« (55). Verpönt als
»sklavische Plackerei« (54) ist in Utopia das anderswo üb-
liche Los der Handwerker, sich von morgens bis Mitter-
nacht wie ein Lasttier abzumühen.

Außer in seinem besonderen Handwerk/Beruf hat jeder
Utopier theoretische und praktische Erfahrung in der Landwirtschaft, da sie die ökonomische Grundlage des Gemeinwesens bildet. Jeder Stadt ist genügend Ackerland zugeordnet; abwechselnd ziehen die Bürger aufs Land in die Ge-
höfte, die nie weniger als vierzig erwachsene Personen beherbergen. Das Gleichheitsprinzip ist auch hier bestimmend: Da Morus das Landleben für besonders hart hält,

soll keiner »gegen seinen Willen gezwungen sein, das harte Leben länger fortzusetzen« (49 f.), umgekehrt soll aber auch keiner davon befreit sein. Hier unterscheidet sich Utopia enorm von der Kastenstruktur des Platonischen Philosophenstaates, der die Gold- und Silberseelen sowohl für das Handwerk als auch für die Landwirtschaft für zu edel hält, den eigentlichen Produktionsprozeß den ›Erzseelen‹ überläßt. Alle Kinder werden in der Schule theoretisch in der Landwirtschaft unterwiesen und schon früh – »gleich wie zum Spiel« (54) – zu praktischer Arbeit angeleitet. Ein ›Nebeneffekt‹ ist die »Übung der Körperkräfte« (54). Obwohl in Utopia alle in den Produktionsprozeß integriert werden, auch die Führungskräfte, die Syphogranten, die »gesetzlich von der Arbeitsleistung befreit« (57) sind, mit gutem Beispiel vorangehen, genießt die »Freiheit und Pflege des Geistes« (58) vor aller Körperarbeit das größte Ansehen. »Darin liegt nämlich« nach Meinung der Utopier »das Glück des Lebens« (58). Also gerade *weil* die intellektuelle Bildung als höchstes Gut geschätzt wird, werden in diesem Staat der Gerechtigkeit und Gleichheit *alle* zur praktischen Arbeit herangezogen.

Dieser Primat geistiger Tätigkeit hat starke Auswirkungen auf das Wirtschaftsleben. Utopias Wirtschaftsstruktur zielt nicht auf Wachstum und Steigerung der Produktionsraten, sondern auf gleichbleibende Stabilität der Güterproduktion, die die gleichbleibenden Bedürfnisse befriedigen. In Utopia steht das Wirtschaftsleben unter dem Primat moralisch-geistiger Disziplinierung. Luxus, ästhetisches Raffinement der Lebensführung, verschwenderische Pracht der Repräsentanz wegen sind aus diesem Staat verbannt. Da mit möglichst wenig Kraft- und Zeitaufwand das Notwendige produziert werden soll, um viel Freizeit für geistige Beschäftigung zu gewinnen, werden die ›natürlichen‹ Bedürfnisse möglichst gering gehalten. Das zeigt sich exemplarisch an der Kleiderordnung: Die Utopier

[...] tragen bei der Arbeit einen einfachen Anzug aus
Leder oder Fellen, der bis zu sieben Jahre hält. Wenn
sie ausgehen, ziehen sie ein Obergewand darüber, das
jene gröbere Kleidung verdeckt; seine Farbe ist auf der
ganzen Insel dieselbe, und zwar die Naturfarbe. Daher
genügt nicht nur viel weniger Wollstoff als irgendwo
sonst, sondern dieser selbst ist auch viel billiger. (58)

Nicht Askese im Sinne der Selbstkasteiung – die lehnen
die Utopier als unvernünftig und unnatürlich ab –, doch
Genügsamkeit, eine einfache Lebensweise, die den Körper
gesund hält, ohne ihn zu verzärteln, sind die Lebensmaxi-
men in Utopia. Für die ästhetischen Bedürfnisse der Bürger,
ihre Lust an Schmuck, an individueller Nuance, bleibt hier
wenig Raum. Als Gegenreaktion auf die bestehenden Verhältnisse mit ihrem Kontrast zwischen luxuriösem Müßiggang und Armut trotz auszehrender Arbeit entwirft Morus
hier das Ideal eines bescheidenen Lebens für alle, das gerecht und demokratisch ist, nur der spielerischen Phantasie
wenig Möglichkeiten läßt. Die Uniformität der Kleidung,
die sicherlich zweckmäßig für eine unaufwendige gerechte
Bedürfnisbefriedigung ist, unterdrückt andererseits den individuellen Gestaltungssinn. Schönheit wird als Naturschönheit zugelassen, die auch zugleich nützlich ist – Hythlodeus preist die prächtige Gartenkultur der Utopier –,
doch sie stellt keinen Wert in der alltäglichen Lebenspraxis
dar. Der Kult ästhetischer Sinnenfreude ist in jedem Fall
dem Ideal der Nützlichkeit und einfachen Zweckmäßigkeit
untergeordnet. Insofern gibt es im utopischen Staat auch
keine vielfach aufgefächerten Berufssparten, da nur wenige
Fertigkeiten vonnöten sind, die wichtigen, da vernünftigen
Bedürfnisse zu befriedigen. Hythlodeus führt die Tuchma-
cherei, die Leineweberei, das Maurer-, Schmiede-, Schlos-
ser- und Zimmermannsgewerbe an. Alles andere könnte in
Utopia keine »nennenswerte Anzahl« von Menschen beschäftigen; das heißt, die ganzen kunsthandwerklichen Fä-

higkeiten z. B., die die Renaissance-Kultur der italienischen Stadtstaaten hervorgebracht haben, sind in Utopia nicht besonders gefragt.

Symptomatisch für ein am Ordensleben orientiertes Lebensideal ist die Einstellung der Utopier zum Gold, zum Schmuck im weitesten Sinne: dieser gilt als Tand, mit dem sich nur die kleinen Kinder vergnügen, jenes als eigentlich recht nutzloses Metall, aus dem Nachttöpfe und ähnliche unattraktive Dinge gefertigt werden. Durch diese Verwendung wird den Utopiern eine gleichsam natürliche Geringschätzung dem anderswo begehrten Metall gegenüber beigebracht. Gold dient den Utopiern nur als Zahlungsmittel für den Notfall, den Kriegszustand, um damit fremde Söldner zu bezahlen und so die eigenen Bürger zu schonen.

Im Zeichen der Gerechtigkeit haben die Utopier eine Ordnung entwickelt, die keinen in seinen lebensnotwendigen Interessen unterdrückt, jedoch auch keinen Spielraum für Individualisten, Sonderlinge, Außenseiter birgt, keinen ausschließlich privaten Ort, an dem das Ich nur für sich ist.

Die Sozialordnung und Wohnstruktur steuern Individualitätsstrebungen entgegen: Die Bürgerschaft baut auf der Familie auf, jede Familie soll nicht weniger als zehn und nicht mehr als 16 Erwachsene zählen. Die Familienmitglieder betreiben in der Regel das gleiche Handwerk, diejenigen, die sich für ein anderes entscheiden, werden in eine andere Familie mit dem entsprechenden Handwerk eingeteilt. Die Familien wohnen in dreistöckigen Gebäuden aus solidem wetterfesten Gestein, die als »lange und blockweise zusammenhängende Reihe« (52) mit den gegenüberliegenden jeweils die Straße bilden. Jedes Haus hat neben dem Vordertor zur Straße sein Hintertor zum Garten. »Diese zweiflügeligen Türen [...] lassen einen jeden ein; so gibt es keinerlei Privatbereich.« (52) Das Gleichheitsideal, das alle Privilegien und Ungerechtigkeiten beseitigt, fordert hier als Preis eine Ordnung, die sowohl die ästhetische Mannigfaltigkeit als auch den Lebensausdruck der Individuen erheb-

lich einschränkt. Über die Rechtsgleichheit hinaus entwik-
kelt Morus/Hythlodeus hier ein Harmonie-Ideal, das
jeden Formenreichtum einer Monotonie der Gleichheit opfert. So stimmen auch die 45 Städte der Insel nicht nur nach
»Sprache, Sitten, Einrichtungen und Gesetzen« (49), sondern auch in ihrer architektonischen Anlage – »soweit es die
geographische Lage gestattet« (49) – vollkommen überein.
»Wer eine von ihren Städten kennt, kennt alle« (50)!

Und ebenso entwirft Morus in Utopia nicht nur ein Gemeinwesen ohne *Privatbesitz,* sondern auch ohne *Privatbereich.* Die Arbeitszeit von nur sechs Stunden läßt den Utopiern genügend Freizeit, doch diese soll sinnvoll verbracht
werden; als sinnvoll gelten der Besuch von Vorlesungen,
Studien, die Beschäftigung mit seinem Handwerk für die,
»deren Geist sich nicht zu den Höhen der Wissenschaften
zu erheben« vermag, gemeinsame Spiele in den Gärten oder
öffentlichen Hallen, Gespräche, Musik, die Moral fördernde
Brettspiele. Gemeinschaft ist Trumpf in Utopia, und trotz
der großen Freizeit ist der Tagesablauf der Utopier lücken-
los mit gemeinschaftlichen Unternehmungen ausgefüllt, die
Zeiteinteilung ist programmiert, Arbeitszeiten, Mahlzeiten,
Spielzeiten liegen für alle fest. Da bleibt kaum ein Schlupf-
loch für Eigenbrötler: »Vor aller Augen vielmehr muß man
seine gewohnte Arbeit oder seine Freizeit anständig ver-
bringen.« (63)

Das Studium der Wissenschaften hat in Utopia höchsten
Rang, Geometrie, Arithmetik, Astronomie und Philosophie vor allem werden genannt, die Astrologie jedoch, die
in Campanellas *Sonnenstaat* so eine wichtige Rolle spielen
wird, ist hier als Schwindel verpönt. Auf Platon mag zu-
rückgehen, daß Mädchen wie Jungen, Frauen wie Männer
prinzipiell die gleichen Ausbildungsmöglichkeiten haben;
doch anders als bei Platon ist das Studium der Wissenschaften nicht nur *einer* Schicht zugänglich, in Utopia werden
»alle Kinder in die Wissenschaften eingeweiht« (68), und
freiwillig verwendet ein großer Teil des Volkes, »Männer

wie Frauen«, seine Freizeit für wissenschaftliche Studien.
Die wissenschaftlich begabtesten Kinder werden besonders
gefördert und von den übrigen Aufgaben befreit. Anders
auch als bei Platon, der den Aufstieg eines Handwerkersoh-
nes in die Bildungsschicht als seltene Ausnahme einräumt,
kommt es in Utopia

> [...] nicht selten vor, daß irgendein Handwerker seine
> Freizeit so emsig zum Studium benützt und dank sei-
> nes Fleißes solche Fortschritte macht, daß er von sei-
> nem Handwerk befreit und in die Klasse der Wissen-
> schaftler befördert wird.   (57)

Freilich, die ökonomisch-soziale Voraussetzung war bei
Platon auch nicht gegeben, da bei ihm die Handwerker
nicht die Freiheit und Bildungsmöglichkeiten besaßen. Morus' Konzept zeugt von einer großen Liberalität, die im
Sinne des Bildungsstaates jedem seine Chancen einräumt.

Wie steht es nun mit der Stellung der Frau? Einerseits genießt sie die gleichen Bildungsmöglichkeiten wie der Mann,
ist wie er in den Produktionsprozeß integriert und hat die
gleichen Ansprüche auf Freizeit; andererseits heißt es lakonisch über das »Zusammenleben der Bürger«: »Der Älte-
ste steht [...] an der Spitze der Familie. Die Frauen sind
den Männern, die Kinder den Eltern und überhaupt die
Jüngeren den Älteren unterstellt.« (59) Wie selbstverständlich wird hier eine patriarchalische Familienstruktur vorgestellt, die im Grunde dem Gleichheitsideal, das die Bildung
und Erziehung bestimmt, widerspricht. Wenn es von den
Frauen heißt, sie betreiben die »leichteren Gewerbe« wie
z. B. Spinnerei und Weberei, berücksichtigt das nur die Kör-
perkonstitution der Frau, beschränkt nicht ihre Bildungs-
möglichkeit. Und daß die Frauen das Zubereiten und An-
richten der Mahlzeiten in den öffentlichen Gemeinschaftsküchen übernehmen, diskriminiert sie nicht, verbannt sie
nicht an den ›Kochtopf‹. Da die Gemeinschaftsküchen die
Privatküchen ersetzen, die Frauen der verschiedenen Fami-

lien sich abwechseln, ist eine jede nur zeitweilig mit Küchendienst beschäftigt. Die notwendigen Handarbeiten werden auf beide Geschlechter so verteilt, daß *beide* genügend Freizeit haben.

Wie bei Platon sind auch bei Morus die Frauen den Männern darin gleichgestellt, daß sie militärisch ausgebildet werden und ihren Männern in den Krieg folgen können. Wenn es heißt: »Als größte Schmach gilt es, wenn ein Ehegatte ohne den anderen zurückkehrt oder der Sohn ohne den Vater« (93), verweist das auf eine völlige Gleichstellung der Frau auch im militärischen Bereich, die der patriarchalischen Struktur im Grunde widersteht. Auch die Ehegesetze, einerseits nicht gerade Inbegriff freizügiger Moral, sehen gleiches Recht bzw. Verbot für beide Geschlechter vor, heben sich von der männlichen Doppelmoral späterer Zeiten ab. Heimlicher Geschlechtsverkehr vor der Ehe ist Männern und Frauen gleichermaßen untersagt. Diese »Verfehlung« bestrafen die Utopier

> [...] deshalb so streng, weil sie voraussehen, daß sich selten Menschen in ehelicher Liebe verbinden würden, in der man sein ganzes Leben mit einem Partner verbringen und obendrein die mit dem Ehestand verbundenen Beschwerlichkeiten ertragen muß, wenn man dem freien Zusammensein nicht sorgfältig wehrte. (82)

Hier spricht der Pragmatiker, der – anders als der vorchristliche Platon, dem es nur auf die beste Kinderzucht ankam – die eheliche Lebensgemeinschaft anstrebt und zugleich weiß, daß der Anreiz zur Ehe nur durch Rationalisierung der Sexualität bewirkt wird. Wenn z. B. die bürgerliche Frau im 18. Jahrhundert, die vom Produktionsprozeß ausgeschlossen und insofern auf den Mann zur Existenzsicherung angewiesen ist, aus ökonomischen Gründen die Ehe anstreben muß, fällt dieses Motiv für die Utopierin weg: ihre ökonomische Existenz ist durch die Staatsverfassung, die auf gemeinsamen Besitz bzw. Eigentumslosigkeit aufbaut, schon gesichert. Während das Bürgermädchen im 18. Jahrhundert seine Koketterie – wie Kant in seiner Anthropologie ausführt –, das Zugleich von Lustversprechen und Verweigerung spielen lassen muß, um den Mann für die Ehe zu interessieren, voreheliche Keuschheit den Weg zum Ehevertrag bahnt, bedarf die Utopierin dieses Spiels nicht: einerseits braucht sie die Ehe eben nicht zur Existenzsicherung, andererseits ist auch der Mann vor der Ehe zur Keuschheit verpflichtet, herrschen gleiche Ausgangsbedingungen. Platons ›Weibergemeinschaft‹ kennt Utopia nicht, es achtet die Familie bzw. flexible Familiengemeinschaften, bestraft den Ehebruch bei Mann und Frau gleichermaßen hart. Andererseits – und das ist für den späteren Märtyrer der katholischen Kirche überraschend – ist die Ehe auf Utopia auflösbar, wenn die Charaktere der beiden Partner nicht zusammenpassen und beide einen Menschen gefunden haben, »mit dem sie glücklicher zusammenzuleben hoffen« (85). Kühn nicht nur für das frühe englische 16. Jahrhundert ist auch der utopische Brauch, daß beide Brautleute sich vor der Eheschließung nackt sehen. Dieser von Hythlodeus als lächerlich und höchst unschicklich charakterisierte Brauch – auch hier spielt Morus augenzwinkernd mit der Maske – zeugt einerseits wiederum von der Gleichstellung der Frau, deren ästhetischer Geschmack gleiches Mitspracherecht hat, andererseits überhaupt von einer überraschenden Freizügigkeit dem Körper gegenüber. Auch hier mag Platons Vorbild – die Nacktheit der Frauen und Männer bei ihren gymnastischen Übungen – nachgewirkt haben.

Es zeigt sich also der merkwürdige Befund, daß die Frauen de facto in ihren Bildungsmöglichkeiten, Partnerschaften und ihrer Freizeitgestaltung gleiche Rechte wie die Männer genießen, sie andererseits jedoch als den Männern untertan vorgestellt werden. An keiner Stelle wird explizit vermerkt, daß sie von der Staatsführung ausgeschlossen sind, einige Ausführungen weisen darauf hin, daß die Frauen der Senatoren – z. B. bei Scheidungen – Mitspracherecht haben. Das läßt zwar auf die Führungsrolle der Männer schließen, zeigt aber auch die geachtete Stellung der Frau an. Für Morus war wohl das Patriarchat eine zu selbstverständliche Denknorm, als daß er sie von seinen übrigen progressiven Vorstellungen, die diesem widersprechen, hätte in Frage stellen lassen.

Nach Hythlodeus vertreten die Utopier in ihrer »Sittenlehre« eine »sinnenfrohe Lehre, holen sie selbst in der Religion noch für ihre Ansicht, daß das Glück der Menschen in der Lust liegt, ihre Unterstützung« (70). Aber dieses Lustprinzip, in dem das Glück gründen soll, ist auch wieder an die Weisheit der Vernunft gebunden, die die willkürlich begehrende Triebnatur zügelt. So heißt es: »Die Natur selbst also, so meinen sie, schreibe uns ein angenehmes Leben, also die Lust vor; nach ihrer Vorschrift zu leben, nennen sie Tugend.« (71) Einerseits wehrt Morus durch den Rückgriff auf die Natur, speziell die menschliche Natur, alle Selbstkasteiungspostulate einer sinnenfeindlichen Religion ab, andererseits bestimmt er diese Natur auch wieder als eine vernünftige, die die geistig-seelische Entfaltung des Menschen fördert.

Deutlich wird das in seiner Einschätzung sinnlicher Genüsse. Hier ist die Gesundheit das höchste Gut; weise hat die Natur es eingerichtet, daß die Triebe der Lebenserhaltung dienen. Den Vorrang haben in jedem Fall die Vergnügen der »Seele«, die aus der Verstandestätigkeit und dem »Wohlgefühl, das die Betrachtung des Wahren hervorbringt«, hervorgehen (75).

»Schönheit, Kraft und Behendigkeit« achten sie als »erfreuliches Geschenk der Natur«, und auch die ästhetischen Genüsse, die Annehmlichkeit der Düfte, die Harmonie der Farben, die allein dem Menschen zugänglich sind, schätzen sie als »willkommene Würze des Lebens« (77). In dieser Wertschätzung spielt ein typisch Morus'scher Gedanke eine Rolle, eine Gotteskonzeption, die auch sein Verhältnis zu den Wissenschaften prägt. Gott sieht er als den großen

»Schöpfer und Baumeister der Natur«, den man dadurch gerade am meisten anerkennt und als Künstler ehrt, daß man den »sehenswerten Bau dieses Weltalls« angemessen erfasse, seine Schönheit genieße und seine Gesetze erkenne. Dieser Gott

> [...] habe darum einen wißbegierigen und aufmerksamen Betrachter und Bewunderer seines Werkes lieber als einen, der wie ein vernunftloses Tier ein so erhabenes und so wunderbares Schauspiel stumpf und unbewegt übersieht. (79)

Der ästhetische Genuß und die wissenschaftliche Erforschung der Natur im weitesten Sinne werden letztlich als ›Gottesdienst‹ betrachtet, eine Konzeption, die auch in späteren utopischen Staatsromanen – etwa bei Mercier – noch auftauchen wird. Die Barriere der mittelalterlichen Theologie gegenüber wissenschaftlicher Forschung ist hier – durch ein theologisches Argument wiederum – niedergerissen. Die Wissenschaften genießen in Utopia – gerade auch in ihrer praktischen Anwendung – großes Ansehen; neben der Philosophie, die nach dem natur- und vernunftgemäßen Leben forscht, das das Glück der Menschen sichert, sind es die Naturwissenschaften, die die physische und ökonomische Basis des Gemeinwesens zu verbessern suchen. Und wenn die Utopier sich mit Begeisterung auf das Studium der griechischen und lateinischen Schriften gestürzt haben, die Hythlodeus ihnen mitgebracht hat, dann auch wieder deshalb, weil sie praktischen Nutzen daraus zogen. Antike Bildung als Selbstzweck gibt es auf Utopia noch nicht. Andererseits hat sich trotz aller wissenschaftlichen Neugier und Erkenntnisfreude keineswegs ein wissenschaftlicher Fortschrittsoptimismus herausgebildet, wie er ein Jahrhundert später in Bacons *Atlantis* herrscht. Gerade da das optimale Gemeinwesen im Sinne seines Vernunft-/Natur-Ideals – das das ökonomisch-soziale Leben moralisch geistigen Werten nebenordnet – Produktionssteigerungen nicht vorsieht,

liegt ihm auch nicht an einem unbegrenzten technischen
Fortschritt, der die soziale Harmonie gefährden könnte.

Die Utopier sind friedliche und tolerante Menschen. In
ihrer Toleranzauffassung übertreffen sie fast einen Lessing,
da sie unterschiedliche Glaubensvorstellungen nicht nur re-
spektieren, sondern sie als Reichtum und Fülle religiöser
Ehrbezeugung deuten. Utopias Gründer, der bestimmte,
daß »keinem seine Religion Schaden bringen darf«, wollte
damit nicht nur den Frieden sichern, sondern er war sich
auch nicht sicher, »ob Gott vielleicht selber eine vielfältige
Art der Verehrung wünsche und daher dem einen diese,
dem anderen jene Eingebung schenke« (98). Ernst Bloch
kommentiert diese Passage in seinem *Prinzip Hoffnung*:

> Es sind dies freilich die erstaunlichsten Sätze aus dem
> Mund eines nachmaligen Märtyrers der Papstkirche;
> sie stellen die Absolutheit des Christentums in Frage.
> Sie geben nicht nur einen ersten Hauch der Aufklä-
> rung, sondern gleich deren volles Aroma; sie brechen
> den Obrigkeitsstaat an seiner härtesten Stelle entzwei,
> an der des Glaubens- und Gewissenszwangs.
>
>   (Bloch, 1977, 606)

In diesem demokratischen Staat der Freiheit, in dem die
Basis – je dreißig Familien wählen sich jährlich einen Vor-
stand, den Syphogranten – sehr stark an der Regierungsbildung und an den Beschlußfassungen beteiligt ist, gibt es
dennoch Sklaven. Diese verrichten die niederen Arbeiten,
die die Seelen der Utopier verrohen lassen könnten, z. B.
Metzgerarbeiten. Diese Sklaven sind in der Regel Kriegsge-
fangene oder Utopier, die auf Grund eines schweren Ver-
brechens zum Arbeitsdienst verpflichtet werden. Hier liegt
ein gewisser Widerspruch zu Hythlodeus' Ausführungen
im ersten Teil, in dem er die Verbrechen aus ökonomisch
gesellschaftlichen Ursachen erklärt und mildere Bestrafung
fordert. Utopia aber kennt Arbeitssklaven in Ketten. Nun
kann man auch so argumentieren, daß der, der im utopi-

schen Paradies gegen die Gesetze verstößt, gerade doppelt schuldig wird.

Auf einen anderen Widerspruch weist Bloch mit Rückbezug auf Hermann Oncken hin: Die Utopier, die den Frieden hochschätzen, einen Krieg mit allen Mitteln zu vermeiden suchen und einem blutigen Sieg eine unblutige Lust, die Menschenopfer vermeidet, vorziehen, halten es

> [...] für einen höchst gerechten Kriegsgrund, wenn ein Volk Nutzung und Besitz des Bodens, den es selber nicht braucht, sondern wüst und unfruchtbar liegen läßt, einem anderen untersagen will, das nach der Vorschrift der Natur seinen Unterhalt davon ziehen sollte. (59)

Nach Bloch hat diese Überzeugung nichts mit der vorbildlichen Friedensexistenz Utopias zu tun, wohl aber mit »der Praxis des späteren England«, stellt einen Ansatz zu »einem fast modern anmutenden kapitalistischen Imperialismus« dar (Bloch, 1977, 602). Dem könnte man entgegenhalten, daß Morus/Hythlodeus durchgehend – schon in seiner Kritik an zeitgenössischen Zuständen – die Auffassung vertritt, daß das Land für die Bebauer und nicht für die – adligen – Müßiggänger da sei, er also auch hier wieder gegen tradierte Eigentumsprivilegien argumentiert, die der Völkergemeinschaft schaden. Denn andererseits wendet er sich entschieden gegen den Eroberungs- und Expansionsgeist der damaligen Staaten, der die Völker in blutige Kriege verwickelt und dem Erobererstaat selbst auch nicht nützt, da eine zu große Ausdehnung eine sinnvolle Regierungspraxis unmöglich macht. Humanität und Harmonie sind die prägenden Leitideen der Utopier; nur wenn andere gegen sie verstoßen, wenden sie als letztes Mittel der Selbstverteidigung ihres Staates und seiner Verfassung Gewalt an.

Daß uns Utopia in seiner Gewissensfreiheit, Gerechtigkeit, in der großzügigen Regelung von Arbeitszeit und Muße, der Existenzsicherung für alle Bürger, in seiner

Gleichheit der Bildungschancen dennoch nicht als Paradies auf Erden erscheint, mag einerseits an den künstlich produzierten Bedürfnissen unserer Konsumgesellschaft liegen, andererseits auch an unserem Mißtrauen gegenüber zuviel staatlichem Reglement. Der Individualitätsgedanke, der sich vor allem seit dem 18. Jahrhundert herausgebildet hat, schließt Skepsis und Unbehagen gegenüber allen Formen von verordneter Gleichheit und Gleichtakt ein. Wenn uns die kleine Nuance, ein eigenwilliger Kleiderschnitt etwa als Wert erscheint, so mag das allerdings auch dialektisch auf die Vermassung und Anonymität heutigen gesellschaftlichen Lebens zurückverweisen.

IV

François Rabelais:
Gargantua et Pantagruel

Rabelais' (1494–1553) phantastischer Roman, der ein Stück Familiengeschichte seines sympathischen humanen Riesengeschlechts erzählt, zugleich auch eine Art Bildungsroman darstellt, läßt sich im engeren Sinne nicht als utopischer Staatsroman bezeichnen, enthält aber viele utopische Momente, die an den humanistischen Entwurf des Thomas Morus erinnern. Sicherlich nicht zufällig stammt Badebec, Gargantuas Frau und Mutter des weisen Herrscher-Vaters Pantagruel, vom »roi des Amarautes en Utopie«, vom »König der Amauroten in Utopia« (*Gargantua und Pantagruel*, 316) ab, leitet sich der Name von Pantagruels fernem Heimatvolk von der Hauptstadt Utopias, Amaurotum, ab. Und den berühmten Brief Gargantuas, der dem in Paris studierenden Sohn Pantagruel die Bildungsideale des Humanismus vermitteln soll, datiert er beziehungsvoll aus Utopia (vgl. 358). So derb-komisch, sinnenfreudig und spaßverliebt der Erzähler sich einerseits auch darstellt, so überbordend seine Lust an närrischer Fabulierkunst erscheint, deutlich wird auch der kritisch aufklärerische Impuls des Autors, der Aberglauben, religiöse Borniertheit den Wissenschaften gegenüber, pfäffische Sinnenfeindlichkeit und Bigotterie, lebensferne Pseudo-Gelehrtheit und nicht zuletzt den aggressiven Expansionsdrang der europäischen Völker entlarvt.

Wohl aus berechtigter Sorge, daß die Leser seine »ergötzliche und unterhaltsame« Erzählung als bloßen Spaß aufnehmen könnten, erinnert er auch wieder in humoristisch launiger Manier an die Differenz von Schein und Sein:

Sagt ihr doch selber, die Kutte mache den Mönch nicht
aus. Und gar mancher trägt ein Mönchsgewand und ist
in seinem innersten Wesen nichts weniger als ein
Mönch. [...] Derhalben muß man das Buch weislich
aufschlagen und mit Sorgfalt erwägen, was darin aus-
geführt ist. Dann aber werdet ihr erkennen, daß die
Spezerei, die darin enthalten, von weit höherem Wert
ist, als es die Büchse verhieß.   (10 f.)

Und in Rabelais'scher humoristischer Art, von Hölzchen
zum Stöckchen zu springen und das immer augenzwinkernd mit wissenschaftlichen Belegen, führt er sogleich ein
verdrehtes Platon-Zitat aus dem »2. Buch De Rep.« an, in
dem Platon einen edlen Jüngling in seiner Eignung zum
Wachen einem edlen Wachhund vergleicht. Bei Rabelais
avanciert der Hund sogleich mit Bezug auf Platon zum
»philosophischsten Viehzeug auf Gottes weiter Welt«, und
das vor allem durch seinen umsichtigen, inbrünstigen Umgang mit einem Markknochen, auf dessen Häppchen Mark
all seine Mühsal zielt; und schon fügt er ein weiteres Zitat
des griechischen Arztes Galenos an über die natürliche
Vollkommenheit des Marks; das alles aber nur, um die Leser
zu mahnen, »klug zu sein, auf daß ihr diese schönen Bücher
voll köstlichen Gehalt wittert, riecht und schätzt« (11 f.).
    Natürlich sind die Ratschläge an die Leser selber wieder
ironisch, selbstironisch gebrochen, und die vielen Zitate
bzw. Zitaterfindungen aus antiken und mittelalterlichen
Schriften, aus Mythen und Volksbüchern, mit denen der
Roman gespickt ist, entspringen nicht nur einer witzigen
Spiellaune, sie parodieren auch eine traditionsgläubige Gelehrsamkeit, die sich auf Autoritäten statt auf den eigenen
Verstand beruft. Souverän jongliert der humanistisch gebildete Rabelais, Arzt, Theologe, Literat, der über umfassende Kenntnisse antiken, mittelalterlichen, volkstümlichen
Schrifttums verfügt, mit dem Bildungskanon seiner Zeit,
entlarvt er in seinen Zitat-Kaskaden, die sich oft hurtig vom

Ausgangspunkt entfernen, ein steriles Bildungsinventar, das
der Lebenspraxis nicht gerecht wird. Wie bei Thomas Morus spielt eine lebensbezogene Bildung, die sich an der Na-
turweisheit orientiert, eine große Rolle.

Daß die Konzeption einer lebenssteigernden Bildung für
Rabelais von besonderem Interesse ist, manifestiert sich
allein schon darin, daß er sehr ausführlich sowohl die Ausbildung Gargantuas als auch Pantagruels darstellt. An polemischen Seitenhieben gegen zeitgenössische Bildungsprak-
tiken spart er nicht. Gargantua, das Elfmonatskind der Rie-
seneltern Grandgousier und Gargamelle, aus dem linken
Ohr der Mutter herausgeschlüpft, wurde von seinem

> [...] dritten bis fünften Lebensjahr [...] auf Geheiß sei-
> nes Vaters in jedem geziemenden Wissensgebiet unter-
> wiesen und brachte diese Zeit hin wie alle Kinder im
> Lande, will sagen mit Essen, Trinken und Schlafen, mit
> Trinken, Schlafen und Essen, mit Schlafen, Trinken
> und Essen. (58)

Natürlich führt Rabelais bzw. sein Pseudonym Meister
Alcofribas genügend antike Autoritäten aus Mythos und
Traktaten an, um die lange Embryonalzeit und die etwas
merkwürdige Geburt als wahrscheinlich abzusichern. Die
Außergewöhnlichkeit seines Riesenkindes wird durch die
Parallelen zu den Göttergeburten einer Minerva, eines Bac-
chus hervorgehoben, zugleich aber durch die Aufzählung
kleinkindlicher Verhaltensweisen humorvoll in Zweifel gezogen. Der Kreatürlichkeit, der lustbetonten Körperlichkeit
des Kleinkindes, aber auch des Menschen überhaupt, räumt
Rabelais – anders als Morus oder Platon – viel erzähleri-
schen Platz ein. Die Oral- und Analphase des Kindes wird
in sinnlicher Plastizität ausgemalt:

> In einem fort suhlte er sich im Dreck, schmierte sich
> die Nase schwarz, bekleckerte sich das Gesicht, trat
> seine Schuhe schief, gaffte den Fliegen nach und rannte

gerne hinter den Schmetterlingen her, über die sein Vater das Zepter führte. Er brunzte auf seine Schuhe,
schiß in sein Hemd, schneuzte sich in seine Ärmel,
rotzte in seine Suppe und patschte überall umher, er
trank aus seinem Pantoffel und rieb sich den Bauch an
einem Weidenkorb.   (58)

Fern jede Sterilität der Beschreibung sowie körperfeindli-
che Kindesdressur! Hier gibt es weder eine sprachliche
Berührungsangst vor kräftigen, körperbezogenen Worten,
noch wird hier einer frühkindlichen Triebkontrolle das
Wort geredet. Liebevoll wird die kindliche Entdecker- und
Spielfreude, die sich mit den Sinnen ›ungeniert‹ Welt erkun-
det, beschrieben. Der Fäkalbereich wird so wenig ausge-
klammert wie die Sexualität. Und was erst moderne Sexual-
wissenschaftler gegen eine Geschichte immer sinnenfeind-
licherer Triebkontrolle und -unterdrückung beschrieben
haben, die Tatsache frühkindlicher Sexualität, das wird hier
als selbstverständlich mit Humor geschildert:

Und wißt ihr was, ihr Buben? Daß euch der Suff trille!
Der kleine Bock und Schmuser tappte in einem fort an
seinen Kindsfrauen herum, hinten und vorn, unten
und oben – hü, Grautier! – und fing schon an, seinen
Hosenlatz einzufuchsen. Den putzten ihm jeden Tag
seine Wärterinnen mit schmucken Sträußchen heraus,
schmückten ihn mit schönen Bändern, Blumen und
Quasten und hatten Kurzweil daran, ihn mit ihren
Händen zu steifen wie ein Pomadenstänglein, und
dann lachten sie hellauf, wenn er die Ohren spitzte, als
hätte ihnen dies Spiel behagt.   (61)

Das Kleinkind hat hier noch einen Penis und nicht etwas
Unaussprechliches oder etwas »Unkeusches« (46), wie es
etwa der kleine Detlev – stellvertretend für viele erzie-
hungsgeschädigte Kinder – im christlichen Waisenhaus in
Hubert Fichtes Roman *Das Waisenhaus* von 1965 erlebt.

Und dieser Penis darf ebenso berührt wie metaphernreich
benannt werden:

> Die eine nannte ihn ›mein Spündelchen‹, die andere
> ›mein Bölzchen‹, die dritte ›mein Korallenstengel‹, die
> vierte ›mein Stöpsel, mein Pfropfen, mein Zäpfchen,
> mein Stopfsteckel, mein Drillbohrer, mein Schwengel,
> mein Zeitvertreib, so hart und steif, mein Stehauf-
> männchen, mein Rotwürstchen, mein Rübchen klein,
> strack und fein‹. (62)

In dieser Erfindungslust immer neuer Ausdrücke der
Wärterinnen für den Penis des kleinen Gargantua zeigt sich
ihre eigene Sinnenlust, ihre erotische Phantasie, die das
›Bölzchen‹ oder ›Zäpfchen‹ durchaus funktional auf das
weibliche ›Gefäß‹ beziehen, das es einmal verschließen, aus-
füllen soll. Eine ähnliche Metaphorik findet sich auch in
Boccaccios sinnenfreudigem *Decameron*, in dem der Stößel
auch seinen Mörser sucht. In seiner spielerisch humorvollen
Art, Sexualität und Körperlichkeit darzustellen, ist der Humanist Rabelais durchaus der Frührenaissance verpflichtet.
In ihm scheint die Morgenröte bürgerlicher Aufklärung auf,
die sich anschickt, sich von den Fesseln überlieferter Autoritäten, wissenschaftlichen Fortschritt hemmender Dogmen
zu befreien, und die sich noch nicht den Panzer forcierter
Affekt- und Triebkontrolle auferlegt hat.

Dennoch verficht Rabelais keineswegs das ungezügelte
Ausleben aller Triebe, das letztlich den Menschen in seinen
intellektuellen und emotionalen Möglichkeiten wiederum
hemmte. Er führt zwei Bildungsprogramme vor, bezieht Satire und Ideal in wirkungsvollem Kontrast aufeinander: Zunächst läßt Grandgousier seinen Sohn, von dessen »scharfen, klugen, tiefsinnigen und heiteren Verstand« (75) er sich
überzeugt hätte, dessen »wundersamen Witz« er »an der
Erfindung eines Arschwischs« erkannte (68), von einem
»gelahrten Doktor der Sophisterei, Meister Tubal Holofer-
nes mit Namen« unterrichten. Dieser »brachte ihm die Fi-

bel so gründlich bei, daß er sie von hinten nach vorn auswendig aufsagen konnte. Und dazu brauchte er fünf Jahre
und drei Monate« (76). Diese Langsamkeit zeugt nicht von
der Dummheit Gargantuas, sondern soll die Idiotie der damaligen Lehrmethoden anprangern, deren Hauptziel im
geistlosen Auswendiglernen sogenannter frommer Schriften
bestand. Rabelais führt dann die weiteren Programmpunkte
auf, den »Donatus«, eine lateinische Grammatik des Aelius
Donatus, »den Facetus, Theodolet und Alanus in Parabolis;
und damit brachte er wiederum dreizehn Jahre, sechs Monate und zwei Wochen zu«. Alle drei Schriften gehörten
zum mittelalterlichen Schulkanon, der bis ins 16. Jahrhundert Geltung hatte.

Das ganze Werk durchziehen satirische Paraden gegen
pfäffische Heuchelei, Schlitzohrigkeit, religiösen Aberglauben. Er führt noch eine ganze Reihe von lateinischen Traktaten an, die meist grammatische Probleme, etymologi-
sche Herleitungen, rhetorische Regeln behandeln und die
der arme Gargantua auch »selber schreiben« mußte, »denn
die Kunst des Buchdrucks war dazumal noch nicht im
Schwang«. Nach dem Ableben seines Präzeptors, der sinnigerweise an der »Lustseuche« starb, lehrte ihn ein Magister mit dem sprechenden Namen Dummerjan Leimsieder/
Maître Jobelin Bridé, weitere Traktate, die spitzfindige Bi-
belauslegung betrieben, Knabentugend priesen oder grammatische Fragen erörterten. Ironisch heißt es abschließend:
»Bei deren Lektüre ward er so gescheit, wie seither keiner
mehr ausgebacken ward.« (77) Da sein Vater merkte, daß
Gargantua trotz allen Fleißes nicht vorankam und, »was
schlimmer ist, davon ganz hirnwütig, blöd, ganz zerfahren
und faselig wurde«, holte er Rat bei »Dom Philipp des Ma-
rays, dem Vizekönig von Pampaligosso« (18), einem Phantasieland, das dem Pays de Cocagne, unserem Schlaraffenland in etwa entspricht. Wie Rabelais sich später auf Utopia
bezieht, um die Idealität der Verhältnisse anzudeuten, ihre
Vernünftigkeit und Gerechtigkeit, so wählt er auch hier ein

Phantasieland, eines, das Sinnenfreude und Lebensgenuß verkörpert, um es gegen die Unvernunft frömmelnder, weltabgewandter Pseudogelehrsamkeit anzuführen.

Auffallend hier wie in anderen Ausführungen, die sich auf Bildungsideale einlassen, die höhere Stilebene, der Verzicht auf phantastische Ausschmückungen, komische Wortspiele. Der Vizekönig Dom Philipp propagiert gegen die altmodische, einer heruntergekommenen Scholastik verpflichtete Erziehungspraxis, die sich dem neuen wissenschaftlichen Geist widersetzt, ein zeitgemäßes, d. h. progressives Bildungsideal, das Gelehrsamkeit und Lebenspraxis zusammenbindet. Auf seinen Vorschlag hin wird Gargantua mit dem im modernen Geist erzogenen Eudämon, der noch keine zwölf Jahre ist, zusammengebracht; und obwohl Eudämon/der Glückliche – sprechend der Name – in bescheidener, freundlicher, »wohlgesetzter Rede und in so gutem Latein« ihn anspricht, er ihn bittet, er möge ihn »unter die geringsten seiner Diener aufnehmen«, ist der vormals pfiffige Gargantua ganz verstört, hilflos:

> Aber alles, was Gargantua darauf zu antworten wußte, war, daß er wie eine Kuh zu flennen begann und sein Gesicht in seine Mütze vergrub. Ebensowenig hätte man ihm ein Wort entlocken können wie einem toten Esel einen Furz. (80)

Mit drastischer Komik stellt Rabelais in dieser Szene das erbärmliche Resultat zeitgenössischer Erziehungsmethoden dar. Begleitet von Eudämon und Ponokrates, dessen Lehrer, begibt sich Gargantua nach Paris, um dort seine Studien fortzusetzen bzw. erst zu beginnen. Aus der Einsicht, »daß die Natur einen plötzlichen Wechsel nicht ohne heftigen Zwang ertrage« (117), ließ Ponokrates seinen Schützling zunächst noch eine kurze Weile seine alte Lebensweise führen, zugleich wollte er herausbringen, »wie seine früheren Lehrer es fertiggebracht hätten, ihn in dieser langen Zeit so dämlich, unwissend und blöde zu machen« (103). Der

Hauptbestandteil dieser Ausbildung schien in der Anleitung zu unmäßiger Fresserei und Sauferei zu liegen, die jede
geistige Agilität schon im Ansatz erlahmen läßt. Der moralischen Erbauung und Erweiterung des intellektuellen Ho-
rizonts diente dann das zwanzig- bis dreißigmalige Messe-
hören, Litaneien-Brammeln und Rosenkranzbeten. Ein
»ganzes Fuder Rosenkränze« schaffte man herbei: »Damit
wandelte er in den Kreuzgängen, in den Galerien oder im
Garten umher und betete mehr herunter als sechzehn
Klausner zusammen.« (107) Offenkundig die polemische
Attacke Rabelais' gegen ein heuchlerisches, letztlich geist-
feindliches Pfaffentum, das Askese predigt und den Bauch
mästet, den Geist christlicher Humanität verletzt, die Lehre
zum äußerlichen Ritual verdinglicht.

So aufgeschlossen allen Sinnenfreuden, so lustbetont der
Chronist Alcofribas/Rabelais auch ist, so verächtlich stellt
sich ihm eine Lebensweise dar, die dem Moloch Gier die
geistige Würde opfert. Durch ein Purgativum wird Gargantua zunächst körperlich entschlackt und durch eine besondere Arznei wird ihm das Gehirn so gereinigt, daß er alles
Gelernte völlig vergißt. Was Rabelais/Ponokrates dann als
ideales Bildungskonzept für Gargantua konzipiert, erinnert
in mancher Hinsicht an Thomas Morus' *Utopia*. Durchgehend das Ziel, Theorie und Praxis miteinander zu verbinden, das Studium der antiken Autoren für die zeitgenössische Lebenswirklichkeit produktiv zu machen. Was im
19. Jahrhundert zum großen Teil zu Bildungsphilisterei ver-
kam, die Kenntnis antiker Literatur, das hat hier die Funktion niveauvollen Elementarunterrichts. Wie bei Thomas
Morus spielen die Naturwissenschaften im weiteren Sinn,
vor allem die Medizin, die Geometrie, die Arithmetik und
auch die Astronomie, eine große Rolle. Die Medizin
schließt auch die Botanik ein als die Voraussetzung der
Kräuterheilkunde, die Ernährungskunde als die Anleitung
zum gesunden Leben und eben die Kenntnis der antiken
Literatur. Der Arzt ist hier noch nicht der Spezialist, der für

die einzelnen Körperfunktionen bzw. Krankheitsarten zuständig wäre, sondern eher der Gesundheitsgelehrte, der Rat für ein körpergemäßes Leben zu geben vermag. Leitspruch dabei ist wiederum ›Mens sana in corpore sano‹.

Ponokrates ist ein begabter Lehrer, der jeweils vom Lebensalltag Gargantuas ausgeht, von der konkreten Anschauung, um in die jeweilige Wissenschaft einzuführen. So sprechen sie z. B. in den ersten Monaten bei Tisch über »Vorzüge, Eigenschaften, Wirkung und Natur all dessen, was ihnen aufgetragen wurde« (120).

> So lernte er in kurzer Zeit alle darauf bezüglichen Stellen bei Plinius, Athenäus, Dioskorides, Julius Pollux, Galenos, Porphyrius, Oppian, Polybios, Heliodoros, Aristoteles und anderen kennen. [...] Und so gut und vollständig behielt er die besprochenen Dinge im Gedächtnis, daß dazumal kein Arzt war, der auch nur halb soviel davon gewußt hätte wie er.   (Ebd.)

Ebenso beiläufig, spielerisch lernt er, ausgehend von tausend kleinen artigen Kartenkunststücken die »Zahlenwissenschaft«.

> Und nicht nur darin war er beschlagen, sondern auch in den übrigen mathematischen Wissenschaften, als da sind Geometrie, Astronomie und Musik; denn während sie die Konkotion und Verdauung des Mahls abwarteten, verfertigten sie tausenderlei ergötzliche Instrumente und geometrische Figuren und wandten desgleichen die astronomischen Gesetze an.   (121)

Theorie, die immer auch die Kenntnis der jeweiligen antiken Autoren einschließt, und Praxis sind in diesem Konzept völlig miteinander vermittelt. So wird er z. B. auch in die Astronomie dadurch eingeführt, daß er selbst regelmäßig die »Figurationen, Stellungen, Aspekte, Oppositionen und Konjunktionen der Gestirne« beobachtet (129). In stärkerem Maß als bei Platon und Thomas Morus wird bei Ra-

belais der Musik – jedoch auch den bildenden Künsten –
große Bedeutung beigemessen. Gargantua lernte »die Laute
spielen, ferner Spinett, Harfe, Querflöte, dazu die neun-
löchrige Flöte, die Viola nebst der Posaune« (121). Darin
drückt sich dann doch wieder die größere Genußfreudigkeit
des ›Pantagruelisten‹ aus.

Rabelais entwirft hier keineswegs eine Utopie der Art,
daß er über den Erkenntnisstand der damaligen Zeit hinaus
zukünftige Wissenschaftsmethoden und -resultate imaginiert, er orientiert sein Bildungskonzept an den Erkennt-
nismöglichkeiten seiner Zeit. Utopisch im Sinne eines Optimum, eines Ideals, das er der realen Praxis als Wunschspie-
gel vorhält, ist sein Konzept einer ›fröhlichen Wissenschaft‹,
die den Menschen in seiner Spiritualität und Emotionalität
für die Lebensbewältigung tauglich macht. Der Bildungs-
prozeß selbst soll lustbetont sein.

Anders als später Bacon, dessen *Neu-Atlantis* zwar keineswegs ein Potpourri von skurrilen Einfällen und märchenhaften Geschichten darstellt, doch bei der Beschreibung
der Wissenschaften und ihrer praktischen Möglichkeiten
sehr phantasievoll wird, hält sich Rabelais – wie zuvor Morus – hier mit seiner Phantasie zweifellos bewußt zurück.

Wenn einerseits das Rabelais'sche Bildungskonzept vor
allem in der Auswahl des Wissenschaftskanons dem des
Thomas Morus sehr ähnelt, unterscheidet es sich doch
andererseits wieder durch seine Akzentuierung ästhetischer
Mannigfaltigkeit und Pracht. Während in Morus' Idealstaat
keine zehn Handwerke zu finden sind, da jeder Luxus
abgeschafft ist, blühen die verschiedensten Handwerke,
Kunsthandwerke in Gargantuas französischem Heimatland,
hier gibt es u. a. Juweliere, Goldschmiede, Steinschleifer, die
Alchimisten und Münzpräger, die Tapetenwirker, Weber,
Samtweber, Uhrmacher, Spiegelschleifer, Buchdrucker, Or-
gel- und Lautenbauer, Tuchfärber und »andere dergleichen
Handwerker« (132). Bezeichnend ist, daß vor allem *die*
Handwerksberufe aufgezählt werden, die dem Schmuck des

Menschen, seiner Kleidung, seiner Wohnung, überhaupt dem Luxus und der Schönheit dienen. Sie alle fänden in Utopia keine Bleibe. Gegenüber einem mehr am Klosterleben orientierten Bescheidenheitsideal zeigt sich bei Rabelais offensichtlich die Lust des Renaissance-Menschen an ästhetischer Prachtentfaltung. Symptomatisch ist dafür auch, daß er mehrere Kapitel braucht, um die Tracht des kleinen Gargantua anschaulich und symbolisch zu beschreiben, eine Seite bezeichnenderweise allein für dessen Hosenlatz!

Verschiedene Gattungsetiketten würden etwas von Rabelais' Werk treffen: in gewisser Hinsicht ist es auch eine Art *Fürstenspiegel*, der die Ausbildung und das Bild eines idealen Herrschers entwirft. Denn man sollte nicht vergessen, daß der Riesen-Jüngling zukünftiger König und Herrscher ist. Und zu dieser idealen Herrscherausbildung gehört es auch, daß Gargantua alle Bereiche seines Landes kennenlernt. Er besucht die öffentlichen Vorlesungen, Vorträge, Diskurse, die Verteidigungsreden angesehener Advokaten, die Kanzelpredigten der evangelischen Pfarrer, aber auch die Kaufläden der Gewürzkrämer, Kräuterhändler und Apotheker. Und weiter berichtet Alcofribas: »Auch sah er sich die Gaukler an, die Taschenspieler und Seiltänzer, die Marktschreier und Theriakhändler und beobachtete ihre Possen, Kniffe, Bocksprünge und ihr geschliffenes Mundwerk.« (133) Auch das ist eine Berufsgruppe, die in Utopia fehlt. Daß in Rabelais' utopischem Riesen-Land auch die Gaukler zugelassen sind, entspricht seinem humoristischen Geist, der in ihnen Verwandte seiner eigenen literarischen Possenlust und Bockssprung-Phantasie sehen mochte.

Wie in der *Politeia* und in *Utopia* spielt auch das Körpertraining, die Ausbildung sportlicher Fähigkeiten, die Beherrschung verschiedener Sportarten eine Rolle. Deutlich jedoch wird hier die Orientierung an aristokratischen Formen; Gargantua übte sich in verschiedenen Disziplinen des Reitsports, im Lanzenwerfen, in der Jagd, im Ruder- und Segelsport usw., er wußte mit den verschiedensten Waffen der damaligen Zeit umzugehen, schwamm, kletterte, hantelte, kurz, er war die Verkörperung eines allseitig ausgebildeten Athleten, dessen körperliche Gesundheit seiner geistigen reichen Bildung entsprach.

Und obwohl Ponokrates' Zucht anfangs schwierig schien, »erwies sie sich in der Folge, beharrlich durchgearbeitet, als so erquicklich, leicht und ergötzlich, daß sie viel mehr dem Zeitvertreib eines Königs glich als dem mühsamen Tagewerk eines Schülers« (135). Übermut und fröhliche Ausgelassenheit haben in diesem Bildungs- und Erziehungskonzept Platz. Hier wird einer Humanität das Wort geredet, die intellektuelle, physische und ästhetische Agilität gegen jede Schematik, jede veräußerlichte Ordnung vertritt.

Symptomatisch für diese Geisteshaltung ist die Lebensweise der Thelemiten, der Frauen und Männer der Abtei Thelem, die Gargantua dem Mönch Johann für dessen tapfere und treue Verdienste bei der Verteidigung gegen den kriegsversessenen Aggressor Pikrocholos schenkte. Diese Abtei, das Gegenbild zu allen vorhandenen Klöstern, ohne Mauern, ohne die drei Gelübde von Keuschheit, Armut und Gehorsam, hatte als Satzung aufgestellt, »daß man da in Ehren vermählt sein könne, daß jeder reich sein und in Freiheit leben solle« (276). Schöne junge Frauen und schöne junge Männer sollen hier fröhlich zusammenleben. Natürlich polemisiert Rabelais mit diesem Entwurf gegen die sinnenfeindliche, Bigotterie erzeugende herrschende Klostermoral. Programmatisch heißt es: »In ihrer Regel gab es nur diesen einen Vorbehalt: TU WAS DU WILLST« (291).

Anders als in Thomas Morus' *Utopia*, in dem das gesellschaftliche Leben sich sehr nach Uhrzeit und vorgeschriebenem Plan organisierte, wird hier die Spontaneität und individuelle Lust des einzelnen gegen den vorgeschriebenen Zeittakt propagiert. Doch auch hier wird nicht der Willkür das Wort geredet, ungezügelter Triebentfaltung, sondern – etwa im Sinne Schillers – einer geistveredelten Natur, einer individuellen Neigung, die von sich her mit Vernunft und

Sitte zusammenstimmt. Weil »freie, wohlgeborne, gebildete Leute, die mit ehrenhafter Gesellschaft Umgang pflegen, von Natur einen Trieb und Ansporn in sich tragen, der sie allezeit zu tugendhaften Taten antreibt und von Laster abhält«, sie »Ehre« haben, sinnen sie von sich aus, edel zu sein, den Wünschen der anderen zu entsprechen. Auch in Thelem ist der Sinn für die Gemeinschaft – trotz der Freiheitsmaxime – stark ausgebildet. Überpointiert heißt es: »Und alle wollten sie das tun, wovon sie sahen, daß es einem einzigen behagte.« (292) Man könnte hier von einem verinnerlichten Gruppenzwang sprechen, andererseits jedoch auch den utopischen Zustand dagegen anführen, in dem das Individuum sich in schöner Harmonie mit der Gemeinschaft fühlt, das Ich eben nicht als einzelnes einem abstrakten Ganzen von Einzelegoismen gegenübersteht.

Im zweiten Buch des Romans, das die Entwicklung Pantagruels, des Sohnes Gargantuas schildert, greift Rabelais das Erziehungs- und Bildungsthema noch einmal auf. In dem berühmten Brief aus Utopia an seinen in Paris studierenden Sohn reflektiert Gargantua u. a. auch seine eigenen Bildungsmöglichkeiten zu seiner Zeit, weist er Pantagruel auf dessen bessere Bedingungen hin und hält ihm – und dem Leser – den enormen Fortschritt vor Augen, den die Wissenschaften in einer relativ kurzen Zeitspanne genommen haben. Obwohl sein Vater all seinen Eifer darauf verwandt hätte, ihn aufs beste unterrichten zu lassen, war

[...] die Zeit den Wissenschaften nicht so günstig, wie sie's jetzt ist, und ich hatte nicht solchen Überfluß an Lehrern wie Du. [...] Aber durch Gottes Güte wurden zu meinen Lebzeiten den Wissenschaften Licht und Würde wiedergeschenkt [...]. Jetzt sind alle Lehrbereiche wieder zu ihrem Recht gekommen, die Sprachen werden auf's neue gepflegt: Griechisch, ohne welches sich einen Gelehrten nennen zu wollen eine Schande wäre, Hebräisch, Chaldäisch und Latein. Zierliche und

fehlerlose Erzeugnisse der Buchdruckerkunst sind im
Umlauf, die zu meiner Zeit durch göttliche Eingebung
erfunden worden ist, wie umgekehrt die Feuerwaffen
auf des Teufels Einflüsterung hin.   (354 f.)

Symptomatisch für Gargantua und seinen Autor ist die
unterschiedliche Bewertung der beiden großen Erfindungen
des 15. Jahrhunderts, der Buchdruckerkunst und des
Schießpulvers. Anders als Bacon später hält Rabelais/Gar-
gantua die Verbesserung der Kriegsmittel für verderblich,
zeigt er sich als radikaler Pazifist, der auch einen ›gerechten‹
Krieg noch zu verhindern sucht.

Gargantua mahnt seinen Sohn, sich in den freien Künsten
weiterzubilden, von dem »Afterwissen« (356) der Wahrsa-
ger-Astrologie und der Alchimie des Lullus jedoch sich zu
enthalten; er propagiert also das Bildungsideal, in dessen
Geist er selbst auch erzogen worden ist, das jedoch durch
den Fortschritt der Wissenschaften reichere Erkenntnis-
möglichkeiten erhalten hat. So empfiehlt er dem Sohn, sich
mit Anatomie zu beschäftigen, einer ihm noch unzugäng-
lichen Wissenschaft: »durch häufige Zergliederung von Lei-
chen erwirb dir vollkommene Erkenntnisse des Mikrokosmos, also des Menschen« (357). Zur Astronomie als der
Wissenschaft des Makrokosmos tritt die Anatomie als die
vom Mikrokosmos hinzu. Ein aufgeklärter naturwissen-
schaftlicher Geist, der den Fortschritt der Erkenntnisse vor-
urteilslos nach seinem Nutzen für das menschliche Wohl
beurteilt, verbindet sich hier mit einem christlichen Humanismus, der das Studium der Heiligen Schrift und der antiken Literatur als Leitfaden zu einem vernünftigeren und
glücklicheren Leben ansieht.

Rabelais entwirft in seiner romanesken Utopie von der
humanen Herrschaft der Riesen keine detaillierte Staatsverfassung, sondern allgemeiner ein Erziehungsideal, das der
geistigen, psychischen und körperlichen Entwicklung der
menschlichen Persönlichkeit alle Möglichkeiten gibt. Ein so

zum Lebensphilosophen gebildeter Mensch wird auch ein weiser menschenfreundlicher Herrscher sein. Platons Diktum vom Philosophen als Herrscher wird natürlich auch zitiert (vgl. 234). Gargantua und Pantagruel, die wie freundliche Familienväter ihr Land regieren, lebensklug wie später Brechts Azdak ohne Paragraphenhuberei verwickelte Rechtshändel lösen, verkörpern dieses Herrscherideal. Da nun Riesen-Utopia zugleich auch ein Schlaraffenland darstellt, das Armut und Hungersnot nicht kennt und dessen König ein Tischlein-deck-dich und einen Dukatenesel u. a. zu besitzen scheint, tauchen Fragen der sozialen Gerechtigkeit oder der ökonomischen Güterverteilung überhaupt nicht auf. Wohlgenährt und zufrieden sind der Riesen Landeskinder, die Weinbauern, Fladenbäcker und Handwerker, und überdies teilen Gargantua und Pantagruel mit großzügiger Hand an alle, die deren bedürfen, Gaben aus.

Dennoch ist das Riesenland mit seinen märchenhaften Zügen, seinen phantastischen Ereignissen kein Arcadia, das von allem Unglück verschont bliebe: Gargantua wird von seinem Vater aus Paris abberufen, um sein Land gegen den nicht zu versöhnenden Aggressor Pikrocholos zu verteidigen, den eine Art imperialistischen Machtrauschs gepackt hat und der die Eroberung der Welt plant; und auch Pantagruel muß seine Studien unterbrechen, um das amaurotische Heimatland der Riesen gegen den zerstörungswütigen König der Dipsodier zu beschützen. Die Doppelung des Motivs spricht wieder für die Bedeutung, die Rabelais dem Thema beimißt. Und obwohl nun der Kriegsverlauf jeweils mit grellen Farben geschildert wird, Rabelais es an derbgrotesken Einfällen, wie der Feind listig geschlagen wird, nicht fehlen läßt, eindeutig bleibt der Friedenswille der humanistisch gebildeten Riesen-Herrscher, die contre-cœur zum Krieg gezwungen werden. Gargantua z. B. unternimmt alles Mögliche, um den machtlüsternen Pikrocholos zu versöhnen, forscht nach der Ursache seiner Aggression – ein belangloser Streit zwischen Fladenbäckern und Winzern –,

vergilt den angeblichen Schaden in vielfacher Höhe, schickt
dem ehemaligen Freund die Friedensbotschaft, läßt sich
auch durch dessen brüskierendes Verhalten nicht zur Rache
hinreißen und kämpft erst, als jede Aussicht auf friedliche
Einigung verloren, die Existenz seines Landes bedroht ist.

.Gargantua verkörpert den weisen Friedensherrscher, der
seine Ehre nicht im Sinne der aristokratischen Ehrendok-
trin, des Point d'honneur, durch äußere Formverletzung
verletzt sieht; er vertritt die Haltung der Demut gegenüber
dem hochfahrenden Pikrocholos, um den Frieden wieder-
herzustellen. Und auch das christliche Gebot »Vergebt eu-
ren Feinden« beherzigen Gargantua wie auch Pantagruel in
reichem Maß. »Die Ansprache, die Gargantua an die Besiegten hielt« – in würdevollem Ton, frei von komisch
rhetorischen Purzelbäumen –, ist durchdrungen von der
christlichen Maxime, daß ›Geben seliger sei als Nehmen‹,
daß Großmut die weise Herrschertugend sei. Und im Geiste »der althergebrachten Milde« seiner Vorfahren gibt er
den Besiegten nicht nur ihre Freiheit zurück, er läßt ihnen
auch »für drei Monate Sold« zahlen, damit sie sich nach
Hause zu ihren Familien begeben können. Da Pikrocholos
verschwunden ist, setzt er Ponokrates als Statthalter über
das Königreich ein, damit er es »unangetastet« für dessen
Sohn erhalte (266). Ebenso großmütig und milde verhält
sich Pantagruel nach seinem Sieg über Anarchos. Dieser
selbst jedoch wird so behandelt, »wie die Könige und die
Reichen dieser Welt in den Elysäischen Feldern gehalten
wurden« (5).

Epistemon, einer der Getreuen Pantagruels, der vom Tod
wieder ins Leben geholt wurde, indem sein Kopf geschickt
mit seinem Hals verbunden wurde, hatte berichtet, daß in
der Unterwelt »alle die, welche auf dieser Welt große Herr-
schaften gewesen waren, dort unten sauer ihr kümmerliches
Brot« verdienten. »Hingegen die Philosophen und alle die
Leute, die hiernieden arm gewesen waren, waren dort nun
ihrerseits große Herren.« (498) Um einen anständigen Men-

schen aus dem König Anarchos zu machen, bestimmt Panurge ihn zum Ausrufer grüner Tunke. Sein Fazit:

> Die verteufelten Könige hiernieden sind samt und sonders Kälber und wissen nichts, taugen auch zu nichts, außer ihren armen Untertanen das Leben sauer zu machen und auf der ganzen Welt Verwirrung zu stiften durch Kriege, die sie zu ihrem unbilligen und abscheulichen Vergnügen führen. Jetzt will ich ihn zu einem Gewerbe anhalten, und er soll grüne Tunke ausrufen.   (506)

Ähnlich klagte Hythlodeus die europäischen Fürsten an, warf ihnen vor, mutwillig das Leben ihrer Untergebenen in unsinnigen Eroberungskriegen zu verschleudern. Und so wie die Utopier die friedenswilligen Bürger schonen und gut behandeln, die Anstifter jedoch hart bestrafen, so rückt Pantagruels Gefährte Panurge die verkehrte Welt zurecht, indem er den fürstlichen Übeltäter einem bescheidenen Gewerbe zuführt.

Rabelais' Roman, in dem die Phantastik das Wahrscheinlichkeitsprinzip außer Kraft gesetzt hat, entwirft kein Modell eines gerechten Gemeinwesens, bietet auch keine Lösung des Problems, wie sich Freiheits- und Gleichheitsprinzip idealiter verbinden ließen; nicht eine Sozialstruktur ist Thema, sondern der Lebensweg verschiedener Individualitäten mit seinen jeweiligen skurrilen, phantastischen Ereignissen. Und insofern gibt der Roman auf die Fragen, die sich seinen Helden nicht stellen, auch keine Antwort. Da Männer seine Protagonisten sind, erfährt man z. B. nichts über ein weibliches Bildungskonzept, kaum etwas über die Stellung der Frau. Im Antikloster-Modell der Thelemitischen Abtei jedoch genießen sie völlige Gleichberechtigung, zugleich herrscht hier ein Rollenspiel im Geiste der Courtoisie. Wenn immer wieder der Topos auftaucht »so und so viel Mann, Weiber und kleine Kinder nicht gerechnet« (155), spricht das nicht für Rabelais' Frauenfeindlichkeit,

sondern für seine humoristische Einschätzung männlichen
Omnipotenzgefühls. Derselbe Zug zeigt sich in der Schilde-
rung von Panurges sexuellen Großmacht-Phantasien, die im
Widerspruch zu den Orakeln seiner zukünftigen Hahnrei-
schaft stehen.

Rabelais' humanistisches Märchen vom Leben des edlen,
menschenfreundlichen Riesengeschlechtes, das Güte, Weisheit und Lebensfreude als Herrschertugend in sich vereint,
ist geprägt vom utopischen Geist schöner Humanität, in
dem Lust- und Realitätsprinzip in sich versöhnt sind. Als
Pantagruel in die Stadt der Amauroten einzog, sah es aus,
»als wäre das goldene Zeitalter wiedererstanden, so hoch
ging's da her« (504).

V

Tommaso Campanella:
La Città del Sole

Campanella (1568–1639), der Dominikanermönch, der 1591 zum ersten Mal wegen Ketzerei verhaftet wurde und insgesamt siebenundzwanzig Jahre in Haft verbrachte, auch die Folter ertragen mußte, verfaßte seine Utopie vom besten Staat z. T. im Kerker des Castel dell'Ovo. Sein Entwurf vom Sonnenstaat, dessen Name an die Schrift des Jambulos erinnert, trägt wie die Idealkonstruktionen seiner Vorgänger den Stempel seiner Zeit, ist ihrem späthumanistischen Geist mit seinem Bildungsoptimismus verpflichtet, weist jedoch auch einen Rigorismus in der Zwangsbeglückung der Menschen auf, der an die Inquisition denken läßt. Mag er seine 1598–1600 konzipierte Schrift *Della Monarchia di Spagna*, die die Vereinigung Europas unter der politischen Vorherrschaft Spaniens und der religiösen Herrschaft der römischen Kirche fordert, auch aus dem Willen zu politischem Wohlverhalten geschrieben haben, sie entspricht auch seiner eigenen Überzeugung, seinem Ordnungsfanatismus, der die individuellen Strebungen dem Gehorsam unterordnet. Campanellas *Città del Sole*, die in der Nachfolge des Thomas Morus auf dem Prinzip der Eigentumslosigkeit aufbaut, sichert allen Bürgern ein ökonomisch sorgenfreies Leben zu, die gleichen Bildungsmöglichkeiten, entsprechend hinreichende Muße zu intellektueller Tätigkeit. Doch im Gegensatz zum *Utopia* des Thomas Morus, das stärker einem liberalen Geist verbunden ist, herrscht im Sonnenstaat ein theokratisches Gehorsamsprinzip, das die Bürger in ihrer freien Vernunftentfaltung letztlich wieder geistig entmündigt.

Campanella bezieht sich mehrfach explizit auf Platons
Politeia, zitiert z. B. dessen Konzept der ›Weibergemeinschaft‹, doch man kann voraussetzen, daß er auch Thomas
Morus' Schrift, die er nicht nennt, gut gekannt, daß er Gedanken und Argumentationsweisen von ihr übernommen
hat. Bezeichnenderweise siedelt er seinen Sonnenstaat auf
der Insel Tapobrane/Ceylon an, eben der Insel, auf die es
den Weltreisenden Hythlodeus verschlagen hat, bevor er in
die europäische Heimat zurückkehrte. Wie bei Morus werden alle Bürger zu handwerklicher und landwirtschaftlicher
Tätigkeit herangezogen, so daß alle – da sie zur Arbeit verpflichtet sind – mehr Zeit zur Muße und Weiterbildung haben. Arbeiten schon die Utopier nur sechs Stunden, so un-
terbieten die Sonnenstaatler sie, indem sie nur vier Stunden
arbeiten. Kann in Utopia jeder, der will, mehrere Handwerke erlernen, so zeichnen sich die Sonnenstaatler dadurch
aus, daß sie es als ehrenvoll betrachten, möglichst viele
Handwerke zu beherrschen. In der Città del Sole lernen die
Kinder noch früher als in Utopia – gleichsam wie von selbst
– alle Wissenschaften kennen. Deutlich der Wunsch Campanellas, Morus' besten Staat noch an Vortrefflichkeit zu überbieten! Die Kinder »pflegen noch vor dem zehnten Lebens-
jahre ohne große Mühe, gleichsam spielend und dennoch
auf historische Weise alle Wissenschaften zu lernen.« (*Der
Sonnenstaat*, 122) Obwohl Campanella die Bedeutung der
Ausbildung in Theorie und Praxis betont, sein genuesischer
Admiral in seinem Bericht den äußerst hohen Bildungs-
stand der Sonnenstaatler hervorhebt, nehmen Bildung und
Erziehung in seinen Ausführungen recht wenig Raum ein.
Wohl in Anlehnung an Morus spricht sich auch Campanella
für die Nutzung der Freizeit zu wissenschaftlichen Studien
aus. Anders als bei seinen Vorgängern jedoch spielt die
Astrologie für ihn eine große Rolle, und das ist wohl symptomatisch für seinen Staatsentwurf, der die sozialen Verhältnisse gleichsam spiegelartig nach kosmischen Gesetzmä-
ßigkeiten einzurichten sucht.

Campanellas Staatsutopie, die sich auf den gemeinsamen Besitz aller Güter gründet und die in dieser kommunistischen Struktur keine Klassenunterschiede kennt, hat dennoch nicht die Ungleichheit ausgeschaltet. Das ökonomische Gleichheitsprinzip verbindet sich hier mit einem streng hierarchischen Ordnungsgedanken. Indem das Eigentum abgeschafft ist und die Staatsbürokratie die Güterverteilung übernimmt, gewinnt der Staat als Ordnungsprinzip an Macht, wird der Staat als abstraktes Summum Bonum der Gemeinschaft zum Zweck, dem sich der Wille der ›zufälligen‹ Einzelindividuen unterzuordnen hat. Entsprechend gilt Gehorsam als große Tugend, wird Ungehorsam aufs härteste bestraft. Dafür nur ein sprechendes Beispiel:

> Wer aber seinem Kameraden oder Freund die Hilfe in der Not versagte, wird mit Ruten geschlagen. Wer ungehorsam war, wird den wilden Tieren zum Fraß vorgeworfen in einem eigens dafür bestimmten Tale, und man gibt ihm lediglich einen Stock mit; wenn er der Löwen und Bären, die da hausen, Herr wird – das aber ist fast unmöglich –, wird er wieder in Gnaden aufgenommen. (142)

Campanellas Sonnenstaat ist eine theokratische Monarchie, an deren Spitze der Sol, der Metaphysikus, steht. »Dieser ist das Oberhaupt aller in weltlichen und geistlichen Dingen, und alle Streitigkeiten werden letztlich durch sein Urteil entschieden.« (120) Dieser Monismus der Macht, der auch noch die Trennung von Staat und Kirche aufhebt, läßt dem Individuum keinerlei Freiraum, keinerlei Revisionsmöglichkeiten des herrscherlichen Urteils, das immer auch als göttliche Weisung hingestellt wird. Das absolutistische Königtum von Gottes Gnaden wird hier als Optimum imaginiert. Daß Campanella »die spanische Weltherrschaft, zuletzt die französische« als »Bereitungsorte des messianischen Sonnenreichs« bejubelte – wie Bloch in *Das Prinzip Hoffnung* (Bloch, 1977, 608) formuliert –, macht deutlich, daß seine Utopie der Ordnung durchaus in Zusammenhang mit damaligen Machtkonstellationen steht.

Dem Sol stehen »drei Würdenträger« zur Seite: »Pon, Sin und Mor, in unserer Sprache: Macht, Weisheit und Liebe.« (*Der Sonnenstaat*, 120) Indem Campanella die Repräsentanten des Staates mit den Namen geistiger Grundkräfte bezeichnet, stellt er sie gleichsam als ontologische Wesenheiten dar, dem Zufall irdischer Wirren enthoben. Da sie dem göttlichen Wesen selbst entstammen, ist ihre Herrschaft letztlich unantastbar. In der Tradition Platons wird Weisheit als Grundlage optimaler Herrschaft betrachtet. Und konsequenterweise wird der Sol als der Inbegriff der Weisheit und der väterlichen Liebe dargestellt, so daß er schon per definitionem keine Unrechtsherrschaft ausüben kann.

Hier zeigt sich die Problematik eines spirituellen Fanatismus, der in radikalem Optimismus Sollen und Sein gleichsetzt. Analog zur Struktur der obersten Repräsentanz verkörpern auch die übrigen Staatsbeamten die einzelnen Wissenschaftsbereiche; als Beispiel nennt der Genuese den Aufgabenbereich der Weisheit; zu ihm

> [...] gehören die freien und die mechanischen Künste, sowie alle Wissenschaften, die zuständigen Behörden, die Gelehrten und die verschiedenen Schulen. Ihm unterstehen so viele Beamte, wie man Wissenschaften zählt. So gibt es also einen Beamten, der Astrologe genannt wird, ebenso einen Kosmographen, einen Arithmetiker, Geometer, Historiographen, Poeten, Logiker, Rhetor, Grammatiker, Arzt, Physiologen, Politiker und Moralisten. (120)

Bezeichnend auch hier die Identifikation von Sachgebiet und Staatsfunktion. Eine Freiheit der Wissenschaften oder der Künste ist damit per se ausgeschaltet. Der Drang zur Bürokratisierung des sozialen Lebens manifestiert sich in allen Bereichen: dem Mor, dem ›Liebesminister‹, unterstehen der »oberste Fortpflanzungsbeamte, der Erzieher, der

Arzt, der Bekleidungsmeister, der Landwirt, der Oberhirt, der Groß- und der Kleintierzüchter, der Großkoch, der Wurstmacher usw.«, und entsprechend sind auch dem Pon, dem Machtminister, »Waffen-, Münz- und Schatzmeister, der Chef des Informationsbüros, die Kavallerie- und Infanterie-Obersten, der Marshall, der Fechtmeister, der Führer der Artillerie und der Schleuderer und der Justizminister« u. a. zugeordnet (150). Um die bürokratische Staatsordnung nicht nur bloß staatsrechtlich zu legitimieren, sondern sie auch gleichsam metaphysisch zu begründen, werden Ämter bzw. Amtsträger mit dem christlichen bzw. antiken Tugendkanon nominell und inhaltlich gleichgesetzt: »Soviele Namen wir für die Tugenden haben, soviele Behörden gibt es bei ihnen; also Großmut, Tapferkeit, Keuschheit, Freigiebigkeit, richterliche und bürgerliche Gerechtigkeit, Gewissenhaftigkeit, Wahrheit, Wohltätigkeit, Dankbarkeit, Heiterkeit, Fleiß, Nüchternheit usw.« (124) Wirkt diese bürokratische Verstaatlichung der Tugenden auch unfreiwillig komisch und grotesk, es offenbart sich darin zugleich das Gefährliche eines abstrakt idealischen Ordnungspathos, das die ethischen Ideale, die sich nur im konkreten Handeln der Individuen zeigen, in staatliche Funktionsträger aufgehen läßt. Der Staat als eine jedem Individuellen vorgeordnete Macht, die die Inkarnation aller Tugenden – im Sinne von Fertigkeiten und Werten – zu sein beansprucht, macht sich damit zum Selbstzweck, der die Freiheit der Individuen suspendiert. Wozu bedürfte das Individuum auch der Freiheit im Sinne der Entscheidung und Selbstbestimmung, wenn der allwissende, an sich gute Staat alles bis ins einzelne für seine Bürger geordnet hat?

Der besonderen bürokratischen Struktur des Sonnenstaates entsprechend untersteht der einzelne »der Gerichtsbarkeit des obersten Leiters seines Berufes« (150). Im allgemeinen erfolgt die Rechtsprechung nach dem Auge-um-Auge-Prinzip; im Einzelfall, wenn eine Gewalttat z. B. nicht mit Absicht geschah, kann der Sol begnadigen. Die Anklage

wird mündlich und öffentlich erhoben, der Angeklagte ver-
teidigt sich selbst und wird »auf der Stelle von dem Richter
freigesprochen oder verurteilt« (151). Diese Verkürzung des
Rechtsprozesses, die in späteren Staatsutopien wieder auftauchen wird, läßt sich sicherlich u. a. auch als Reaktion auf
die langwierige Rechtsordnung der Zeit verstehen, zeugt
aber von einem Unfehlbarkeitsdenken, das der Rechtsin-
stanz nur schnelle und doch gerechte Urteile zutraut. Bei einem Einspruch des Angeklagten erfolgt das Urteil am nächsten Tag. Ein zum Tode Verurteilter wird nicht früher –
»durch die Hand des Volkes« – »erschlagen oder gesteinigt
[...], bis er selbst die Todesstrafe anerkennt und ihre Voll-
ziehung wünscht; anders stirbt er nicht« (ebd.). Was sich
hier als Manifestation der Freiheit ausgibt, die Selbstbestimmung des Subjekts, bedeutet letztlich den absoluten
Triumph der Staatsmacht über den Willen des Individuums.
Das zum Tode verurteilte Individuum soll nicht nur im Akt
seiner Vernichtung die äußerste Macht des Staates erfahren,
es soll sie auch als gut anerkennen. Das Individuum hat hier
nur die scheinfreie Entscheidung, seiner Selbstvernichtung
zuzustimmen, das heißt, ihm wird die Möglichkeit genommen, als politischer oder religiöser Revolutionär zu sterben.
Die Analogie zur Praxis der Inquisition, die von dem zum
Scheiterhaufen verurteilten Ketzer das Schuld- und Glau-
bensbekenntnis erwartet, drängt sich auf, aber es lassen sich
auch Parallelen zu den Schauprozessen in totalitären Staaten
ziehen, die die Selbstbezichtigung des Angeklagten zur Le-
gitimation ihrer Macht fordern.

Campanella »überbietet« – so interpretiert Bloch (Bloch,
1977, 613) – »Platons Sparta-Ideal durch Verwendung der
ganzen seitdem gekommenen byzantinischen und katholischen Hierarchie«. Sein »Zwangsrausch« der Ordnung, der
auf eine streng durchorganisierte, gesellschaftliche, religiöse
Einheit sann, läßt sich wohl z. T. daraus erklären, daß
Italien gerade seit dem Untergang des Weströmischen Reiches bis zum Risorgimento keine politische Identität findet.

Bis in das 19. Jahrhundert war es neben der Erinnerung an die Größe des Römischen Reiches und seiner Hauptstadt Rom die katholisch kirchliche Dimension, die vor allem die Idee einer kulturellen Einheit Italiens bewahrte (vgl. Lill, 1980, 4).

Zur Sicherung des harmonischen Staatsganzen bedarf schon die frühkindliche Erziehung einer strengen Kontrolle. Platons radikales Ausleseprinzip, das früh die Kinder nach ihren Fähigkeiten sortiert, stand Pate bei Campanellas Erziehungsprogramm. Bei ihm heißt es: »Und zu diesen Ämtern wird jeweils derjenige erwählt, der in der Schule von Kindheit auf zu der entsprechenden Tugend am meisten geneigt gefunden worden ist.« (*Der Sonnenstaat*, 124) Wie bei Platon wird auch hier die frühkindliche Neigung bzw. Anlage zu einem Beruf, der eben nicht frei vom Individuum gewählt werden kann, als Bestimmungsprinzip angeführt. So stellt sich der Staat als Kontrollinstanz hin, die dem Besten seiner Bürger dient und Unzufriedenheit als Unruheherd vermeidet.

Auch in seinen biologistischen Vitalismusvorstellungen, die seine Sicht der Geschlechterrollen bestimmt, folgt er im großen und ganzen dem platonischen Entwurf. Trotz seines katholischen Glaubens, nach dem er das ›heilige Band der Ehe und Familie‹ achten müßte, schafft er in seinem Staat die Ehe als monogame Lebensgemeinschaft ab, ist der Sexualakt nicht Vollzug des ehelichen Bundes, sondern ausschließlich Mittel der Kinderproduktion. Campanella bezieht sich explizit auf Platon, um den ›Gemeinbesitz der Weiber‹ zu legitimieren. Dem Ziel bester Kinderaufzucht sind alle moralischen Aspekte untergeordnet, so daß sein Entwurf einige erstaunliche Freizügigkeiten enthält, die andererseits jedoch wiederum von seiner Geringschätzung der persönlichen Freiheit, spezieller der weiblichen Individualität zeugen. Wie das Amt des »obersten Fortpflanzungsbeamten« schon vermuten läßt, regelt der Staat eben durch diesen Beamten und seine Helfer die Partnerwahl:

Da nach Art der alten Spartaner bei den Übungen auf dem Sportplatze alle, Männer und Frauen, völlig nackt sind, erkennen die Beamten, die Aufsicht führen, wer zeugungsfähig und wer ungeeignet zum Beischlaf ist und welche Männer und Frauen ihrer körperlichen Veranlagung nach am besten zusammenpassen. (131)

Die Nacktheit beim Sport – auch darin ist Platon Vorbild – spricht nicht für Campanellas Freizügigkeit in sexuellen Angelegenheiten, sondern eher für seinen Drang, den menschlichen Körper völlig zu enterotisieren, das Geschlecht einzig zur Fortpflanzung zu funktionalisieren. Anziehung, Neigung spielen bei der Partnerwahl keine Rolle, sondern ausschließlich Zuchtkriterien:

> Große und schöne Frauen werden nur mit großen und tüchtigen Männern verbunden, dicke Frauen mit mageren Männern und schlanke Frauen mit starkleibigen Männern, damit sie sich in erfolgreicher Weise ausgleichen können. (Ebd.)

Obwohl nun im Sonnenstaat alle Bürger eine ideale physische und intellektuelle Ausbildung erhalten, stellen die staatlichen Würdenträger, die Beamten für die Fortpflanzung seltsamerweise ein Problem dar:

> Diese haben nämlich infolge des vielen Nachdenkens nur schwache Triebe und sind mit ihren geistigen Kräften nicht voll beteiligt; deshalb, weil sie immer über irgend etwas nachgrübeln, bringen sie nur schwächliche Nachkommen hervor. (132)

Deshalb verbindet man »diese Gelehrten mit Frauen, die von Natur aus lebhaft, lebenstüchtig und besonders schön sind« (ebd.). Harmonie im Sinne eines physiognomischen Ausgleichs der Körper und einer Mischung der Temperamente bestimmt die Partnerwahl. Insofern gibt man »tatkräftigen, rührigen, raschen und jähzornigen Männern fette Frauen von sanften Sitten« (ebd.).

Die Frauen dürfen ab dem 19., die Männer ab dem 21. Jahr mit der Fortpflanzung beginnen. Doch Campanella hat – trotz asketischer Idealvorstellungen – Verständnis für die Männer, die »zu stürmisch sind und allzu sehr bedrängt« werden. Ältere Frauen und Beamte sorgen – nach der Erlaubnis von dem obersten Beamten der Fortpflanzungsangelegenheiten – für ihren ›Liebesgenuß‹. Ihnen werden unfruchtbare oder schwangere Frauen zur Besänftigung ihres stürmischen Dranges zur Verfügung gestellt. Gerade in dieser freizügigen Regelung, die in der Ausnahme den Sexus vom Fortpflanzungsgebot entbindet, manifestiert sich Campanellas Geringschätzung menschlicher Sexualität und Sinnlichkeit. Wenn sie überhaupt außerhalb ihrer Mittel-Funktion in den Blick gerät, dann als eine Art Krankheit, die man am schnellsten durch das Gegengift Beischlaf kuriert. Die Frau nun scheint einerseits asexuell zu sein, da von einem stürmisch begehrenden Temperament ihrerseits keine Rede ist, sie nur als Beruhigungsmittel männlicher sexueller Bedürfnisse fungiert, andererseits werden moralische Vorkehrungen getroffen, daß sie sich nicht ›des Vergnügens wegen‹ selbst unfruchtbar macht.

Hier deutet sich wieder die Vorstellung vom maßlos begehrenden Weib an, vom amoralisch lustabhängigen Wesen, das strenger moralischer Führung bedarf. Obwohl die Frau in der Tradition Platons und Thomas Morus' eine gleiche Ausbildung wie der Mann erhält, sie gleichermaßen in Handwerk und Wissenschaft unterwiesen wird, so daß man von einer Gleichberechtigung sprechen könnte, im sexuellen partnerschaftlichen Bereich bricht ihre dem Mann nachgeordnete Rolle deutlich hervor. Konnten sich bei Thomas Morus Mann und Frau vor der Eheschließung in Begleitung einer älteren Person nackt sehen, beide also nach ästhetischem Geschmack die Partnerwahl mitbestimmen, so gibt es bei Campanella für beide keinerlei Wahl, darüber hinaus für die Frau nur die Rolle männlicher Bedürfnisbefriedigung. Liebe als sinnlich seelische Beziehung ist im Sonnen-

staat nicht vorgesehen; und auch die freie Verfügungsgewalt
über ihren Körper ist der Frau nicht gestattet. Widersprüche tauchen in diesem Konzept mehrfach auf. Einerseits
kennen die Sonnenstaatler in der Liebe keine »brennende
Begierde«, »nur freundschaftliche Gefühle«, andererseits erwähnt der Erzähler den mißlichen Sonderfall, daß natürlich
ein Mann »von einer heißen Liebe« ergriffen ist. Er mag mit
der Frau »scherzen und plaudern«, sie mögen »sich Kränze
aus Blumen und Laub« schenken, »auch Lieder und Gedichte widmen«. »Sofern aber durch ihre Verbindung die
Nachkommenschaft gefährdet ist, wird ihnen die ge-
schlechtliche Vereinigung unter keinen Umständen gestattet, außer wenn die Frau schon schwanger ist – das wünscht
der Mann dann natürlich – oder aber unfruchtbar ist.« (135)
Von einem Wunsch auf seiten der Frau ist hier keine Rede.

Abgesehen von diesen Zugeständnissen an männliche Begierden, die eine optimale Kinderproduktion nicht gefährden, unterliegt der auf Fortpflanzung gerichtete Sexualakt
strengstem Reglement. Der Zeitpunkt der Zusammenfüh-
rung der beiden Zeugungspartner erfolgt nach astrologischen Berechnungen. Sie gehen »nach Anordnung des Auf-
sehers und der Aufseherin« zu Bette.

> Aber nicht eher schreiten sie zu geschlechtlicher Verei-
> nigung, als bis sie die Speise verdaut und zu Gott gebe-
> tet haben. [...] Diese Stunde bestimmen der Astrologe
> und der Arzt, die sich bemühen, die Zeit zu treffen, in
> der Venus und Merkur östlich der Sonne in einem gün-
> stigen Haus stehen.   (131 f.)

Wie die Zeugung, so werden auch alle anderen Bereiche
nach astrologischen Berechnungen geregelt. Die von Morus
und Rabelais verworfene Afterwissenschaft – die Astrologie
– wird bei Campanella zu einer das ganze soziale Leben be-
stimmenden Instanz, die den Menschen in seinem Handeln,
in seinem Verhältnis zu seiner Umwelt dem ›objektiven‹
Lauf der Planeten unterwirft: Das öffentliche und private

Leben, sofern ein solches zugelassen ist, die Architektur der Stadt, der Handel der Solarier, aber auch Mahlzeiten, Kleiderwechsel, Reinigung, sind nach astrologischen Gesichtspunkten geordnet. Campanellas Fanatismus der Ordnung entspricht der Glaube an die wirkende Kraft der Planeten; indem sich das menschliche Leben nach den makrokosmischen Gesetzen der Himmelskonstellationen vollzieht, ist die menschliche Freiheit gleichsam einer höheren Macht überantwortet. Und da der Sol, der Metaphysikus, als Inkarnation der Weisheit, dem sich die Zeichen des Himmels offenbaren, vorgestellt wird, verkörpert er die höhere Macht, gegen die Kritik und Einspruch letztlich unmöglich sind.

Campanellas Wertschätzung der Astrologie wirkt sich auch auf die sozialpolitische Funktion der Wissenschaften im Sonnenstaat aus: Obwohl die Solarier ihnen eine große Bedeutung zumessen, sie jede einzelne sogar in faßlichen Bildern und Lehrsätzen auf den sieben mächtigen Ringmauern der Stadt darstellen, spielt der wissenschaftliche Fortschritt für das im ganzen statische, metaphysisch orientierte Staatsmodell keine entscheidende Rolle. Zwar preist der Berichterstatter den hohen Wissensstand der Solarier, erwähnt er Segelwagen, die sich wundersam durch ein nicht näher erläutertes Räderwerk sogar gegen den Wind bewegen; en passant teilt er auch mit, daß »sie bereits die Kunst des Fliegens erfunden haben, die allein der Welt noch zu fehlen scheint, und daß sie in Kürze Fernrohre erwarten, mit denen man verborgene Sterne erblicken, sowie auch Hörrohre, mit denen man die Harmonie der Sphären hören kann« (163). Nicht nur daß das Gespräch nach dieser interessanten Auskunft sofort wieder auf Fragen der Astrologie gelenkt wird, spricht für das letztlich geringe technologische Interesse; auch die Funktionen, die den Erfindungen zugeschrieben werden – z. B. die Wahrnehmung der Sphärenmusik –, verweisen darauf, daß im wissenschaftlichen Fortschritt kaum eine Möglichkeit der Verbesserung des Lebensstan-

dards, geschweige denn eine gesellschaftsverändernde Kraft
gesehen wird. Wo der Metaphysikus als der von Gott be-
gnadete Herrscher für sein Volk alles zum Besten geordnet
hat, kann die Hoffnung an die menschliche Erfindungsgabe
als ein Mittel der Lebensverbesserung keinen fruchtbaren
Nährboden finden.

VI

Francis Bacon:
Nova Atlantis

In seinem Vorwort teilt der Herausgeber William Rawley dem Leser mit, daß Bacon (1561–1626) »in dieser Fabel ein Buch über die Gesetze oder über die beste Staatsverfassung zu schreiben« gedachte, er das Werk jedoch abbrach, da es zu lang zu werden drohte und er außerdem die Arbeit an seiner Naturgeschichte und an der »Großen Unterweisung« fortsetzen wollte (*Neu-Atlantis*, 175). Offensichtlich stellt sich Bacon mit seinem 1624 entstandenen Fragment von der Nova Atlantis, die sich auf Platons mythische Insel bezieht, in die Tradition seines englischen Landsmannes Thomas Morus. Wenn er in seinen Ausführungen über Gattenwahl und Ehe ablehnend die Sitte erwähnt, daß sich Braut und Bräutigam vor der Eheschließung nackt sehen, ist das auf Morus' Entwurf gemünzt. Doch auch in einigen grundsätzlichen Fragen, die die Funktion der Wissenschaften im gesellschaftlichen Ganzen, die Stellung der Familie betreffen, unterscheidet sich Bacon sowohl von Morus als auch von seinem Zeitgenossen Campanella.

Während Utopias Wirtschaftsstruktur auf eine gleichbleibende Stabilität der Güterproduktion abzielt und der wissenschaftliche Fortschritt in eine Naturphilosophie eingebunden bleibt, die Kriterien der körperlichen und geistigen Gesundheit des Menschen entwickelt, scheint in Neu-Atlantis der eigentliche Zweck der angewandten Wissenschaften der zu sein, möglichst immer raffiniertere Güter für einen immer verfeinerter werdenden Geschmack zu produzieren. Trotz der christlichen Ausrichtung des neu-atlantischen Gemeinwesens – sein Gründer und Gesetzgeber mit dem sprechenden Namen Salomona/Salomon wird als Er-

wählter Gottes dargestellt – eifern die Atlantier keineswegs
dem christlichen Modestia-Ideal nach. Das zeigt sich nicht
zuletzt auch in der erlesenen Pracht ihrer Kleider, in der
prunkvollen Selbstdarstellung ihrer Würdenträger. Während in Utopia auch die höchsten Repräsentanten schlichte,
ungefärbte Gewänder von einfachem Leinen tragen, heißt es
vom Vater des Hauses Salomon:

> Er hatte kostbare Handschuhe an, die mit Edelsteinen
> geschmückt waren, und hyazinthfarbene Schuhe aus
> reiner Seide. [...] Er saß auf einem prachtvollen Armstuhle ohne Räder nach Art einer Sänfte, die auf beiden
> Seiten von je zwei Pferden, die herrlich aufgezäumt
> und mit himmelblauen, golddurchwirkten Decken behängt waren, getragen wurde. (203)

In aller Ausführlichkeit malt der Erzähler – sichtlich mit
Lust – den Luxus und das ästhetische Raffinement dieses
Auftritts aus. Mit großem Gefolge hält der »Ehrwürdige
Vater« seinen Einzug in die Stadt; allein fünfzig Jünglinge in
»weiten Gewändern aus weißer Seide« (ebd.) schritten seinem Stuhl voran. In der genießerischen Beschreibung der
prachtvollen Selbstdarstellung der patriarchalischen Macht,
die an die luxuriöse Selbstinszenierung der römischen Kurie erinnert, offenbart sich schon das gegenüber Morus veränderte Verhältnis zu Luxus und materiellen Gütern. Dem
Ideal einer immer reicheren und verfeinerten Güterproduktion entsprechend hat die angewandte Naturwissenschaft
die Funktion, die Erkenntnisse bereitzustellen, die die Produktionsverfeinerung ermöglichen. Während die Verfassung Utopias auf dem Grundsatz aufbaute, die elementarsten Bedürfnisse aller Bürger ausreichend zu befriedigen
und sie allen künstlichen Bedürfnissen entgegensteuerte,
fördert Neu-Atlantis mit seinem ungehemmten Wohlstandsstreben ein – modern formuliert – Konsumdenken,
das das Bedürfnis nach immer reizvolleren Genüssen im
Zuge der neuen Erfindungen entwickelt. Symptomatisch

dafür ist der große Anteil, den die Aufzählung einnimmt, die der Verbesserung der Getränke und Speisen gilt.

Im Mittelpunkt der – allerdings Fragment gebliebenen – Schrift, die die Form des Reiseberichts aufgreift, steht die Audienz der schiffbrüchigen Europäer bei einem der Weisen der Insel Bensalem. Hier ergreift der Weise bzw. der Autor die Gelegenheit, in einem langen Monolog den Gästen »Verfassung, Zweck und Einrichtungen des Hauses Salomon« (205) vorzustellen, sie mit der Fülle und dem Einfallsreichtum seiner Erfindungen bekannt zu machen. Pointiert heißt es zu Beginn:

> Der *Zweck* unserer Gründung ist die Erkenntnis der Ursachen und Bewegungen sowie der verborgenen Kräfte in der Natur und die Erweiterung der menschlichen Herrschaft bis an die Grenzen des überhaupt Möglichen. (Ebd.)

In diesem uneingeschränkten Herrschaftsdrang der Atlantier, die sich die Natur als Objekt nach ihrem Belieben zunutze zu machen suchen, ohne sie auch als Subjekt zu achten, manifestiert sich schon der Überlistergeist des Homo faber, wie ihn später Hegel in seiner Jenenser Realphilosophie dargestellt und wie ihn Bloch aus einem modernen ökologischen Problembewußtsein heraus kritisiert hat.

Voller Stolz zählt der Wissenschaftler aus dem Hause Salomons, dem universalen Forschungsinstitut von Bensalem mit weitgehender Autonomie, die hervorragendsten Forschungsstätten und Errungenschaften auf. Die meisten Erfindungen, die der Forscher nennt, dienen eher der Verbesserung der verschiedenen Konsumgüter als der Erleichterung ihrer Produktionsweise. So berichtet er von Gartenanlagen und Baumschulen, die zu verschiedensten Versuchen von Pfropfung und Inokulation dienen, von Tiergehegen, deren Insassen zu anatomischen Versuchen gehalten werden. Ziel ist auch hier wieder die Züchtung neuer für den menschlichen Bedarf interessanter Arten. Das gleiche gilt für ihre Versuche mit Fischen oder Insekten und Würmern, die – ähnlich den Seidenwürmern oder Bienen – neue Stoffe menschlicher Bedürfnisbefriedigung liefern.

Durchgehend ist die Tendenz zu beobachten, die Natur nachzuahmen und gleichzeitig an Reiz und Fülle zu übertreffen. So gibt es auf Bensalem z. B. »Räucherwerk- und Geruchshäuser« (211), in denen sie die natürlichen Gerüche vervielfältigen und verstärken. Aus purer Erfindungslust scheinen die Atlantier künstliche Nahrungsmittel zu entwickeln, obwohl ihr Land doch mit natürlichen Schätzen reichlich gesegnet ist, wie es heißt. Dieselbe Neigung, mit der Natur in Konkurrenz zu treten, zeigt sich auch in der Existenz eines »Hauses der Blendwerke« (212), in dem sie alle möglichen Gaukeleien und Sinnestäuschungen erzeugen, desgleichen in der Herstellung menschlicher und tierischer Automaten, die keinen anderen Zweck haben, als die Lebendigkeit der Natur nachzuahmen.

Die Automaten – Ente oder Flötenspieler (Vaucanson), die erst im frühen 18. Jahrhundert entworfen wurden und sich großer Beliebtheit erfreuten – stehen exemplarisch für ein naturwissenschaftliches Denken ein, das weniger darauf gerichtet ist, das gesellschaftliche Leben durch technische Erfindung radikal zu verändern, als darauf, die Natur in der Imitation noch zu überbieten. Das Imitatio-naturae-Prinzip, das die Poetik bis ins 18. Jahrhundert bestimmte, ist zeitlich parallel auch für die Naturwissenschaften prägend. Der Begriff der Naturnachahmung spielt bei Bacon, der sich mit seinem technischen Funktionalismus keineswegs mit der Erkenntnis der Naturzusammenhänge begnügt, vielmehr deren nutzbringende Anwendung postuliert, eine große Rolle. Und obwohl er ›Wissen als Macht‹ interpretiert, also als eingreifende, verändernde Kraft, sind die Resultate wissenschaftlicher Forschung, die er in der *Nova Atlantis* anführt, mehr ›Korrekturen‹ der Natur als Instrumente gesellschaftlicher Umwälzungen. Dazu paßt, daß die politisch soziale Organisation des atlantischen Staates in seiner patriarchalisch hierarchischen Struktur, seiner statischen Ordnung von dem wissenschaftlichen Fortschrittsoptimismus des Hauses Salomon unberührt bleibt. Zwar berichtet der Weise von frappierenden Erfindungen, die z. T. erst Jahrhunderte später realisiert worden sind, von U-Booten, Flugzeugen, Hörrohren, Lautsprechern, von Teleskopen und Mikroskopen, die selbst die »Bestandteile des Blutes und des Harns« (211) exakt erkennen lassen, doch sie erscheinen hier mehr wie ein technisches L'art pour l'art ohne jede Konsequenz für die sozialpolitische Struktur des Staates. Darin ähnelt Nova Atlantis dann doch wieder Campanellas Sonnenstaat, in dem die Wissenschaften trotz der hohen Wertschätzung, die sie genießen, ohne Einfluß auf das gesellschaftliche Leben bleiben.

Diese Diskrepanz von wissenschaftlichem Fortschrittsoptimismus und statischem Gesellschaftsmodell, die auch den 1619 erschienenen Staatsentwurf des schwäbischen lutherischen Pfarrers Johann Valentin Andreae *Reipublicae Christianopolitanae Descriptio* kennzeichnet, erklärt sich aus der metaphysisch-religiös begründeten Ordnung all dieser besten Staatsverfassungen. Morus' *Utopia* in seiner religiösen Toleranz und in seinem kritischen Verhältnis zu einem ungehemmten Fortschrittsdenken kennt einen weit organischeren Zusammenhang zwischen Wissenschaft und Sozialstruktur als seine Nachfolger im frühen 17. Jahrhundert; allerdings vermag in diesem Gemeinwesen, das zwischen ethisch-religiösen und naturphilosophisch-naturwissenschaftlichen Aspekten keine scharfe Trennung zieht, ein Fortschrittsdenken, das auf die ungehemmte Eroberung und Umgestaltung der Natur abzielt, kein Interesse finden.

Neben den Erfindungen bzw. den verbesserten Nachahmungen der Natur, die der Mannigfaltigkeit und größeren Erlesenheit sinnlicher und ästhetischer Genüsse dienen, widmen die Atlantier vor allem einer diätetischen Medizin ihr Forschungsinteresse; das haben sie mit den Utopiern,

Amauroten und Sonnenstaatlern gemein. Doch während die bei Campanella jeweils propagierten Heilmittel – Schröpfungen und Rhabarber gegen Tertiana-Fieber, plötzlicher Schreck gegen Quartana-Fieber usw. – uns sehr absonderlich scheinen, zeigen die Atlantier reiche heilpraktische Kenntnisse, eine die Römer noch übertreffende Badekultur, subtilen Erfindungsgeist zur Regenerierung und Verlängerung des Lebens. So kennen sie z. B. die künstliche Ernährung für geschwächte Körper, verschiedenste Destillations- und Analyseverfahren, durch die Medikamente in kompakter Form von langer Haltbarkeit hergestellt werden können. Wie schon zuvor bei Rabelais spielt auch die Anatomie eine große Rolle, desgleichen die Mikrobiologie. Überpointiert kann man schließen, daß die Medizin *die* angewandte Naturwissenschaft ist, die am stärksten die Lebensqualität aller Bürger des atlantischen Staats beeinflußt, verbessert hat.

Während jedoch bei Morus und auch bei Rabelais die Erfindung schlagkräftiger Vernichtungswaffen keinerlei Raum einnimmt, letzterer ganz im Gegensatz zu Campanella die Erfindung des Schießpulvers als verderblich ablehnt, entwickelt Bacon bzw. sein Forscher aus dem Hause Salomon viel Phantasie bei der Ausmalung von allerlei gefährlichen Waffen, die die an sich friedlichen Atlantier stets siegreich gegen ihre Feinde bleiben lassen.

Ungebrochen ist Bacons Fortschrittsoptimismus, und kaum ein Zweifel kommt ihm an der Kontrollierbarkeit der Forschungsresultate. Ein möglicher Machtmißbrauch des Wissens scheint sich seinen Überlegungen zu entziehen. Apodiktisch erklärt er in seinem *Novum Organum*, daß die Ausübung von Macht über die Natur schon durch den gesunden Verstand und die wahre Frömmigkeit reguliert würden. In Nova Atlantis bildet das Forschungszentrum, das Haus Salomon, eine unabhängige Institution, die allein über die Bekanntgabe der Forschungsergebnisse entscheidet. Darin zeigt sich einerseits doch eine gewisse Skepsis, daß nicht alle Menschen vielleicht sinnvoll mit dem neuen Wissen umgehen könnten, andererseits manifestiert sich darin auch der Optimismus, daß die Wissenschaftler sich von allen Einflüssen der Staatsmacht freihalten könnten. Außerdem drückt sich darin auch der vom heutigen Standpunkt aus naive Glaube aus, als könnten die Wissenschaftler, wenn sie ihr Placet zur Freigabe ihrer Forschungsresultate gegeben haben, alle Konsequenzen der Nutzung überblicken. Implizit scheint hier der Gedanke auf, daß die freigegebenen Erfindungen an sich gut und förderlich für das Gemeinwesen sind. Wurden auch zuvor bei Morus und Rabelais Rationalität und Moral zusammengedacht, so geht Bacon insofern darüber hinaus, als er einen technologisch ausgerichteten Fortschritt per se schon an das Ethos praktizierter Vernunft bindet.

Dennoch scheint es in seinem besten Staat, in dem die Wissenschaften in großer Blüte stehen, Mißstände zu geben. So wird als ein Zweck eines mit großen Feierlichkeiten zelebrierten Familienfestes, bei dem alle Söhne und Töchter den Familienvater ehren, angegeben: die Beilegung von Familienstreitigkeiten, Rat für die in Armut geratenen Mitglieder, Tadel und Besserungsmaßnahmen für die in Laster verfallenen, die ein »faules und nichtsnutziges Leben« führen (196). Diese müssen sich der »Zensur« unterwerfen. Wie bei Campanella wird auch in Neu-Atlantis Gehorsam und Zucht großgeschrieben, und das schließt doch wohl ein, daß das Volk nicht in Freiheit ein vernunftgemäßes Leben zu führen imstande ist. Daß es in diesem so gepriesenen Gemeinwesen offensichtlich auch Armut gibt, verweist darauf, daß Bacon für seinen besten Staat, dessen Sozialstruktur sein Fragment kaum behandelt, nicht das kommunistische Ideal der Eigentumslosigkeit und des Gemeinbesitzes vorsieht. Im Gegensatz zu Morus und Campanella erfreut sich auch Gold sowohl als Material luxuriöser Ausstattung als auch als Münze großer Beliebtheit. Innerhalb des Zeremoniells z. B., das dem Tirsanus, dem Vater einer Großfamilie

von dreißig leiblichen Nachkommen, bereitet wird, überreicht ein Herold des Königs diesem eine königliche
Charta, die »Einkünfte, Privilegien, Freistellungen und besondere Ehrungen als Geschenke« (197) für ihn enthält.
Daß der König Privilegien gewähren kann, widerspricht einerseits einem Gleichheitsideal, zeugt aber zugleich davon,
daß nicht eine demokratische Verfassung, sondern monar-
chische Gunst in Neu-Atlantis bestimmend ist. Insofern
stellt Bacons Staat in seiner politischen Struktur gegenüber
Utopia einen Rückschritt dar.

Die patriarchalische Familienstruktur, die sich allein
schon darin offenbarte, daß nicht den Eltern, sondern nur
dem Vater der vielköpfigen Nachkommenschaft die öffentliche Ehrung zuteil wird, prägt die Stellung der Frau in
Neu-Atlantis entscheidend. Obwohl sich Bacon zu diesem
Themenkomplex nicht grundsätzlich äußert, er auf Erziehung und Ausbildung nicht eingeht, sind die Belege für die
untergeordnete Stellung der Frau im atlantischen Staat eindeutig. So wählt der Tirsanus unter seinen Kindern jeweils
einen Sohn aus, der ständig in seinem Haus leben soll, den
Tischdienst beim großen Familienzeremoniell versehen ausschließlich die männlichen Mitglieder. »Die Frauen stehen
aber nur längs der Wände.« (198) Und auch wieder nur
zwei männlichen Nachkommen kann eine Ehrung wegen
hervorragender Tüchtigkeit und Verdiensten zuteil werden.
Folgende Szene schließlich könnte an fundamentalistischen
islamischen Brauch erinnern:

> Der Tirsanus schreitet, umdrängt von seiner gesamten
> Nachkommenschaft, voran die Männer, hinterdrein die
> Frauen, einher. Wenn es die Mutter gewesen ist, die der
> gesamten Nachkommenschaft das Leben geschenkt
> hat, so wird an die rechte Seite des Armstuhles ein Ge-
> stühl gerückt, das mit einer unsichtbaren Öffnung und
> mit Fenstern versehen ist und in dem sie verborgen
> sitzt.   (197)

Aus der Wertschätzung der Familie ergibt sich schon, daß auch die Ehe, die als »Heilmittel der unerlaubten Begierden eingerichtet worden« ist (201), anders als im Sonnenstaat oder in der *Politeia* eine wichtige Institution ist. Der Keuschheit des neuatlantischen Volkes, das als »Jungfrau der Welt« (200) betitelt wird, gilt des Erzählers uneingeschränktes Lob. Dennoch räumt Bacon mit gleichzeitiger Kritik an Morus dem Gefallen bei der Gattenwahl eine gewisse Bedeutung ein. Da »geheime Fehler an Männern oder Frauen [...] die Ehe später unglücklich machen könnten, ist es [...] einem von den Freunden des Mannes und ebenso einer von den Freundinnen der Frau erlaubt, [...] diese allein im Bade zu betrachten« (202). Für Bacon scheint es da wohl objektive Attraktionskriterien zu geben. Im großen und ganzen spielt das Lustprinzip als Eros in Neu-Atlantis keine Rolle, und Sinnlichkeit manifestiert sich vornehmlich in oralen Genüssen, wie es sich in der schwelgerischen Ausmalung immer raffinierterer lukullischer Genüsse andeutete.

Bacons Modell eines optimalen Staatswesens, das den Wissenschaften und dem technischen Fortschritt die größte Bedeutung beimißt, veranschaulicht implizit dem heutigen Leser, daß wissenschaftlicher Fortschritt keineswegs zwangsläufig eine Verbesserung der sozialen und politischen Struktur einschließt.

VII

Die Mond- bzw. Planeten-Utopie
im 17. und 18. Jahrhundert

Kopernikus' Lehre vom heliozentrischen Weltsystem, die die Erde aus ihrer kosmischen Zentralstellung verdrängte, erregte erst einige Jahrzehnte nach ihrer Publikation heftige Diskussionen in einer breiteren Öffentlichkeit. Ein Grund für dieses aufflammende Interesse zu Beginn des 17. Jahrhunderts mag in dem Erlaß der Indexkongregation aus dem Jahr 1616 liegen, die die astronomischen Erkenntnisse des Kopernikus 73 Jahre nach Erscheinen seiner Hauptschrift *Sechs Bücher über die Umläufe der Himmelskörper* beanstandete. So zielt die Schrift *The Discovery of a New World* von John Wilkins aus dem Jahre 1638 darauf, die kopernikanische Lehre zu rechtfertigen und die technischen Möglichkeiten und Probleme einer Mondfahrt zu erörtern. Der Mond stellt sich ihm als eine andere, wahrscheinlich bewohnbare Welt dar. Im selben Jahr erscheint in England der erste Roman *The Man in the Moone*, in dem ein Autor, der Bischof Francis Godwin (1561–1633), seine Utopie von Menschen auf dem Mond ansiedelt. Auch Godwin geht es einmal um die Rechtfertigung der kopernikanischen Lehre, zum anderen bietet sich ihm der sichtbare und doch ferne, unbekannte Planet als Schauplatz wundersamer Möglichkeiten an. Die Lunarier, langlebiger, intelligenter und größer als die Erdbewohner, scheinen jedoch ihre größeren Fähigkeiten mehr der Magie als einem fortgeschrittenen Wissensstand zu verdanken. Obwohl Godwins Lunarier den Erdbewohnern auch wieder sehr ähnlich sind, bleibt die Mondwelt ein Phantasieraum, der kaum als Gegenbild zu einer kritisierbaren Erdwirklichkeit zu deuten ist.

Cyrano de Bergerac:
L'autre Monde

Erst Cyrano de Bergerac / Hector Savinien de Cyrano (1619–1655), der temperamentvolle Garde-Kämpfer aus der Gascogne, gewinnt dem exotischen Mondthema seine satirischen, zeitkritischen Möglichkeiten ab. Sein 1657 postum in Paris erschienener Roman *L'autre Monde ou les Etats et Empires de la Lune* attackiert heftig die dogmatische, wissenschaftsfeindliche Haltung der Kirche und ihre Zensur-Praxis, die Meinungsfreiheit und wissenschaftliche Forschung behindert. Sein Mondreisender, der Ich-Erzähler, findet sich immer wieder in heftige Diskussionen über die wissenschaftlichen und weltanschaulichen Fragen seiner Zeit verwickelt, hat auch in der anderen Welt unter Ignoranz und Meinungsdruck zu leiden. Auch im Mondstaat gibt es ›ex cathedra‹ verordnete ›Wahrheiten‹, die nicht in Frage gestellt werden dürfen. Auch dort sind es wie in seinem irdischen Heimatland die Priester, die die Zurücknahme seines besseren Wissens durchsetzen. In einem schmachvollen Aufzug – nämlich prächtig gekleidet in einem herrlichen Wagen! – muß er an allen Kreuzungen der Mondstadt verkünden, daß dieser Mond hier kein Mond, sondern eine Welt sei; und daß die Welt da unten keineswegs eine Welt, sondern ein Mond sei.

Die Mondwirklichkeit ist nicht einfach der Gegenentwurf eines idealen Staates, der als Ideal die schlechte Erdwirklichkeit kritisierte, sie spiegelt bei aller Exotik einerseits gewisse gesellschaftliche Strukturen der damaligen Epoche der Fronde unter der Regierung Mazarins und der Königin wider. Der massive Druck des Staatsapparats auf die Individuen, der große Einfluß des Klerus auf die Politik, die Intoleranz in Fragen, die die kirchliche Lehrmeinung berühren könnten, manifestieren sich überdeutlich in dem erzwungenen Widerruf des Erdbewohners, der gegen besseres Wissen die Erde zum Mond erklären muß. Geschickt nutzt Cyrano die Fiktion der Mondreise eines Erdbewohners, um in den offenkundig verkehrten Ansichten der Mondbewohner über die Erde die bornierten Meinungen seiner Zeitgenossen über astronomische Fragen anzuprangern.

Zu Anfang des 17. Jahrhunderts hatte Galilei die Theorie des Kopernikus in vielen Punkten bestätigt und präzisiert; seine Lehre, die sich vom Aristotelismus als der herrschenden kirchlichen Lehrmeinung unterschied, brachte ihm 1615/16 den ersten Inquisitionsprozeß ein. Galilei wurde zum Schweigen verurteilt; 1632, nach der Veröffentlichung seiner Schrift über das ptolemäische und kopernikanische Weltbild, zwang ihn die Kirche schließlich bei Androhung der Folter zum berühmten Widerruf. Erst 1835 wurden seine Werke vom Index der verbotenen Schriften gestrichen. Die Diskussion um das heliozentrische Weltbild warf auch andere Fragen wie die nach der Endlichkeit bzw. Unendlichkeit des Weltalls, nach der Entstehung des Planetensystems auf, Fragen, die auch Cyranos Mondreisender mit lunarischen Philosophen und einem Sonnenbewohner, der sich als Dämon des Sokrates vorstellt, diskutiert.

Das elitäre Mittelpunktsbewußtsein der Menschen, die sich als Krone der Schöpfung begreifen, als Telos der Weltgeschichte, wird von Cyrano schon durch die Existenz anderer Welten mit entwickelter Kultur satirisch entlarvt. So wie sich die Mondbewohner für die höchsten vernunftbegabten Wesen halten und sie den Ich-Erzähler zusammen mit einem spanischen Gelehrten als drolliges Tierpärchen behandeln, das den Hof mit bizarren Sprüngen und Grimassen zu unterhalten hat, so betrachten sich die Europäer als Inbegriff der Vernünftigkeit, fassen sie ihre Sitten und Überzeugungen als einzig gültige auf. In den Ansichten der Mondbewohner über das Wesen des Ich-Erzählers, den sie z. T. als eine Art Straußenvogel einordnen, dann wieder als Papageien behandeln, da er ihre Sprache so hübsch nachahmt, karikiert Cyrano nur wieder das selbstherrliche Denken der orthodoxen Christen, die die Welt für den Bedarf des Menschen zugerichtet, Tiere und Pflanzen allein zu seinem Wohle geschaffen sehen. Als sich der Erzähler über einen alten Philosophen auf dem Mond amüsiert, der Tieren und Pflanzen eine Seele zuschreibt und auch einem Kohlkopf keinen Schmerz bereiten will, hält der sokratische Dämon ihm eine lange Rede voller Witz und ketzerischer Reflexionen über die Gotteskindschaft und Gottesebenbildlichkeit des Menschen. Kohl wie Mensch sind Geschöpfe Gottes, doch während Gott die Erzeugung des Menschen der Willkür und Sinnenlaune eines Vaters überläßt, zwingt er die Kohlköpfe – ob sie wollen oder nicht –, sich wechselseitig das Leben zu geben, so als habe er mehr befürchtet, daß der Kohl aussterben könnte als der Mensch. Indem der sokratische Dämon aus dem Sonnenreich, der Mondmensch-Gestalt angenommen hat, um erfahrbar zu sein, dem Erdmenschen die mögliche Geisteswelt des Kohlkopfs vor Augen führt, sucht er das menschliche Elitebewußtsein zu erschüttern. Mit gleichem Recht, wie der Mensch die geistige Wesenheit der Engel annimmt, kann er von der Gedankenwelt des Kohls ausgehen; ihm fehlt es in beiden Fällen an Sinnen, die mit diesen Arten kommunizieren könnten. Wohl bewußt wählt Cyrano eine weder ästhetisch noch lukullisch als edel geltende Pflanze, um die Werteskala seines Mondreisenden plakativ umzustoßen.

Anders als der französische Erdbewohner, der sich im Beisein von Frauen nach der Bedeutung eines Bronzeanhängers an der Schärpe mancher Lunarier, der offensichtlich die Form des männlichen Gliedes hat, nicht zu erkundigen wagt, haben die Mondbewohner ein freies Verhältnis zu Sexualität und Körperlichkeit. Der bronzene Penis ist das ›Symbol des Edelmannes‹. Als der Franzose erklärt, in seiner Welt sei es ein Zeichen des Adels, das Schwert zu tragen, bekundet der Lunarier seinerseits sein völliges Unverständnis über die perverse Sitte, das Werkzeug, das den Henker charakterisiert, als Paradeschmuck der Edlen zu wählen.

Wieder karikiert Cyrano durch das Medium seines Mondreisenden, dessen Normbewußtsein durch die Konfrontation mit der fremden Mondkultur in Frage gestellt wird, die
zeitgenössischen französischen Verhältnisse, die Körper-
und Lustfeindlichkeit seiner Zeit, die Prüderie der Sitten.

Die Struktur der *Verkehrung* ist bei Cyrano ein wichtiges
Element, das mit seinen komischen Effekten historisch gewordene Selbstverständlichkeiten, Sitten und Denkgewohn-
heiten verfremdet und so kritisierbar macht. Wie das Beispiel vom denkenden Kohl, der gottgefälliger als der
Mensch einzuschätzen sei, schon verdeutlicht, ist der Sinn
der Verkehrung nicht wörtlich zu interpretieren. Hier ging
es Cyrano nicht darum, die Spiritualität des Kohls nachzu-
weisen, sondern das Omnipotenzgefühl des Menschen satirisch darzustellen, die Überlegenheitsattitüde der Kultur-
verwalter, die aus Ignoranz alles Nachdenken über andere
Welten und andere Kulturen diffamieren. Ebensowenig
buchstäblich ist auch die Umwertung zu deuten, die den
Respekt vor dem Alter bzw. der Jugend betrifft: Eine Szene,
in der ein Sohn seinen Vater mit Strenge und Zucht behandelt, ihn demütigt, er sich öffentlich in dessen Beisein über
Ungehorsam und fehlenden Respekt beklagt, stellt in dieser
verfremdenden Verkehrung das Unwürdige einer solchen
angemaßten Autoritätsbeziehung aus. Wenn der Mondphi-
losoph gegenüber dem Erdbewohner in brillanter Rhetorik
die jugendfrische geistige und physische Agilität der Söhne
als Autoritätsgrund gegenüber den Vätern anführt, so will
Cyrano mit dieser einseitigen, ungewohnten Argumentation die eingeschliffen selbstverständliche, patriarchalische
Autorität in Frage stellen. Der patriarchalische Gott, auf
dessen Willen sich familiäre und öffentliche Obrigkeiten berufen, der blinden Glauben und Gehorsam fordert, wird
mit seinen Dogmen durch das Räsonnement entmachtet.

Die These von der Unendlichkeit des Weltraums un-
terminiert nicht nur Vorstellungen über astronomische
Größenverhältnisse, sondern sie vermag auch fixierte zivili-

satorische Überlegenheitsansprüche zu relativieren. Wenn menschliche Größenordnungen im Vergleich zu möglichen anderen Welten wie die der Laus zu den unsrigen sich ausnehmen, gerät das Herrschaftsbewußtsein des Menschen, d. h. vor allem des Europäers, ins Wanken. In der Tradition Rabelais', der Pantagruels Mundraum als eine abgeschlossene Welt mit Städten, Dörfern, Landschaften, guten und bösen Bewohnern schildert, veranschaulicht Cyrano, daß es unendliche Welten *in* einer unendlichen Welt gibt. Ein Mondgelehrter fordert den Ich-Erzähler auf, sich das Universum als ein großes Tier zu denken, und rhetorisch fragt er, ob es schwer sei sich vorzustellen, daß eine Laus den menschlichen Körper für eine Welt hielte und daß, wenn eine von ihnen von einem Ohr bis zum anderen reiste, sie ihren Kameraden erzählen würde, sie sei dabei von einem Pol zum anderen gekommen?! Wie zuvor mit dem Kohl wählt auch in diesem Beispiel Cyrano mit der Laus ein wenig geachtetes Wesen, um das menschliche Größenbewußtsein empfindlicher zu treffen.

Voltaire: *Micromégas*

Ähnlich verfährt Voltaire (1694–1778) in seiner Erzählung *Micromégas* von 1752, in der er einen Bewohner des Sirius und des Saturn zusammen die Erde besuchen bzw. sie auf einen Winzlingsglobus stoßen läßt, auf dem sie kaum Leben vermuten; zufällig reißt die Diamantkette des Siriusbewohners, und deren Steine von einem Durchmesser zwischen 160 bis 2500 Fuß dienen Micromégas und seinem Begleiter, dem ›Zwerg vom Saturn‹, als brauchbare Mikroskope! Der Zwerg entdeckt mit Hilfe des kleinen ›Mikroskops‹ schließlich im baltischen Meer – einer Pfütze – ein kaum zu erkennendes, sich bewegendes Etwas, das er vorsichtig auf seinen

Daumennagel setzt: einen Wal. Und Micromégas nimmt
mit seinem größeren Mikroskop kurz darauf etwas wahr,
das sich als Schiff erweist, auf dem sich eine Gesellschaft
von Philosophen befindet. Der Erzähler ist voll bewun-
dernder Anerkennung für die feinsinnige Beobachtungs-
gabe des Sirianers, der trotz des immensen Größenunter-
schiedes einige sich bewegende Atome auf dem Etwas aus-
macht: Menschen! Während Cyrano seinen Mondgelehrten
den Horizont einer Laus als in sich geschlossene weite Welt
beschreiben läßt, stellt Voltaire die Welt des Menschen aus
der Perspektive eines Sirius- und Saturnbewohners als die
eines Kleinstinsekts dar. Jeweils wird der Absolutheitsan-
spruch des Menschen relativiert! Geradezu genüßlich malt
der Erzähler in *Micromégas* die unvorstellbare Winzigkeit
dieser Menschenatome aus, und entsprechend die großartige
Subtilität des Sirianers, der in seiner vorurteilsfreien Er-
kenntnislust nach möglichen vernünftigen Leben auch im
›Mikrokosmos‹ forscht. Durch die Erfindungsgabe Micromégas', der eine Mischung aus Schalldämpfer und Hörrohr
fertigt, kommt es zu einem Gespräch zwischen den kosmischen Giganten und den Erdmikroben, einer Gruppe französischer Philosophen. Micromégas ist zunächst von der
hohen Intelligenz dieser winzigen Wesen, die sie ihm mit
ihren geometrischen Kenntnissen demonstrieren, überwäl-
tigt, und er sieht sich in seiner Meinung bestätigt, daß man
»nichts nach seiner offenkundigen Größe beurteilen« (*Micromégas*, 109) darf. Glücklich preist er diese »intelligenten
Atome«, die »so wenig Materie besitzen und ganz Geist
scheinen« und die sicherlich das wahrhafte Leben des Geistes führen, eines der Liebe und des Denkens. Micromégas'
schmeichelhafter Preisrede antwortet der freimütigste der
Philosophen, daß die Erdbewohner im Gegenteil – abgesehen von einer kleineren Anzahl sehr gering geschätzter –
eine »Ansammlung von Verrückten, Bösewichtern und Unglücklichen« bilden. Und er führt als Beispiel für den
menschlichen Irrsinn an, daß zur selben Stunde, da er mit

Micromégas spricht, »Hunderttausend Verrückte unserer Art, die Hüte tragen, hunderttausend andere Lebewesen, die Turbane tragen« (110), massakrieren bzw. umgekehrt. Anlaß dieser schrecklichen Kämpfe sei ein Dreckhaufen, so groß wie Micromégas' Absatz.

Voltaire liegt nichts mehr an einem Beweis des heliozentrischen Weltbilds – das hatte sich inzwischen in den gebildeten Kreisen durchgesetzt –; wie Cyrano will er durch diese Größenrelativierung das menschliche Herrschaftsbewußtsein kritisieren. Zugleich prangert er in der verfremdenden Darstellung des Krieges und seiner Ursache – es handelt sich hier um den russisch-türkischen Krieg von 1736–39 – den perversen Gebrauch an, den der Mensch von seinem intellektuellen Vermögen macht. Die ›Moral von der Geschicht‹: Menschliche Intelligenz bürgt keineswegs für menschliche Vernunft. Indem Voltaires Erzähler aus einer ›makrokosmischen Perspektive‹ die politischen Interessen der Staaten bzw. ihrer Herrscher betrachtet, führt er drastisch die Absurdität von Eroberungskriegen vor Augen, die verantwortungslose Herrscher gegen die Interessen ihrer Völker führen. Auch in seinem humoristischen Roman *Candide* läßt er seinen tumben, treuherzigen Helden, der wie sein Lehrer Pangloss von der Idee der besten aller Welten nicht lassen will, wider dessen Willen in einen Krieg geraten – den siebenjährigen –, dessen Ursachen er nicht kennt, aber dessen verheerende Auswirkungen er in bedrohlicher Nähe erfährt. Während Bacon noch munter optimistisch möglichst wirkungsvolle Vernichtungswaffen entwarf, wird im 18. Jahrhundert Autoren wie Voltaire oder auch Swift die destruktive Phantasie des Menschen zum Problem. Die Frage nach der menschlichen Vernunft stellt sich ihnen gerade angesichts des menschlichen Ingeniums, das seine technischen Fähigkeiten auf bessere Vernichtungsmöglichkeiten wendet.

Jonathan Swift:
*Travels into Several Remote Nations
of the World*

Jonathan Swifts (1667–1745) utopisch-satirischer Reiseroman, zwischen 1721 und 1726 konzipiert, greift die
Kriegslust der europäischen Staaten, ihr kolonialistisches
Machtstreben, die Aggression, die Macht- und Geldgier der
sogenannten zivilisierten Menschen aus variierenden Per-
spektiven vehement an. Mit seinem Hauptwerk *Travels
into Several Remote Nations of the World. By Lemuel Gulliver, First a Surgeon, and then a Captain of Several Ships*
steht Swift in der Tradition einer phantastischen Literatur,
deren Phantastik gerade der Entlarvung zeitgenössischer
Mißstände dient. An Rabelais wäre zu erinnern, aber auch
an Cyrano de Bergeracs phantastischen Mondreise-Roman,
der durch die verfremdende Perspektive der Mondbewohner die anthropozentrische Selbstgefälligkeit der Europäer
in Frage stellt. Auch wenn Swifts Roman keine Planeten-
Utopie ist, so prägen ihn doch Strukturen, die sich davon
herleiten. Die Relativierung der menschlichen Größe, des
europäischen Zivilisationsbewußtseins, leistet in seinem
Roman die Konfrontation des Engländers Gulliver mit
dem Zwergenland Liliput und dem Riesenland Brobdingnag.

Wie bei Cyrano de Bergerac zeigen die exotischen Reiche,
die der zunächst selbstbewußte, stolze Arzt und spätere Kapitän kennenlernt, sowohl positive Gegenbilder als auch satirische Karikaturen der damaligen zeitgenössischen Realität. Wenn sich Gulliver im Zwergenland zunächst in seinem
britisch europäischen Selbstbewußtsein weitgehend bestätigt fühlt, wird sein Überlegenheitsgefühl in Brobdingnag,
wo sein Leben von Vögeln, Fliegen und Ratten bedroht ist
und er als kuriose Miniatur, als interessantes Püppchen be-
staunt wird, empfindlich gestört. Er macht hier ähnliche Er-

fahrungen wie der Mondreisende bei Cyrano: man nimmt ihn wegen seiner fremden – d. h. hier winzigen – Gestalt als vernunftbegabte Person nicht wirklich ernst. Die Damen entkleiden sich ungeniert in seinem Beisein, der König und sein Hof amüsieren sich über seine possierlichen Mißgeschicke, seine heroischen Gesten beim Kampf gegen Fliegen und ähnliches Getier. Dennoch sucht Gulliver den König, einen Fürsten von ›ausgezeichnetem‹ Verstande, von der Ebenbürtigkeit seiner Geistesgaben und von dem hohen Kulturstand der europäischen Welt, seines englischen Vaterlandes vor allem, zu überzeugen. Auf seinen preisenden Bericht über die sinnreiche Verfassung und die gut eingerichteten Sitten seines Landes antwortet der König mit Fragen, die jeweils gezielt die Diskrepanz zwischen Ideal und Wirklichkeit treffen, immer mehr Mißstände aufdecken: die Bestechlichkeit der Priester und Abgeordneten, die fehlenden Kenntnisse der Regierenden über Land und Leute, die langwierigen, undurchschaubaren Prozesse u. a. m. Gulliver stellt sich hier dem Leser als getreuer Berichterstatter dar, der nur naiv die unangenehmen Fragen des Königs wiedergibt. So referiert er die Berechnungen des Königs, die ergeben, daß die Ausgaben des Staates das Doppelte betrügen wie die Einnahmen.

> Er glaubte, daß mich mein Gedächtnis im Stich gelassen habe. [...] Wenn aber, was ich ihm gesagt hätte, wahr sei, so könne er immer noch nicht begreifen, wie ein Königreich gleich einer Privatperson über seine Verhältnisse leben könne. Er fragte mich, wer unsere Gläubiger seien und woher wir das Geld nähmen, sie zu bezahlen. Er wunderte sich, mich von so beschwerlichen und kostspieligen Kriegen reden zu hören. Wir müßten sicherlich ein streitsüchtiges Volk sein oder unter sehr bösen Nachbarn leben, und unsere Generäle müßten schlechterdings reicher als unsere Könige sein. (*Gullivers Reisen*, 200)

Mit dieser Kritik an einem kostspieligen Söldnerheer in Friedenszeiten steht Swift ganz in der Tradition des Thomas Morus, der durch Hythlodeus die Söldnerplage kritisiert. Überhaupt ist er Morus in seiner satirischen Entlarvungsstrategie, im Spiel mit verschiedenen Erzählmasken verwandt. Doch während dieser mit seinem Bericht über Utopia durch das positive Gegenbild auch stark die Realität mit ihren Mißständen zu entlarven sucht, wählt Swift mehr die direkte Satire, verzichtet er weitgehend auf eine detaillierte Ausgestaltung eines Idealstaates. Der Leser erfährt wenig über die sozialen und politischen Verhältnisse in Brobdingnag, dessen König als weiser und freundlicher Herrscher beschrieben wird. Swift mag bei dieser Figur an Pantagruel gedacht haben. Obwohl sein Erzähler Gulliver von seinen vier Reisen einerseits aus der Perspektive des enttäuschten Misanthropen berichtet, aus der kritischen Einsicht in die angemaßte europäische Kulturüberlegenheit, tritt er bei seinen ersten Reisen doch noch weitgehend als der naiv-stolze Patriot auf, der von dem hohen Zivilisationsniveau seines Landes überzeugt ist. So will er sich dadurch bei dem König der Riesen für dessen Güte revanchieren und zugleich seine europäische Klugheit demonstrieren, daß er ihm die Erfindung des Schießpulvers mit dessen ungeheuren Vernichtungsmöglichkeiten erläutert und er sich anbietet, es für ihn herzustellen. In der entrüsteten Ablehnung des Königs spiegelt sich Swifts eigene Position friedlicher Humanität.

Der König wurde von Grauen über die Beschreibung gepackt, die ich von diesen furchtbaren Kriegsmaschinen gegeben, und über den Vorschlag, den ich gemacht hatte. Er sei bestürzt, daß ein so schwaches und niedriges Insekt wie ich (das waren seine Worte) sich mit solchen unmenschlichen Gedanken, und zwar in so vertrauter Weise, tragen könne, daß ich bei all den Szenen des Blutvergießens und der Zerstörung, die ich als die

gewöhnlichen Wirkungen dieser verheerenden Kriegsmaschinen geschildert hätte, vollkommen ungerührt
erschiene. (205)

Da Gulliver bei der Niederschrift seiner Reiseerfahrun-
gen schon der desillusionierte Misanthrop ist, der sich der
menschlichen Schlechtigkeit schämt, stellt seine Verwunde-
rung über die »engstirnigen Grundsätze und beschränkten
Ansichten« des Riesenkönigs, über dessen »kleinliche, überflüssige Bedenken« einen Bruch in der Erzählperspektive
dar (ebd.). Swift geht es weniger um psychologische Stringenz des Bewußtseinshorizonts seines Helden als um die jeweils beste, pointierteste Möglichkeit satirischer Entlarvung.
Die wohlmeinende Tumbheit Gullivers, der nicht begreift,
daß ein gelehrter Herrscher sich die »Gelegenheit« entgehen
läßt, »die ihn zum unumschränkten Herrn über das Leben,
die Freiheit und das Vermögen seines Volkes« (ebd.) gemacht hätte, bietet sich Swift hier als verfremdender Hohl-
spiegel an, der die Skrupellosigkeit zivilisierter Staaten im
Umgang mit Explosivwaffen bewußt macht. An anderer
Stelle wiederum läßt er Gulliver das Ansinnen des liliputanischen Königs, das Nachbarland Blefuscu für ihn zu er-
obern, entrüstet ablehnen:

> Ich bemühte mich aber, ihn mit vielen Argumenten,
> die von den Maximen der Politik wie auch der Gerech-
> tigkeit abgeleitet waren, von diesem Plan abzubringen,
> und erklärte rundheraus, ich würde mich nie zum
> Werkzeug dafür machen lassen, ein freies und tapferes
> Volk zu versklaven. (106)

Der Miniaturstaat Liliput wird hier zur kritischen Al-
legorie englischer Eroberungspolitik; Blefuscu steht für
Frankreich. Indem Gulliver hier aus seiner Riesenperspek-
tive die Machtpolitik des Zwergregenten betrachtet, die In-
trigen am Hof, erscheinen diese in der so verkleinerten Perspektive um so lächerlicher. Andererseits enthält Liliput in

seiner ursprünglichen Verfassung, nach der z. B. Staatsämter aufgrund moralischer Qualifikationen vergeben werden, auch ein positives Leitbild. Doch indem Gulliver beschreibt, in welchem Maße die herrschenden Verhältnisse von der durchaus vernünftigen Verfassung abweichen, karikiert Swift auch wieder die Diskrepanz von Verfassungsnorm und Wirklichkeit im damaligen England.

Swifts Roman läßt sich auch als eine Parodie auf das 1719 erschienene Werk seines zeitgenössischen Landsmannes Daniel Defoe *The Life and Strange Surprizing Adventures of Robinson Crusoe* verstehen. Beiden Romanen gemeinsam sind die abenteuerlichen Seereisen, der Schiffbruch, das britische Selbstbewußtsein ihres Protagonisten, das reale Erfahrungspotential, das »durch die kolonialistische Beutezugspolitik und den Abenteuerkapitalismus der europäischen Seehandelsstaaten seit dem 15. Jhd. anwuchs und in zahlreichen Dokumenten sowie autobiographischen Quellen überliefert ist« (Grimminger, 1980, 666). Doch während Defoes Held, der aufbricht, um sein Glück (Fortuna, Vermögen) zu machen, am Schluß in seinem britisch europäischen Selbstbewußtsein gestärkt aus allen Abenteuern hervorgeht, erfährt Swifts Gulliver nicht nur die abenteuerlichen Launen Fortunas, sondern sein Normenbewußtsein, sein Überlegenheitsgefühl ist durch die Konfrontation mit anderen Kulturen erheblich ins Wanken geraten. Robinson fühlt sich als Homo faber und Subjekt europäischer Zivilisation bestätigt, indem er sich durch seine instrumentelle Vernunft gegenüber einer wilden Natur behauptet; in missionarischem Eifer und überlegenem Herrenbewußtsein sucht er auch den ›Wilden‹ Freitag zu zivilisieren. Gulliver dagegen erlebt nicht die Selbstbestätigung des zivilisierten Einzelkämpfers in bedrohlicher Wildnis, sondern die Fragwürdigkeit eines zweckrationalen Denkens, das sich vom Geist humaner Ethik gelöst hat. Die Robinsonade in der engeren Tradition Defoes gehört insofern nicht in den Bereich des utopischen Romans, als sie gerade keine bessere

Gegenwelt entwirft und in ihr die Abenteuer vornehmlich einer das Selbstbewußtsein stärkenden Selbsterprobung des Helden dienen.

Als Idealstaat, in dem eine praktische Vernunft das friedliche, gerechte Zusammenleben all seiner Bewohner regelt, erfährt Gulliver schließlich die Republik der vernunftbegabten Pferde, die über die Yahoos, degenerierte, vernunftlose Menschen, herrschen. Der Staat der Houyhnhnms erinnert mit seinem Gleichheitsprinzip, dem Ideal der Genügsamkeit und Zweckmäßigkeit, seinen offenen Familienstrukturen durchaus an Morus' Utopia. Die Houyhnhnms lehnen wie die Utopier Geld/Gold und Edelstein als sinnloses Material ab, zeigen sich über die sonderbare Gier der Yahoos nach diesem wertlosen Tand befremdet; wie jene beraten sie in regelmäßigen Versammlungen über eine gerechte Güterverteilung in den einzelnen Distrikten, gleichen Mangel und Überfluß aus. ›Falsche‹ Bedürfnisse gibt es in diesem Naturstaat nicht; Natur und Vernunft harmonieren vollkommen: Luxus und Überfluß, Grundlage einer auf Wachstum gerichteten Wirtschaftsstruktur, sind aus diesem Gemeinwesen verbannt.

Doch anders als Morus mit seinem Utopia-Modell zielt Swift mit dem Bericht vom Idealstaat der Pferde weniger auf eine ausgestaltete Utopie, auf das positive Gegenbild, als auf die satirische Entlarvung vorhandener Mißstände. Allein die Konfrontation von weise lebenden Pferden und degenerierten, vernunftlosen Menschen ist eine Quelle karikaturistischer Polemik. Die satirische Verkehrungsstruktur mit ihren – im Brechtschen Sinne – Verfremdungseffekten verstärkt die polemische Wirkung. Wie Cyranos Mondreisender die Lunarier schwer von seiner Vernünftigkeit überzeugen konnte, so hat auch Gulliver bei den Houyhnhnms alle Mühe, seinem Gastgeber seine rationale Überlegenheit über die vernunftlosen Yahoos, denen er äußerlich so fatal ähnelt, zu demonstrieren. Nachdem er dessen Fragen alle beantwortet hat, resümiert dieser:

[...] er habe über meine ganze Geschichte, soweit sie sich auf mich selbst und mein Land beziehe, sehr ernsthaft nachgedacht; er betrachte uns als eine Art Tiere, denen durch irgendeinen ihm unerklärlichen Zufall ein klein bißchen Vernunft zuteil geworden sei, von der wir keinen anderen Gebrauch machten, als unsere natürlichen Verderbtheiten mit ihrer Hilfe noch zu verschlimmern und neue anzunehmen, die uns die Natur nicht mitgegeben habe.   (356)

Vom Ideal zweckmäßiger Bedürfnisse aus, die der Vernunft und der Natur entsprechen und so gleichbleibend sind, kritisiert Swift durch das ›animal rationale‹ Pferd die unnatürliche Bedürfnisvermehrung des Menschen, die seinen Intellekt für letztlich überflüssige Erfindungen verbrauchen.

Stellte Swift schon in der verfremdenden Perspektive des Riesenkönigs den perversen Gebrauch aus, den der Mensch von seinem Intellekt macht, so radikalisiert er seine Kritik an der menschlichen Vernunft durch den Fragehorizont der weisen Pferde, denen Begriff und Inhalt von Lüge und Bösartigkeit etwa unverständlich sind. Raffinement prägt den treuherzigen Bericht Gullivers, der nur mit größter Mühe seinem edlen Gastgeber die europäischen Verhältnisse, die schlimmen Auswirkungen von politischen und weltanschaulichen Meinungsverschiedenheiten etwa, die Funktion des Geldes usw., zu erklären sucht. Wie Thomas Morus durch Hythlodeus attackiert auch Swift das Mißverhältnis von müßiggehender reicher Minderheit und hart arbeitender armer Masse, geißelt er das Luxusleben einer kleinen Oberschicht, das die Arbeitskraft der Mehrheit verbrauche. »Die Masse unseres Volkes sei gezwungen, im Elend zu leben, indem sie jeden Tag für geringen Lohn schwer arbeite, damit einige wenige im Überfluß leben könnten« (347). Auf die verständnislosen Fragen des Houyhnhnms, ob nicht »alle Lebewesen ein Recht auf ihren Anteil an den Produkten der Erde hätten« und weshalb denn irgend jemand all jener »kostspieligen Speisen« (ebd.) bedürfe, die Gulliver aufgezählt hatte, gibt dieser in schöner Unlogik eine Antwort, die den Sachverhalt nicht begründet, sondern weiter ausmalt: »Ich versicherte ihm, daß unser ganzer Erdball wenigstens dreimal umrundet werden müsse, ehe eins unserer besseren Yahooweibchen sein Frühstück oder das Geschirr dazu bekommen könne.« (348) Und auf die erstaunte Bemerkung seines »Herrn«, sein Vaterland müsse sehr arm sein, da es seine eigenen Einwohner nicht ernähren könne und da es ohne Wasser sei, erwiderte Gulliver:

> [...] man schätze, daß England (der teure Ort meiner Geburt) ungefähr dreimal soviel Nahrungsmittel hervorbringe, wie seine Einwohner verzehren könnten, und ebensoviel Flüssigkeiten, die aus Korn ausgezogen oder aus den Früchten gewisser Bäume ausgepreßt würden, was ein ausgezeichnetes Getränk ergäbe. [...] Um jedoch die Schwelgerei und Unmäßigkeit der Männchen und die Eitelkeit der Weibchen zu befriedigen, schickten wie den größten Teil unserer notwendigen Dinge in andere Länder, aus denen wir dafür die Grundstoffe für Krankheiten, Torheit und Laster zurückbrächten, um sie bei uns zu verwenden.   (Ebd.)

Es folgt ein langes Lasterregister und die Bemerkung: »Ich hatte große Mühe, ihm einen jeden dieser Ausdrücke verständlich zu machen.« (Ebd.)

Die Parallelen zum Bescheidenheitsideal und zur Moralsatire in Utopia sind evident. Rabelais' Traum vom Schlaraffenland scheint Gulliver und den von ihm verehrten vernünftigen Pferden fremd zu sein. Ein strenges Arbeitsethos herrscht bei den Houyhnhnms, und Arbeit scheint ihnen auch das einzige Mittel zu sein, melancholisch launenhafte Yahoos, die seufzen, obwohl ihnen nichts fehlt, zur Besinnung zu bringen.

Auch wenn Swifts Perspektive nie ganz identisch ist mit der seines Helden, dieser wechselnd als Subjekt und Objekt der Satire fungiert, so scheint die von Gulliver hochverehrte Pferderepublik auch die größten Sympathien des Autors zu genießen. Gerade da er zuvor mit der Beschreibung der fliegenden Insel Laputa, deren Bewohner beim Nachdenken über Musiktheorie, Astronomie und Mathematik jeden Bezug zur Lebenspraxis vergessen haben, eine lebensferne rationalistische Theorie angreift, stellt sich die Pferderepublik, in der Common sense regiert, als positives Gegenbild heraus. Daß Swift ausgerechnet den Pferden ein vernünftiges Staatswesen zukommen läßt, entspricht seinem polemischen Temperament, das die menschliche Eitelkeit zu treffen sucht. Darin zeigt sich auch seine ironische Spiellaune, die die komischen Effekte der Verkehrung genießt.

Mag er nun auch das einfache Pferdeleben mit Wasser und Heu nicht buchstäblich als Vorbild anpreisen, die Sozialstruktur und die Wertvorstellungen der Houyhnhnms werden von ihm durchaus als positive Leitbilder propagiert. Anders als bei Rabelais oder auch bei Cyrano steht die Sinnenlust bei Swift bzw. bei seinen weisen Pferden nicht in hohem Ansehen. Erotik und Sexualität sind in diesem Staat pragmatischer Vernunft – ähnlich wie bei Platon und Campanella – einer günstigen Fortpflanzungspolitik untergeordnet. Einem Bevölkerungsüberschuß wird – ohne Verhütungsmittel – folgendermaßen gegengesteuert:

> Wenn die Houyhnhnmfrauen ein Füllen von jedem Geschlecht hervorgebracht haben, so vereinigen sie sich nicht mehr mit ihrem Gatten, es sei denn, sie verlieren eins von ihrer Nachkommenschaft durch irgendeinen Unfall, was nur sehr selten vorkommt.   (368)

Und wie bei Campanella werden die Geschlechtspartner von den Verwandten im Blick auf die beste Kinderproduktion ausgewählt:

Bei ihren Eheschließungen sind sie sehr darauf bedacht, genau solche Farben auszuwählen, die bei der Nachkommenschaft keine unangenehme Mischung ergeben. Beim Männchen wird hauptsächlich Kraft und beim Weibchen Anmut geschätzt, jedoch nicht um der Liebe willen, sondern um die Rasse vor Entartung zu bewahren. Wenn sich nämlich ein Weibchen durch Kraft auszeichnet, wird ein Gatte mit Rücksicht auf Anmut ausgesucht.   (Ebd.)

In Swifts Pferdestaat geht es so puritanisch vernünftig zu, ohne jede Leidenschaft, daß Glück hier schon an Langeweile erinnert.

Im Sinne einer vernünftigen Wirtschafts- und Sozialstruktur erhält die weibliche Nachkommenschaft dieselbe Erziehung wie die männliche. »Dadurch, so bemerkte er ganz richtig, sei ja eine Hälfte unserer Bevölkerung zu nichts anderem brauchbar, als Kinder in die Welt zu setzen. Und daß man solchen unnützen Lebewesen die Sorge für seine Kinder anvertraue, sei ein noch schlimmeres Beispiel von tierischer Unvernunft.« (369) Auch in Liliput erhielten die Mädchen und Jungen – allerdings ihrem Stand entsprechend – die gleiche Erziehung (vgl. 116 f.). Lobend berichtet Gulliver auch von den liliputanischen Damen: »sie verschmähen allen persönlichen Schmuck, der über Anstand und Reinlichkeit hinausgeht« (117). Das gilt in gleicher Weise für die Houyhnhnms.

Eine Kultur der Sinnlichkeit und des ästhetischen Genusses findet in Swifts Vernunftstaat keinen Platz, ist dem Luxus- und Lasterverdacht ausgesetzt. Wieder erscheint als der Preis eines gerechten Staatswesens, in dem alle für das gemeinsame Wohl arbeiten, ein staatliches Reglement, das die individuellen Entscheidungen einschränkt. Die Vernunft tritt bei Swift als Zweckrationalität auf, die ästhetische Vielfalt wird dem Nützlichkeitsanspruch untergeordnet. Die Utopier argumentierten, daß der Verzicht auf Luxus einen Gewinn an Arbeitskraft, d. h. an Lebenskraft für geistige Tätigkeit bedeute. Hier hat bei Swift eine Verschiebung stattgefunden. Die Arbeit gewinnt an eigener Bedeutung; die theoretischen Wissenschaften vor allem, aber auch das Studium der antiken Autoren, werden von einem pragmatischen Nutzideal aus kritisch gesehen.

Weder Voltaires Planetenroman noch Swifts phantastischer Reiseroman, der mit den Planetenromanen in der Nachfolge Cyrano de Bergeracs die Problematisierung des europäischen Mittelpunktsbewußtseins gemein hat, zeugen vom oft beschworenen Aufklärungsoptimismus. Drückt sich in der Satire zwar auch ein Veränderungswille der Autoren aus, ein Appell an die menschliche Vernunft, so manifestiert sich in Swifts und Voltaires satirischen Werken anders als zuvor bei Bacon doch vor allem der Zweifel an der Kongruenz von technischer Intelligenz und Vernunft. Gegenstand satirischer Attacken ist immer wieder die Unsinnigkeit der Kriege, in die die Herrscher aus egoistischer Macht- und Expansionslust die Völker verwickeln.

Die utopischen Entwürfe der phantastischen Literatur setzen im 18. Jahrhundert andere Akzente: recht vage, abstrakt bleiben die positiven Gegenbilder, um so vehementer und ausführlicher wird aus einer oft grotesk komischen, verfremdenden Perspektive Kritik an herrschenden Mißständen geführt. In der Erzählung *Micromégas* verzichtet Voltaire auf eine positive Utopie ganz, führt nur seinen Helden vom fernen Planeten Sirius als Vorbild vorurteilsfreier Wissenslust und Weisheit ein; seinen Candide läßt er zwar nach einem Inferno an Abenteuern schließlich ins paradiesische Land Eldorado gelangen, doch der Leser erfährt wenig von der sozialen und politischen Verfassung dieses Landes. Anders als die Staatsentwürfe in der Tradition des Thomas Morus, die weitgehend detaillierte Gesellschaftsmodelle darstellen, bleibt Voltaires Eldorado eher Märchenland. Und auch Swifts Pferderepublik bildet mehr das abstrakte Ideal als Folie satirischer Attacken.

VIII

Johann Gottfried Schnabel:
Die Insel Felsenburg

Anders verfährt der deutsche Autor Johann Gottfried Schnabel (1692–1750) in seinem zwischen 1731 und 1743 erschienenen Roman *Die Insel Felsenburg*, der Utopie und Robinsonade verbindet. Seine Insel, ein agrarisch geprägtes Gemeinwesen mit patriarchalischer Sozialstruktur, erscheint jedoch – anders als Robinsons Insel – nicht als Exil, sondern als Asyl.

Wie häufig im Roman des 18. Jahrhunderts führt Schnabel auch einen Herausgeber ein, Gisander, der das Manuskript von einem unbekannten Reisegefährten erbt, als dieser bei einem Überfall auf eine Postkutsche ums Leben kommt. Diese Rahmengeschichte verweist schon auf die Mißstände im alten Europa. Gisander ordnet die Papiere und ediert sie. Mit dieser Herausgeber-Fiktion soll der Wahrheitsgehalt der Geschichte betont werden. Das Manuskript selbst enthält Berichte des Eberhard Julius von der Insel Felsenburg, die Lebensgeschichte seines Urgroßonkels, Albertus Julius, der sich bei einem Schiffbruch zusammen mit Lelemie, dem Capitain des Schiffes, einem Schurken, wie sich herausstellt, dem Freund Carl Frantz van Leuven und dessen Frau Concordia auf die Insel retten kann und hier schließlich – nach vielerlei Gefühlswirren – eine neue Heimat findet. Die Lebensgeschichten weiterer Schiffbrüchiger und europamüder Einwanderer unterbrechen jeweils den Bericht von Urgroßneffen und Altvater. Die Erzählung setzt mit dem Bericht Eberhard Julius' ein, der in einer desolaten Lage von Capitain Leonhard Wolffgang, einem Boten des Albertus Julius, einen Brief erhält, der sein Leben ändern wird. Der Kapitän überreicht ihm die kurze,

eher rätselhafte schriftliche Botschaft des Urahnen, der im
hohen Alter endlich noch einmal »einen Julius von Ge-
schlechte, der Gottesfürchtig und ohne Betrug ist«, umar-
men möchte und ihn bittet, die Schätze seiner Insel mit den
Seinen zu teilen. Bald verließen sie mit einigen anderen aus-
gewählten Personen »unter dem stärcksten Vertrauen auf
den Beystand des Allmächtigen, die Weltberühmte Stadt
Amsterdam« (*Die Insel Felsenburg*, I,48), und am 12. No-
vember 1725 erblickten sie »denjenigen Felsen, worauf
nächst GOTT eure zeitliche Wohlfahrt gegründet ist«
(I,114). Der Autor dieser dezidiert christlich-protestantisch
orientierten Utopie spart hier wie anderswo nicht mit
erbaulichen Mahnungen und frommen Gebeten, dennoch
unterscheidet sich sein Gesellschaftsmodell sehr von den
britischen Inselentwürfen mit ihrem puritanischen, zweckrationalen Geist. Während Robinson z. B. ohne Not einige
Löwen erschießt und ihre Felle mit großem Gewinn ver-
kauft, bewundert Eberhard Julius auf der Fahrt z. B. »verschiedene Seltsamkeiten, nemlich See-Kühe, See-Kälber und
See-Löwen, *Delphine,* rare Vögel« (I,113), die Natur ist ihm
nicht nur feindliches Gegenüber oder Nutz- und Geld-
quelle, sondern bewundernswerte Schöpfung.

Die abenteuerliche Lebensgeschichte des Capitains, die
einen ersten Abschluß mit dessen Rettung auf der Insel Felsenburg findet, unterbricht Eberhards Bericht, der seinen
ersten Spannungsgipfel mit der Ankunft auf Felsenburg erreicht. Das Prinzip der Verschachtelung strukturiert auf
kunstvolle Weise den Roman.

Schnabels Insel Felsenburg stellt weniger einen Staat als
einen großen Familienclan dar, den der Schiffbrüchige Albertus Julius mit seiner Leidensgefährtin Concordia, der
Witwe des von dem Kapitän ermordeten van Leuven, durch
zahlreichen Nachwuchs begründet. Außer der ersten Tochter des verstorbenen van Leuven gebiert sie – neben einem
totgeborenen Mädchen – noch acht weitere gesunde Kinder,
die später zusammen mit ihren Gatten die neun Julischen

Familien begründeten. Daß der erste Schwiegersohn »aus eigenen Antriebe und hertzlicher Liebe gegen uns, seinen eigenen Geschlechts Nahmen zurück setzte, und sich gleich am ersten Hochzeit-Tage *Robert Julius* nennete« (I,329), zeigt die Bedeutung des Familienclans.

Ganz im Sinne des Genres betont Albertus das glückliche zufriedene Leben der Eltern und der Kinder auf der Insel, von denen keines sich nach dem fernen Europa sehnt: Nur eine Sorge läßt in ihm den Wunsch nach Schiffen aufkommen, die zu der Insel-Idylle fänden: »ich wünsche von Hertzen« – versichert er Concordia –

> [...] meine übrige Lebens-Zeit auf dieser glückseligen Städte mit euch in Ruhe und Friede hin zu bringen, zumal da wir das schwerste nunmehro mit GOTTES Hülffe überwunden, und das gröste Vergnügen an unsern schönen Kindern, annoch in Hoffnung, vor uns haben. Allein saget mir um GOTTES willen, warum sollen wir uns nicht nunmehro, da unsere Kinder ihre Mannbaren Jahre zu erreichen beginnen, nach andern Menschen umsehen, glaubet ihr etwa, GOTT werde sogleich 4. Männer und 5. Weiber vom Himmel herab fallen lassen, um unsere Kinder mit selbigen zu begatten? Oder wollet ihr, daß dieselben, so bald der natürliche Trieb die Vernunft und Frömmigkeit übermeistert, Blut-Schande begehen, und einander selbst heyrathen sollen. Da sey GOTT vor! (I,317 f.)

Nach gewisser Zeit stellen sich endlich andere Schiffbrüchige als passende Gatten für die Kinder ein, ein solides reparierbares Schiff erlaubt es schließlich, die fehlenden Partner durch eine eigens auf Partnersuche gerichtete Schiffsexpedition herbeizuholen.

Schnabels fromme Felsenburger, die aus allen Teilen des verderbten Europas kommen und auf der idyllisch paradiesischen Insel im sozialistischen Patriarchat des Altvaters Julius ihre Heimstatt finden, schließen Heiraten nach Insel-

Raison, führen ein gottesfürchtiges Eheleben, in dem Sex
und Erotik keine wesentliche Rolle spielen. Erotische Anziehung wird bewußt hintangestellt, wenn es die optimale
Nachwuchsplanung erfordert. So verzichten z. B. die Schiffbrüchigen David und Jakob, ihre beiden »Leit-Sterne« Ju-
dith und Sabina zu heiraten, in die sie sich während ihrer
langen und wechselvollen Reise verliebt hatten und die ihrer »Leidenschaft des Herzens« ihre »schätzbare Gegen-
Gunst« zuwandten. Sie fügen sich bereitwillig den Argu-
menten:

> Doch Amias und Robert Hülter brachten es durch ver-
> nünfftige Vorstellungen dahin, daß wir insgesammt
> guter Ordnung wegen unsere Hertzen beruhigten, und
> selbige auf andere Art vertauschten. Also kam meine
> innigst geliebte Middelburgische Judith an Albertum
> II. Sabina an Stephanum, Jakob Larson bekam zu sei-
> nem Theile, weil er der älteste unter uns war, auch die
> älteste Tochter unsers theuren Altvaters, Schimmer
> nahm mit grösten Vergnügen von dessen Händen die
> andere, und ich wartete mit innigsten Vergnügen auf
> meine, ihren zweyen Schwestern an Schönheit und Tu-
> gend gleichförmige Christina bey nahe noch 6. Jahr,
> weil ihr beständig zarter und kräncklicher Zustand unse-
> re Hochzeit etliche Jahr weiter, biß ins 1674te hinaus
> verschobe.   (I,399)

Das entspricht ganz den Gepflogenheiten der Zeit, die
zwischen Liebe (amour passion) und Ehe strikt trennt. Erst
die Romantik – man denke an Friedrich Schlegels *Lucinde*
– entwickelt ein Ehekonzept, das Liebe und Ehe zusammenbindet. Interessant ist jedoch, daß Schnabel diese nach
Vernunftgründen geschlossenen Ehen doch wieder als Lie-
besheiraten ausgibt. So fährt David fort: »Wie vergnügt wir
unsere Zeit beyderseits biß auf diese Stunde zugebracht, ist
nicht auszusprechen.« (Ebd.) Daß der Verfasser der frommen Insel-Utopie auch ein so freizügiges Werk wie *Der im*

Irrgarten der Liebe herumtaumelnde Kavalier (1746) veröffentlicht hat, einen erotischen Roman, dessen Protagonist Elbenstein von einem Liebesabenteuer in das nächste gerät, mag überraschen. Doch auch in Schnabels protestantischem Gesellschaftsentwurf fehlt es letztlich nicht an pikanten Aventiuren, diese spielen sich jedoch nicht im frommen Inselparadies ab, sondern in der verderbten Welt im Europa des ausgehenden 17. und beginnenden 18. Jahrhunderts. Während die Felsenburger gegen das ›vergiftete Lasterkonfekt‹ der Wollust, für das sein Kavalier Elbenstein sich immer wieder als so überaus anfällig erweist, völlig immun sind, begegneten auch ihnen in der alten Welt immer wieder die Abgründe sinnlicher Leidenschaft. Capitain Leonhard selbst war bis zu dem Entschluß seiner Niederlassung auf Felsenburg keineswegs ein Kostverächter des erotischen Lasterkonfekts, er findet erst nach einem langen abenteuerlichen *Fatum* zu christlicher tugendsamer Lebensweise.

»Man macht es sich vielleicht« – so Günter Dammann in seinem Nachwort zur *Insel Felsenburg* – »ein bißchen zu einfach, wenn man immer wieder die Formel nachspricht, die Fritz Brüggemann 1914 in Umlauf gesetzt hat: daß nämlich die Insel für ihre Bewohner ein ›Asyl vor der Nachstellung‹ und der ›Kabale‹ sei, die sie durch die ›Bosheit der Menschen‹ ›in der europäischen Welt‹ hätten erdulden müssen.« (Zit. III,95 f.) Dammann verweist auf die Figur Philipp Harckerts etwa, der nach vielerlei Wirren auf dem Sprung sei, »sich in der Seefahrt und dem Fernhandel zu versuchen, um ein kleineres Vermögen zu machen. [...] An diesem Punkt, an dem er es immerhin schon zu ein wenig gebracht hat, wird er nach Felsenburg engagiert« (zit. III,96). Auch der Müller Philipp Andreas Krätzer erfährt nach einem verbrecherischen Leben schon in der alten Welt seine Bekehrung. »Diese Wende erhält durch die Übersiedlung nach Felsenburg nur mehr ihr letztes Siegel, wo Krätzer nach seinen Worten ›allererst eine vollkommene Gemüths-Beruhigung gefunden und nunmehro auch dieselbe durch eine glückliche Heyrath, leiblicher weise, im höchsten Grad erreicht‹ (II, 427), mithin die Vollendung der schon in Europa begonnenen moralischen und der sozialen Regradation erfahren hat.« (Zit. III,96 f.) Doch für die Begründer der neun Julischen Familienclans hat das Wort vom »Asyl« Gültigkeit, sie alle haben in Europa viel Leid und Unrecht erfahren, sind gleichsam »Aussteiger«, die fern der sündigen Zivilisation ein neues gottgefälliges Leben in Frieden und moralischer Gesundheit suchen. Und auch für die späteren Immigranten, unter denen sich u. a. der Vater und die Schwester von Eberhard Julius befinden, wird die Insel zum Asyl, zur Zufluchtsstätte. Allen jedoch bedeutet sie »Heimat«, das heißt, sie wird nicht – wie bei Robinson – als mehr oder weniger angenehmes Exil erfahren.

Schnabel kritisiert in den Lebensberichten der einzelnen Inselbewohner europäische Verhältnisse,˙ seine positive Inselutopie, sein detailliert ausgemaltes Gegenbild, repräsentiert eine idyllische Familienkommune, die sich in ihrer ›alternativen‹ Lebensform gegen die Außenwelt abschirmt. Eine reiche natürliche Vegetation bietet die besten Voraussetzungen einer sich bestens entwickelnden landwirtschaftlichen Kultur; alle notwendigen Handwerke sind auf der Insel vertreten. Anders als etwa in Platons spartanischem Ordnungsstaat, der nur wenige Berufe zuließ, sind auf der Insel Felsenburg eine Fülle von Handwerken und Berufen vertreten. So befinden sich unter den Neuankömmlingen auf der Insel, die der Capitain Leonhard Wolffgang bei seiner Expedition in der alten Welt auswählte, neben dem Prediger Magister Gottlieb Schmeltzer auch ein »Literatus, der sich meistens auf die Matematique legte«, »ein erfahrner Chirurgus«, »ein Uhrmacher und sonst sehr künstlicher Arbeiter, in Metall und anderer Arbeit«, »ein Posamentirer«, »ein Papiermacher«, »ein Drechsler«, »ein Kleinschmied, aber dabey sehr künstlicher Eisenarbeiter«, »ein Tuchmacher«, »ein Müller«, »ein Tischler«, »ein Büttner«, ein »Töpffer-Geselle« und Eberhard Julius, der Enkel des Alt-

vaters Albertus (I,118 f.). Die verschiedenen Kunsthandwerke unter den Berufen deuten schon an, daß die Felsenburger nicht asketischen Sinnes sind, sie zeigen sich im Gegenteil aufgeschlossen für diverse Kunstfertigkeiten, die
über die reine Nützlichkeit hinausgehen. Auch wenn sie
keineswegs »als eitele Bauch- und Mammons-Diener zu erkennen waren« (I,406), so wissen sie doch eine gewisse Bequemlichkeit zu schätzen:

> Das ist soviel gesagt, wir baueten uns mehrere und
> bequemlichere Wohnungen, bestelleten mehr Felder,
> Gärten und Weinberge, brachten verschiedene Werck-
> städten zur Holtz- Stein- Metall- und Saltz-Zurich-
> tung in gehörige Ordnung, trieben aber damit nicht
> den geringsten Wucher, und hatten solchergestalt gar
> keines Geldes von nöthen, weil ein jeder mit demjeni-
> gen, was er hatte, seinen Nächsten umsonst, und mit
> Lust zu dienen geflissen war.   (Ebd.)

Später, als sich die neun Familienclans gebildet haben, erweitern sie noch ein weiteres Mal ihre »alten Wohnungen,
baueten noch etliche neue, versperreten alle Zugänge« zu
ihrer Insel und »setzen die Hauß-Wirthschafften in immer
besseren Stand«. Dazu gehört auch ein großer Garten, in
dem nicht nur alle möglichen Nutzpflanzen aufs beste gedeihen, sondern auch Blumen. Amias, ein besonderer
Freund des Altvaters, zeigte »seine gröste Freude, daß diejenigen Blumen und andere Gewächse zu ihrer Zeit so
schön zum Vorschein kamen, zu welchen er die Saamen,
Zwiebeln und Kernen von den Holländern erbettelt und
mitgebracht hatte« (I,417). Überhaupt zeigen die Felsenburger einen ästhetischen Sinn für die Schönheiten der Natur,
Eberhard bewundert bei seiner Ankunft auf Felsenburg vor
allem die »schöne Gegend«, »welche mir ein irdisch Para-
dieß zu seyn schien«. So geht er z. B. mit einigen anderen
»am Fusse des Felsens spazieren«, betrachtet »den herab-
schiessenden Wasser-Fluß«, »welches gewiß in dieser hellen

Nacht ein besonderes Vergnügen erweckte« (I,120). Mit
dem ästhetischen Blick auf die Natur verbindet sich ein Gefühl für die schön gestaltete Kulturlandschaft, so bewundert
er eine Allee von Bäumen, die »oben ein rechtes Europäi-
sches Kirchen-Gewölbe *formirten*, und an statt der schön-
sten Sommer-Laube dieneten« (I,125).

Schnabels Utopie unterscheidet sich darin erheblich von
Swifts Pferde-Republik oder Defoes Robinson-Insel, deren
Bewohner ganz einem puritanischen Nützlichkeitsdenken
verpflichtet sind und die keinerlei Sinn für ästhetische oder
auch lukullische Vergnügen bekunden. Die Beschreibung
der Gartenanlagen auf Felsenburg – neben »unzähligen Sor-
ten von Blumen-Gewächsen« waren hier »die allernützlich-
sten und delikatesten Küchen-Kräuter und Wurzeln zu finden« (I,126) – verweist schon auf den Feingeschmack der
Felsenburger, die eine gute Küche und ein Glas köstliche
»Canari-Sects« (I,131) zu schätzen wissen. So heißt es von
dem Begrüßungsmahl: »Wir wurden zwar nicht Fürstlich,
doch in der That auch nicht schlecht *traktiret*, weil nebst
den 4. recht schmackhafften Gerichten, die in Fleisch, Fischen, gebratenen Vögeln, und einem raren Zugemüse be-
stunden, die *delikatesten* Weine, so auf dieser Insel gewachsen waren, aufgetragen wurden.« (I,125) Daß der Erzähler
das Mahl »nicht Fürstlich« nennt, soll die Vorstellung von
fürstlich-aristokratischer Völlerei abweisen, dagegen wird
hier immer wieder der Geist bürgerlicher christlicher Tugenden beschworen. Dennoch, es geht sehr fromm, jedoch
auch großzügig auf Felsenburg zu. Der Kapitän Wolffgang
hatte nicht nur einige hundert Bibeln in seinem Gepäck –
»darunter eine in schwarzem Sammet eingebundene«,
»welche aller Orten starck mit Silber beschlagen, und auf
dem Schnitt verguldet war« (I,129) –, sondern er ließ »in
einer bequemen Kammer einen vollkommenen Krahm, so
wohl von allerhand nützlichen Sachen, als Kindereyen und
Spielwerck auslegen, weiln er selbiges unter die Einwohner
der Insul vom Grösten biß zum Kleinesten auszutheilen

willens war« (ebd.). Das heißt, er trägt dem Schönheitssinn wie dem Spieltrieb – der Kinder und der Erwachsenen – Rechnung!

Andererseits, der Capitain bringt zwar offenkundig Hunderte von Bibeln und – wie es heißt – »400. Gesang- und Gebeth- nebst vielen andern, so wohl geistl. als weltlichen höchst nützlichen Büchern, alle sauber gebunden« auf die Insel (I,46), doch wir erfahren nicht, um welche »weltlichen« Bücher es sich dabei handelt, wie die Bildungs- und Erziehungsideale der Felsenburger konkret aussehen. Was Genealogie, Siedlung, Wohnkultur und agrar-ökonomische Entwicklung betrifft, da erweisen sich die Felsenburger als genaue Chronisten, doch wie sich denn im einzelnen die Erziehung, Ausbildung, Bildung der Kinder und Kindeskinder des Altvaters vollziehen, das wird völlig ausgespart. Nirgendwo ist von einem Bildungskonzept die Rede, von einer Art Schule oder individuellem Unterricht, auch nicht von einem kritischen Gegenmodell zu einer möglicherweise theorielastigen Ausbildung im fernen Europa! Der Nachwuchs der Felsenburger entwickelt sich – quasi natürlich – zu guten, verständigen und geschickten Menschen. Kunst, Literatur, Musik, Philosophie scheinen im Leben der Felsenburger keine Rolle zu spielen. Hier zeigt sich doch ein Defizit des sympathischen Aussteigermodells. Bibel und Gesangbuch allein können nicht lebenstüchtige und gebildete Bürger hervorbringen.

Schnabels patriarchalisch strukturierte Landkommune, in der sinnigerweise Affen die anfallende Schwerarbeit leisten, sie also das »Hausgesinde« stellen, zeugt von einem europäischen Zivilisationsüberdruß, wie er dann später am Ende des 18. Jahrhunderts verstärkt auftritt. Ganz im Sinne der utopischen Tradition eines Thomas Morus kommt auch sein Modell ohne Geldverkehr aus, ist christlich-kommunistisch angelegt. Dennoch verfügen die Felsenburger über reiche Gold-, Geld-, Silber- und Edelstein-Reserven, die aber für das Leben auf der Insel ohne Bedeutung sind!

Gleichzeitig demonstriert diese Insel-Utopie, der sich weder das Problem von Gleichheit und Freiheit noch die Frage einer gerechten Güterverteilung innerhalb einer komplexen Gesellschaft stellt, die zunehmende Schwierigkeit eines ausgestalteten Gesellschaftsmodells.

Aufschlußreich ist das Testament des Altvaters Albertus Julius, sein politisches Vermächtnis: Er bestimmt seinen »erstgebohrnen Sohn Albertus Julius II.« zu seinem Nachfolger und darüber hinaus dessen Sohn Albertus III. Doch »weiter soll sich das Recht der Erst-Geburth nicht erstrekken, sondern nach dem Ableben Alberti III. soll derjenige, welcher in den Stämmen meiner Söhne, die aus meinen Lenden gekommen sind, nehmlich Alberti, Stephani, Johannis, Christophori und Christiani, am ältesten an Jahren erfunden wird, das Regiment haben. Jedoch ist meine Meinung, im geringsten nicht, daß ein solches Ober-Haupt als ein souverainer Fürst regieret und befehlen solle, sondern seine Macht und Gewalt muß durch das Ansehen und Stimmen noch mehrerer Personen eingeschränckt seyn« (III,259). Neun Senatoren aus den neun Gemeinden kommen als Berater hinzu, desgleichen »aus jeder Pflantz-Stadt noch 3 Beysitzer«, die »nicht nach dem Alter, sondern nach ihrem Verstande und Wissenschafft ausgesucht werden« (ebd.). Die Frauen werden offenkundig aus der Regierungsverantwortung ausgeschlossen, das Oberhaupt wird nicht gewählt, sondern im Sinne der Erbfolge designiert, doch ihm sind neben den Ältesten der Gemeinden Berater beigegeben, die ob ihres »Sachverstands« ausgesucht werden. Das Modell geht von harmonischen Beschlußfassungen aus, setzt einvernehmliche Beschlüsse voraus, es sagt nichts über Abstimmungsformen aus, über den Fall, wie bei grundsätzlichen Meinungsdifferenzen eine Entscheidung herbeizuführen sei.

Während Swift und Voltaire die positive Utopie abstrakt belassen, ihre konkreten Reformvorstellungen sich nur vermittelt in ihrer satirischen Entlarvungsstrategie zeigen, imaginiert Schnabel mit seiner Inselutopie, einer Art grünem Aussteigermodell, wiederum eine positive Utopie, die die Errungenschaften der westlichen Zivilisation in seine alternative Gesellschaft integriert. Doch obwohl er das Leben der Felsenburger detailliert darstellt, ihre Wohnkultur, ihre familialen Verhältnisse, ihre christlichen Wertvorstellungen, gelingt es ihm nicht, eine alternative staatliche Verfassung seiner Inselgemeinschaft zu entwerfen. Sie bleibt mehr eine private Familien-Idylle, die auf freundlichem, verwandtschaftlichem Consensus beruht. Grundsätzliche politische Meinungsverschiedenheiten, die demokratisch durch eine Verfassung, durch einen Abstimmungsmodus geregelt würden, sieht seine patriarchalische Familienkommune nicht vor.

Auch wenn Schnabels Utopie nicht den Rahmen christlich patriarchalischer Vorstellungen sprengt, so überrascht doch der ästhetische Sinn für die Schönheiten der Natur, der für die erste Hälfte des 18. Jahrhunderts, für den Rationalismus der Frühaufklärung ungewöhnlich ist und schon auf das Naturverständnis der Goethezeit verweist. Hier liegt ihr zukunftweisendes Moment.

IX

Louis-Sébastien Mercier:
L'An deux mille quatre cent quarante.
Rêve s'il en fut jamais
Die erste Zeitutopie

Merciers (1740–1814) Roman, der im »Jahr zweitausendvierhundertvierzig« spielt – so sein Titel –, ist insofern von
besonderer Bedeutung, als er eine Wende im utopischen
Entwurf darstellt. Die *Ortsutopie* weicht hier zum ersten
Mal der *Zeitutopie*. Nicht mehr auf einer fernen exotischen
Insel ist das beste Staatswesen angesiedelt, sondern in einer
fernen Zukunft als der konkreten zeitlichen Verlängerung
der Gegenwart. In Merciers 1771 erschienenem Roman versinkt der Erzähler in einen tiefen Schlaf und findet sich in
einem sehr veränderten Paris im Jahre 2440 wieder. Und so
wie die exotischen Inseln durchaus überraschende Analo-
gien zum Heimatland des Erzählers aufwiesen, so erkennt
man in dem zukünftigen Staat, von dem sieben Jahrhunderte
den Erzähler trennen, durchaus das zeitgenössische Frankreich des Autors zwei Jahrzehnte vor der großen Revolution. Merciers Welt im Jahre 2440 stellt nicht eine Fernzu-
kunft vor, sondern eine reformierte Gegenwart. Die Ideale
der Aufklärung sind verwirklicht, die Bastille ist niedergerissen, das Land hat – nach englischem Vorbild – eine kon-
stitutionelle Monarchie, die jedoch noch immer erblich ist.
In seiner Ausgabe von 1787 bekennt Mercier sich eindeutig
zur Monarchie als der besten aller Regierungsformen. Merciers Zukunftsentwurf liest sich sowohl als Desiderata-Liste
von Zuständen, die die französischen Intellektuellen der
Aufklärung herbeiwünschten, als auch als schwarze Liste
von Mißständen, die sie besonders beklagten.

Raymond Trousson, der Herausgeber des 1971 erst wieder aufgelegten Romans, spricht von einer ›kopernikanischen Wende‹ in der Geschichte der Utopie, da in diesem Entwurf erstmals das Imaginäre nicht mehr neben das Reale gestellt wird. Nun, auch die Ortsutopie eines Thomas Morus etwa stellte eine Kontrafaktur zu einer reformbedürftigen, kritisierten Gegenwart dar, und sie konnte in ihrem Gegenbildcharakter durchaus als wünschbarer Zukunftsentwurf gelesen werden. Doch bei ihm wie bei seinen Nachfolgern ist das utopische Modell selbst statisch angelegt, wird im Sinne des Perfectio-Ideals als ›ewig‹ gültige Erfüllung der Idee vom besten Staat vorgestellt. Das gilt selbst noch für Swifts vernünftige Pferderepublik, deren Bewohner alle Tugenden verkörpern und deren Gemeinwesen ein für allemal zum allgemeinen Wohle aufs beste geordnet ist. Wenn auch bei Swift wie bei Voltaire das gepriesene Idealland kaum als konkreter Entwurf zu interpretieren ist, der Evolutionsgedanke findet in ihren Romanen noch keine strukturelle Form. Wenn Mercier seine Fiktion vom reformierten Staat im *Irgendwann* plaziert, begreift er die Zeit als geschichtsbildende Kraft, nimmt er den Fortschrittsgedanken in die epische Struktur selbst hinein. Das Frankreich im »Jahr zweitausendvierhundertvierzig«, das der Kompatriot aus dem 18. Jahrhundert aufs höchste bewundert, bedeutet für seine Bewohner aus dem 25. Jahrhundert keineswegs die Erfüllung, d. h. das Ende der Geschichte; sie fühlen sich eingebunden in einen unendlichen Geschichtsprozeß, der positiv als Fortschritt gedeutet wird. Man ist auf dem rechten Weg, den es nur konsequent weiterzuverfolgen gilt. Obwohl Merciers Zukunftsentwurf kaum technische Erfindungen antizipiert, die – wie zum Beispiel die Dampfmaschine – die ökonomischen und gesellschaftlichen Verhältnisse entscheidend beeinflußt haben, ist er vom wissenschaftlichen Fortschritt und seinen positiven Auswirkungen überzeugt.

Merciers Erzähler wacht in einem Paris auf, das er trotz wesentlicher Veränderungen doch zu identifizieren vermag.

Aber die Straßen sind erstaunlich sauber und großzügig angelegt, die Häuser haben Flachdächer, auf denen eine üppige Vegetation wächst, es gibt noch Kutschen, in denen aber nicht etwa müßige Aristokraten fahren, die rücksichtslos die Passanten mit Kot bespritzen oder sogar überfahren, wie es der Erzähler kennt, nein, in ihnen fahren alte, gebrechliche oder verdiente Bürger, die auf ihre Mitmenschen Rücksicht nehmen. Sind die ersten Eindrücke des Siebenhundertjährigen schon angenehm überraschend, so gerät er im Verlauf seiner Gespräche und Besichtigungen immer mehr in bewunderndes Erstaunen ob der vielen positiven Veränderungen in seiner Stadt, in seinem Land, ja auf der ganzen Welt.

Die absolutistische Herrschaftsform ist abgeschafft, die Gewaltentrennung eingeführt. Auch der Zentralismus wurde zugunsten einer Regelung aufgegeben, nach der die einzelnen Provinzen mehr Eigenständigkeit gewannen, diese sind »nicht mehr dazu da, dem Hof zu dienen und die Hauptstadt zu schmücken« (*L'An deux mille quatre cent quarante*, 332). Wie zuvor Voltaire prangert Mercier den Wahnsinn der Kriege an, die Nichtigkeit ihrer Anlässe, die Unverantwortlichkeit der Herrscher. »Nur die allerdümmsten Kälber wählen ihren Metzger selber« (Brecht) – bei Mercier heißt es in ähnlicher Drastik: »Feige Könige schickten die arme menschliche Rasse in den Tod, und die gehorchende Herde ging unter der Hut eines einzigen Hundes fröhlich in die Schlachterei.« (304) In einer der vielen Anmerkungen zum Roman tritt er für ein vereinigtes Europa ein, kritisiert den Patriotismus als »Fanatismus, der, von Königen erfunden, für das Universum unheilvoll ist« (305). Das Erziehungsprogramm für Prinzen, die Anflüge kriegerischer Neigung zeigen, sieht vor, daß ihnen mittels einer ›akustischen Maschine‹ »alle Schrecken eines Schlachtgetümmels, sowohl die Schreie der Wut wie die des Schmerzes, das stöhnende Geheul der Sterbenden und die Laute des Terrors« (303) vor Ohren geführt werden. Im 55. Kapitel der späteren Ausgabe von 1786, »Kurze Unterhaltung über wichtige Gegenstände«, läßt er einen Bürger seines Zukunftsstaates das Geheimnis verraten, das die verschiedenen Teile Europas nahe gebracht hat: die Vernichtung aller Militärapparate, die die Degradierung der menschlichen Art bezeugten. Im 25. Jahrhundert gibt es – anders als noch im zwanzigsten – keine Militärmächte mehr.

In gewissem Widerspruch nun zu seiner Konzeption einer friedlichen, gleichberechtigten Völkergemeinschaft, in der Patriotismus keinen Boden gewinnt, stehen Merciers begeisterte Ausführungen über die Rolle Frankreichs in der neuen vernünftigen Staatengemeinschaft. Die Schiffahrt wie die Astronomie haben die glücklichste Entwicklung genommen, und Frankreich vor allem in seiner geographisch begünstigten Lage hat seine Chancen genutzt, führt einen intensiven Handel, und es ist stolzer Besitzer der ehemals großen Kulturländer Griechenland und Ägypten. Die Herrschaft über diese Länder wird als Kulturtat und Befreiung des weisen Monarchen gepriesen, der diese aus ihrer unglücklichen Erniedrigung wieder aufgerichtet und erneut die Flamme der Wissenschaften in ihnen entzündet hat. Diese späteren Passagen, eine devote Schmeicheladresse an Ludwig XVI., zeugen doch wieder von einem Patriotismus, der in seinen Ansprüchen mit dem Selbstbestimmungspostulat aller Länder kollidiert. An einer anderen Stelle wiederum beschreibt der Erzähler ein sonderbares ›Monument‹, das die allegorischen Gestalten der europäischen Länder und ihrer beschämenden Geschichte zeigt. Enthusiastisch kommentiert er das Ende der Sklaverei in Amerika, den Sieg der Naturrechte, die die Kolonialherren den Völkern dort geraubt hatten. Offensichtlich birgt Merciers Zukunftsvision einige Widersprüche.

Obwohl er einerseits den wissenschaftlichen Genius des Menschen feiert, ist sein zukünftiges Frankreich in seiner sozialen und ökonomischen Struktur kaum durch einen technologischen Fortschritt geprägt. Die Agrarwirtschaft bleibt die wichtigste Grundlage der französischen Wirtschaft. Auf die Entwicklung von Manufaktur und mechanischem Handwerk geht Mercier kaum ein; Wasser nennt er noch als die Energiequelle, nicht aber die damals schon entwickelte Dampfmaschine. Im ›Kabinett des Königs‹, einem Museum für Forschung und Wissenschaftsgeschichte, das Generationen weiser Könige geschaffen haben, staunt der Erzähler über die wohlgeordnete Darbietung menschlicher Erkenntnisse. Doch wie bei Bacon, dessen *Atlantis* hier Vorbild ist, betrifft die Aufzählung sinnreicher Erfindungen vor allem eine verfeinerte Obst- und Gemüsekultur, die Tierzucht und eine diätetisch ausgerichtete Medizin. Zwar entdeckt der Besucher Maschinen zur Entlastung menschlicher Arbeitskraft. Die Umsetzung aber bleibt wie bei Bacon vage Prophetie ohne Auswirkungen auf die Arbeitswelt.

Der Außenhandel dient nicht mehr der Ausbeutung anderer Völker, dem Import aller möglichen Luxusgüter, sondern der nützlicheren Erweiterung der Kenntnisse. Wie Swifts misanthropischer Erzähler am Ende seiner Reisen beklagt auch Merciers Zukunftsreisender, daß die importierten Luxusgüter nur die Sitten verdürben, der Außenhandel der eigentliche ›Vater‹ dieses dekadenten Luxus sei. Im Zukunftsfrankreich lebt man darum naturgemäß, bescheiden, ißt das, was die Jahreszeiten bieten, schmeichelt dem Gaumen weder durch Gewürze noch anderes Raffinement.

Wie seine Vorgänger attackiert auch Mercier eine umständliche, undurchschaubare Prozeßordnung, tritt für eine Justizreform ein; wie Cyrano und Voltaire kritisiert er den Klerus, die unfruchtbaren theologischen Auseinandersetzungen, die Bigotterie und Unproduktivität der Priester usw.

Daß Mercier sich jedoch auch von bestimmten Überzeugungen seiner Zeitgenossen abhebt, zeigt sich pointiert vor allem in des Erzählers Kommentierung der Bibliothek im Jahre 2440 (252 f.). Voltaires Werk ist auf die Hälfte zusammengeschrumpft, und auch die »Encyclopédie Française«, die im großen und ganzen sehr positiv beurteilt wird, ist nicht nur in ihrem Aufbau verändert worden, auch ihre religionskritischen Passagen fielen der Zensur zum Opfer. Mercier hält an der Idee des *Être Suprême* fest, eines göttlichen Wesens, dessen Weisheit und Größe sich im Mikro- und Makrokosmos zeigen. Im Frankreich der Zukunft ist der aufgeklärte Deismus Staatsreligion. Die Astronomie stellt gleichsam die Wissenschaft dar, durch die sich die Größe des göttlichen Wesens am mächtigsten offenbart: der Blick durch das Teleskop auf den Sternenhimmel bildet das *Initiationsritual*, in dem der Jugendliche mit dem göttlichen Wesen kommuniziert.

Frömmigkeit und Tugend sind dann auch Kriterien, die bei der Auswahl der bewahrenswerten Bücher für die Zukunftsbibliothek eine Rolle gespielt haben. Auch Voltaire ließ seinen Candide eine Bibliothek besichtigen, und er sparte durch den Mund des aufgeklärten kritischen Pococuranté, der sich um den Literaturkanon wenig kümmerte, nicht an respektlosen Urteilen über die Klassikaristokratie.

Während Voltaire bzw. Pococuranté – sprechend der Name – den Literaturkanon mit witzigen satirischen Kommentaren versieht und es dem Leser überläßt, sich ein eigenes Urteil zu bilden, verfährt Mercier in seiner Zukunftsvision radikaler: in einer großen Bücherverbrennung läßt er all die Werke in Flammen aufgehen, die sich seiner Wertschätzung nicht erfreuen, die gegen Moral und Sitte verstoßen, schlüpfrige Sujets behandeln. So sucht der Leser vergeblich »Sappho, Anacreon und den gemeinen Aristophanes«. Auch Lukrez hat man verbrannt, da »seine Physik falsch und seine Moral gefährlich« sei (252). Von Cicero bleibt nur sein philosophisches Werk; Ovid und Horaz mußten gereinigt werden, und der arme Catull sowie Petronius waren aus der sauberen Bibliothek ganz verschwunden. Dafür findet man dort aber neben Shakespeare den von Voltaire geschmähten Milton, Pope, Young und Richardson.

Auch Corneille, Racine und Molière sowie La Fontaine haben überlebt, nicht aber ihre Interpreten.

Zeugt die Idee der Bücherverbrennung schon von einem Rigorismus, der der Toleranzidee der Aufklärung widerspricht, so demonstrieren die Zensurkriterien ihrerseits die moralin-säuerliche, letztlich kunstfeindliche Haltung Merciers. Entsprechend heißt es von der bildenden Kunst: »Man stellte nur Sujets dar, die geeignet waren, Gefühle von Größe und Tugend zu inspirieren.« (308)

Aus dem Index der verbrannten Bücher, der sich zu einem großen Teil auf die erotische Weltliteratur bezieht, kann man schon schließen, daß es in Merciers Zukunftsstaat nicht besonders sinnenfreudig und lustbetont zugeht. Im Sinne des frommen Tugendideals muß neben der Kunst auch die Frau von ihren Lastern gereinigt werden, um eine gute Gefährtin bzw. Dienerin des Mannes zu werden. Der *Emile* von Rousseau, dessen Werke übrigens vollständig in der Bibliothek vorhanden sind, mag Vorbild für das Kapitel 38 »Über die Frauen« gewesen sein. Als Motto könnte der folgende Satz aus dem *Emile* stehen: »Die Frau ist dafür geschaffen, dem Manne nachzugeben und selbst seine Ungerechtigkeit zu ertragen« (zit. 352). War die Frau des 18. Jahrhunderts voller Laster, kannte ihre Seele fast nichts anderes außer Wollust, flüchtigen Begierden, Koketterie und Vergnügungssucht, so hat Merciers Eva der Zukunft sich zu einem bescheidenen, züchtigen Wesen entwickelt, das dem Mann treu und gehorsam ist.

Die Unsitte der Mitgift hat der Zukunftsstaat abgeschafft, alle Mädchen haben die gleichen Heiratschancen. Und da sie – ohne jedes eigene Vermögen – auf den Mann als Ernährer angewiesen sind, haben sie auch ihren Stolz abgelegt, sind zur Treue disponierter. Befand sich die Frau aus der gehobenen reichen Schicht noch in einer privilegierten Situation, die ihr eine gewisse Unabhängigkeit sicherte, so hat Mercier in seiner Vision mit den Standesprivilegien auch die eingeschränkte Unabhängigkeit der Frau mitabgeschafft. Zwar

sieht auch sein Erziehungsprogramm eine bessere intellektuelle Ausbildung der Frau vor, das aber nur deshalb, damit
sie die Kinder sorgfältiger zu erziehen vermag, ihre Arbeitskraft besser genutzt werden kann. »Musik und Tanz machen nicht mehr ihr hauptsächliches Verdienst aus: sie haben
Ökonomie, die Kunst, ihren Gatten zu gefallen und ihre
Kinder zu erziehen zu lernen geruht.« (353)

Wie Swift argumentiert auch Mercier aus ökonomischen
Gründen für eine in Maßen intellektuelle Ausbildung der
Frau. Was scheinbar der Gleichstellung der Frau dient, der
Verwirklichung des Égalité-Prinzips näherkommt, stellt
sich als Strategie heraus, die Frau wirkungsvoller in den Ar-
beitsprozeß zu integrieren, *ohne* daß sie gleiche Rechte ge-
nösse! Was Hans Mayer für die bürgerliche Gesellschaft des
19. und 20. Jahrhunderts beschreibt, findet sich schon in
Merciers Zukunftsentwurf:

> Die bürgerliche Gesellschaft des 19. und 20. Jahrhun-
> derts hat alles zurückentwickelt. Es war nicht allein das
> Prinzip der wirtschaftlichen Konkurrenz, das Un-
> gleichheit voraussetzte, nicht Egalität. Auch nicht die
> Bürgertugend, die sich sittenstolz dem aristokratischen
> Laster entgegenstemmte. Entscheidender blieb, daß die
> zerstörte feudale Hierarchie durch eine neue, bürger-
> liche ersetzt werden mußte, die nur auf wirtschaftlicher
> Ungleichheit aufgebaut werden konnte: im Rahmen
> allgemeiner Rechtsgleichheit. Sie verwandelte die Frau
> in eine parasitäre Sklavin, da sie kein Geld verdient
> und verdienen soll.   (Mayer, 1975, 29)

Unmißverständlich vertritt Mercier den Standpunkt, daß
die ökonomische Abhängigkeit der Frau von dem Mann als
ihrem Ernährer diese fügsamer mache. Er propagiert eine
Verteilung der Geschlechterrollen, die die Frau vom Gelde,
das es in seinem Staat durchaus gibt, fernhält.

Mag auch eine persönliche Misogynie bei Mercier mitspielen, darüber hinaus zeigt sich in dieser Verschränkung

von feudaler Libertinage-Kritik und propagiertem Frauenbild eine Tendenz, die in der bürgerlichen Aufkärung selbst angelegt war: das propagierte bürgerliche Tugendideal, das Luxus und Ausschweifung des Adels attackierte, bezog sich vor allem auf das weibliche Geschlecht, drängte die Frau in die Rolle der gut wirtschaftenden, tugendsamen Hausfrau, die vom Erwerbsleben ausgeschlossen blieb.

Merciers Zeitutopie, in der der Erzähler in der vergleichenden Rückschau die Mißstände des Ancien régime kritisiert, bekräftigt auch strukturell im zeitlichen Vorgriff auf eine bessere Zukunft, die ihrerseits in ihrer Positivität noch besser werden soll, einen Fortschrittsoptimismus, der das Subjekt als geschichtsbildende Macht begreift. Doch gerade da er die Zeit als Medium des Fortschritts ästhetisch produktiv macht, überrascht es, daß er nicht die technischen Möglichkeiten seiner Zeit weitergedacht hat. Seine Utopie ist zwar der Struktur nach kinetisch, zukunftsbezogen und stellt so das erste Modell eines Genres dar, aus dem sich die Science-fiction entwickelt, doch sie bleibt in ihrem inhaltlichen Entwurf z. T. noch hinter den Denkmöglichkeiten der Zeit zurück.

X

Das utopische Denken
am Ende des 18. und zu Beginn des 19.
Jahrhunderts

Staatsutopien à la Mercier, aber auch satirische Romane, die durch die Satire hindurch das abstrakte Bild eines besseren Staatswesens entwerfen wie die Swifts oder Voltaires, werden seit dem Ende des 18. Jahrhunderts kaum noch geschrieben; vor allem für die deutsche Literatur werden der Bildungsroman und der Briefroman prägend, Genres, in denen sich das Individuum in seiner Subjektivität zu artikulieren vermag. In der Renaissance schon war sich das Subjekt seiner Subjektivität bewußt, seiner naturrechtlich begründeten Freiheit. Und in der Aufklärung wurde Subjektivität als Freiheit und Selbstbestimmung, die mit dem allgemeinen Vernunftgesetz in Übereinstimmung gedacht wurde, zur Grundlage des bürgerlichen Staates erklärt.

Diese aus dem Naturrecht abgeleitete Idee eines freien Vertragssubjekts, die auch Satire und Gegenentwurf der utopischen Romane prägte, begreift das Subjekt zunächst und vor allem als Vernunftwesen. Da das durch Freiheit bestimmte Subjekt nur dann zur Grundlage eines allgemeinen Staatsentwurfs werden kann, wenn sein Einzelwille mit dem allgemeinen Vernunftwillen harmoniert, zielt der Subjektbegriff hier auf die Gattung ›Mensch‹, weniger auf das einzelne Individuum. Das Individuum aber, das den erklärten Normen der Vernunftgesellschaft nicht entspricht, möge sich »weinend aus diesem Bund stehlen«, wie es in Schillers *Lied an die Freude* rigoros heißt; es wird in die Rolle des Außenseiters geradezu gedrängt. In den Staatsutopien, die das Modell eines optimal organisierten Staatswesens entwarfen, trat das Subjekt selbst auch nur als Repräsentant des

Idealstaates auf, als Exempel des vernünftigen und zufriedenen Bürgers.

Selbst wenn zur Veranschaulichung der Rechtsprechung im Idealstaat ein Rechtsbrecher vorgeführt wurde, zeigte sich dieser im Eingeständnis seiner Schuld wieder vollkommen in Harmonie mit der Norm.

Die Staatsutopie, die die allgemein verbindlichen Grundlagen eines dem Wohle aller dienenden Gemeinwesens ausmalt, muß von ihrer Konzeption her schon das Subjekt als abstraktes Medium ihrer gesellschaftspolitischen Vorstellung einsetzen; doch auch die satirischen Romane der Aufklärung, die gerade Mißstände, Perversionen menschlicher Intelligenz anprangern, gehen nicht vom psychisch komplexen Individuum aus, vom Einzelsubjekt, das in seiner emotionalen und intellektuellen Subjektivität mit der Gesellschaft kollidierte. Auch hier bleibt das Subjekt – Erzähler oder Erzählfigur – Medium der Satire, flexibles Sprachrohr der jeweils satirischen Intention des Autors. Das zeigte sich zum Beispiel deutlich in dem erzählperspektivischen Widerspruch bei Swift, der seinen desillusionierten, europamüden Gulliver dennoch – wenn es besser dem satirischen Zweck diente – als naiv-stolzen Briten argumentieren ließ. Auch Voltaire konzipierte seinen *Candide*, den tumb-optimistischen Simplizissimus, nicht als Individuum, das im Verlauf seiner turbulenten, abenteuerlichen Erlebnisse im eigentlichen Sinne Erfahrungen machte, sich entwickelte; Candide bleibt – in der Tradition des Picaro-Romans – eine sehr ›bewegliche‹ Spielfigur, die der Autor nach seinem Gutdünken an die verschiedensten Schauplätze versetzt, die Stoff für satirische Entlarvung bieten. Prinzip der epischen Komposition, der Auswahl von Abenteuern und Konstellationen, bildet der satirische Zweck, nicht die psychische Stimmigkeit der entworfenen Figur. Die erzählte Welt bestimmt sich nicht durch den Bewußtseinshorizont des Individuums, der Erzählfigur, sondern deren Erlebnismöglichkeiten hängen von einer übergeordneten Wirkungsabsicht ab.

Es mag befremden, daß – abgesehen von Schnabels *Insel Felsenburg* – kein deutscher utopischer Roman hier vorgestellt worden ist. Das liegt am Textbestand selbst. Zwar griff die deutsche Literatur die Tradition des Fürstenspiegels auf, schrieben z. B. Albrecht von Haller nach dem Vorbild von Fénélons Werk *Les aventures de Télémaque* von 1699 seinen pädagogischen Roman *Usong* (1771), Wieland seinen wohl ironisch gebrochenen Roman *Der Goldne Spiegel, oder die Könige von Scheschian, Eine Wahre Geschichte*, der mit dem Muster des didaktischen Staatsromans spielerisch verfährt, doch im Mittelpunkt des Interesses steht nicht die Darstellung eines besten oder kritisierbaren korrupten Gemeinwesens, sondern die Entfaltung einer harmonischen Persönlichkeit, d. h. hier die des weisen Monarchen. Der Fürstenspiegel hat in seinem Erziehungsideal Berührungspunkte mit dem utopischen Staatsroman, stellt aber doch ein eigenes literarisches Genre dar. Ludwig Stockinger weist in seinem Beitrag »Aspekte und Probleme der neueren Utopiediskussion in der deutschen Literaturwissenschaft« darauf hin, daß der Begriff der Utopie sich in der deutschen Literaturwissenschaft »von der Gattungstradition der utopischen Erzählung teilweise gelöst hat«, eben weil die »wichtigen Exemplare der Gattung nicht in der deutschen Literatur geschrieben worden sind«. Seine Begründung dieses Phänomens:

Der in Quantität und Qualität vergleichsweise geringe Anteil deutscher Texte an dieser Tradition dürfte darauf zurückzuführen sein, daß in der deutschen Literatur des 18. Jahrhunderts sich ein besonderes Verfahren der Diskussion von Fragen des Verhältnisses von menschlichem Glück und guter öffentlicher Ordnung durchgesetzt hat: Die Aufmerksamkeit konzentriert sich, ohne daß dabei der Blick auf die öffentliche Ordnung verlorengeht, auf das Problem der Wiederherstellung des menschlichen Subjekts in der harmonischen Totalität seiner Seelenkräfte.   (Stockinger, 1982, 120 f.)

Am Ende des 18. und zu Beginn des 19. Jahrhunderts gewann für die Autoren allgemein ein anderer Aspekt der Subjektivität an Interesse: das Subjekt in seiner Innerlichkeit, in seinem Bewußtseins- und Erlebnishorizont. Gerade da das Subjekt in der Individualität seines Begehrens faktisch nicht mit dem abstrakten Vernunftsubjekt identisch ist, wird es sich seiner inneren ›Zwienatur‹ bewußt. Selbstverwirklichung scheint ihm nicht ein geordnetes Staatsganzes zu gestatten, sie scheint eher möglich in den Nischen, die die Staatsordnung übersehen hat. Sowohl die Sturm-und-Drang-Intellektuellen als auch die Romantiker entwerfen keine Staatsutopien, sondern sie machen das Individuum in seinem Konflikt zur Gesellschaft zum Thema ihrer literarischen Werke. Die Gesellschaftssatire aus der Sicht des repräsentativen Vernunftsubjekts weicht einer Gesellschaftskritik, die vom leidenden, wünschenden Individualsubjekt geführt wird. Auch wenn der Autor des *Werther* dessen grenzenlosen Subjektivismus des ›Herzens‹ – im Wissen um das Selbstzerstörerische einer reinen Gefühlsexistenz – kritisch sah, er problematisierte aus der Sicht seines sensiblen Individuums zugleich die ›fatalen‹ bürgerlichen Verhältnisse. Als fatal erfährt sie sein Protagonist nicht nur, da die alten Standesschranken noch fortbestehen, sondern er leidet auch unter dem Aufstiegsdenken, Konkurrenzgerangel, unter den das Individuum einschränkenden Normen des Bürgertums selbst. Subjektivität als selbstgewisse Freiheit des Menschen, auf die sich das Ideal des gerechten Vernunftstaates gründete, schloß Affektkontrolle, Intellektualisierung, Beherrschung der inneren und äußeren Natur ein, d. h. die Entfremdung des Vernunftsubjekts von seiner physischen und emotionalen Natur.

Die Vernunft, einmal als Gründerin eines gerechten Staatswesens begriffen, erscheint den Literaten seit dem Ausgang des 18. Jahrhunderts immer mehr als pragmatisches, zweckrationales Instrument, das die Entfaltungsmöglichkeiten des Subjekts als eines unverwechselbaren Individuums einschränkt. Die Negativ-Figur des Philisters, der gesellschaftliche Normerwartungen erfüllt/übererfüllt, in dem sich das Mittelmaß des ›gesunden‹ Menschenverstandes, d. h. des bornierten Bewußtseins darstellt, wird zum beliebten Sujet der romantischen Satire. Wenn die Aufklärung borniertes Denken attackierte, tat sie es im Namen der einen menschlichen Vernunft, die der eigentlichen Natur des Menschen entsprach. Den Romantikern, Intellektuellen, die den Verlust an Natur, Spontaneität, sinnlich geistiger Harmonie empfinden, zeigt sich der Vernunftbegriff selbst zwiegesichtig: er begreift nicht nur Agilität, Freiheit des Geistes, die das Subjekt zum »Schöpfer seiner Taten« (Herder), zum Gestalter seines Lebens, seiner Geschichte macht, sondern auch den Pragmatismus einer Zweckmoral, die vernünftig mit nützlich gleichsetzt.

War die Kategorie der Nützlichkeit bis ins 18. Jahrhundert hinein frei von dem Ruch des Bornierten, verband sie sich mit der Vorstellung von Gesundheit, naturgerechter Zweckmäßigkeit, so gerät sie vor allem bei den Romantikern in den Verdacht, ein Prokrustesbett für alle Individualität zu sein. Das Nützliche, das ›Utile‹, das auch als poetologische Kategorie lange Zeit seine Geltung behauptete, stellt sich ihnen als gesellschaftliche Norm dar, die sowohl die Originalität des Künstlers als auch die Subjektivität des besonderen Individuums über den Leisten des anerkannten Mittelmaßes, der genehmigten Regel zu schlagen sucht.

Nicht im Staatsroman, sondern im Künstler-, Bildungs- und Entwicklungsroman – Genres, die sich als Gattungsmuster am Ende des 18. Jahrhunderts herausbilden – manifestiert sich das neue Subjektivitätsbewußtsein der Intellektuellen, die in der sich entwickelnden bürgerlichen Gesellschaft mit ihrer Arbeitsteilung und Bürokratisierung des Lebens eher den Feind ›schöner Individualität‹ sehen. Auch wenn die Industrialisierung des gesellschaftlichen Lebens noch ganz in den Anfängen steckte, so empfanden schon die Sturm-und-Drang-Intellektuellen die zuneh-

mende Technisierung der Lebensverhältnisse mit ihrer arbeitsteiligen Produktionsweise als fremd, abgespalten von
sinnlicher Erfahrungsmöglichkeit. Goethes Bemerkung zur
französischen Enzyklopädie in *Dichtung und Wahrheit*, die
den Wissensstand der französischen Aufklärung, auch die
technische Entwicklung des Handwerks u. a. festhielt, mag
stellvertretend das Unbehagen und die Skepsis der neuen
Generation über die heraufziehende Moderne andeuten:

> Wenn wir von den Enzyklopädisten reden hörten,
> oder einen Band ihres ungeheuren Werkes aufschlu-
> gen, so war es uns zu Mute, als wenn man zwischen
> den unzähligen bewegten Spulen und Weberstühlen
> einer großen Fabrik hingeht, und vor lauter Schnarren
> und Rasseln, vor allem Aug' und Sinne verwirrenden
> Mechanismus, vor lauter Unbegreiflichkeit einer auf
> das mannigfaltigste ineinander greifende Anstalt, in
> Betrachtung dessen, was alles dazu gehört, um ein
> Stück Tuch zu fertigen, sich den eignen Rock selbst
> verleidet fühlt, den man auf dem Leibe trägt.
>
> (*Dichtung und Wahrheit*, 523)

Die Erfahrung zunehmender Spezialisierung und der
Zersplitterung der Anschauungs- und Geistesvermögen
führt auch die Romantiker nicht zu utopischen Staatsromanen, sondern zum utopischen Entwurf harmonischen
Menschseins, geglückter Künstlerexistenz – so Novalis'
Heinrich von Ofterdingen – oder zur Anklage einer Phili-
stergesellschaft, die den künstlerischen Menschen zum
Außenseiter macht – ein Hauptthema z. B. im Werk
E. T. A. Hoffmanns. Auch im französischen Roman der Jahr-
hundertwende – so in Bernardin de Saint-Pierres exoti-
schem Roman *La chaumière indienne* oder in Chateau-
briands Erzählungen aus der nordamerikanischen Wildnis,
Atala und *René* – hat die Individualutopie die Gesell-
schaftsutopie abgelöst. Schillers Entwurf einer *Ästhetischen
Erziehung des Menschen*, der zwar auf ein ideales Gemein-

wesen zielt, geht aber letztlich – wohl auch aus Enttäuschung über die Entwicklung der Französischen Revolution
– gerade vom harmonischen, in seiner sinnlichen und geistigen Zwienatur versöhnten Individuum aus. Auch er zeichnet aus der Erfahrung des seiner inneren und äußeren Natur entfremdeten Menschen das utopische Bild schöner
Individualität.

Während die fiktionale Literatur in den ersten Jahrzehn-
ten des 19. Jahrhunderts durchgehend auf Gesellschaftsuto-
pien verzichtet, sie vornehmlich das an der Gesellschaft lei-
dende Individuum thematisiert, veröffentlichte Fichte 1800
seine juristische Sozialutopie *Der geschloßne Handelsstaat*,
die vom Naturrecht des freien Vernunftsubjekts ihre
Grundgesetze ableitet, zugleich aber im Sinne einer staats-
sozialistischen Utopie freies Unternehmertum, freie Konkurrenz abschafft. Bei Fichte gibt es kein Eigentumsrecht
auf Sachen, sondern nur eines auf Handlungen; d. h., in diesem Modell gibt es – wie drei Jahrhunderte zuvor bei Morus – den müßigen Grundbesitzer nicht. Scharf kritisiert
Fichte einen Freiheitsbegriff, der nur sozialdarwinistische
Unternehmerpraxis verbrämt:

> Zufolge dieses Hanges will man nichts nach der Regel,
> sondern alles durch List und Glück erreichen, durch
> Ränke, Bevorteilung anderer, Zufall. Diese Menschen
> sind es, die unablässig nach Freiheit rufen, Freiheit des
> Handelns und Erwerbs, Freiheit von aller Ordnung
> und Sitte. Diesen kann der Gedanke einer Einrichtung
> des öffentlichen Verkehrs, nach welcher keine schwin-
> delnde Spekulation, kein zufälliger Gewinn, keine
> plötzliche Bereicherung mehr stattfindet, nicht anders
> als widerlich sein.   (Zit. nach Bloch, 1977, 541)

Fichtes Idealstaat, der wie bei Platon von Gelehrten geführt wird, sieht eine dirigierte Wirtschaft vor; gegen das
von Adam Smith propagierte Regulativ von Angebot und
Nachfrage, gegen den freien Konkurrenzkampf der Einzel-

unternehmer entwickelt Fichte ein Konzept, in dem die Regierung das Außenhandelsmonopol besitzt, sie also allein ausländische Rohstoffe einführen darf, sie jedoch auch den inländischen Handel kontrolliert, Profitspekulationen gegensteuert. An Thomas Morus *Utopia* erinnert die Abschaffung des Gold- und Silbergeldes; sein »geschloßner Handelsstaat« kennt nur ein für den Import wertloses Landesgeld, zielt auf weitgehende Autarkie. Manche Luxusgüter wird es in diesem Staat nicht geben, aber er wird auch keine Wirtschafts- und Expansionskriege führen. Hier zeigt sich auch eine Parallele zu Swifts autarker Pferderepublik, wirkt überhaupt der Inseltopos utopischer Staatsromane nach, darüber hinaus stimmt Fichte mit Swift in seiner scharfen Kritik an einem aufwendigen Luxusleben überein, das Handelsexpeditionen um die Welt erforderlich macht, Wirtschaftskriege geradezu produziert. Zukunftsweisend ist Fichtes Modell trotz seiner spekulativen Intention, trotz seiner nationalen Autarkiekomponente. Ernst Bloch formuliert seine Bedeutung folgendermaßen: »Der geschlossene Handelsstaat bleibt das erste, aus Urrechten deduzierte und utopisch ausgemalte System organisierter Arbeit. Mehr noch: Fichtes Schrift hält Sozialismus für möglich in einem einzigen, genügend großen und autarken Land« (Bloch, 1977, 647).

Doch im Europa des frühen 19. Jahrhunderts bildete sich keineswegs ein ›System organisierter Arbeit‹ aus, vielmehr wuchs mit der beginnenden Industrialisierung das Elend der Massen, zeigte sich vor allem im wirtschaftlich fortgeschrittenen England der Preis, den die industrielle Warenproduktion forderte: sie vernichtete das alte Handwerk, machte die selbständigen Produzenten, die Weber, die Spinner usw. durch die Einsetzung des mechanischen Webstuhls, der Spinnmaschine überflüssig, produziere die Misere der ersten Fabrikarbeiter. »Die frühen Fabriken« – so schreibt Bloch –

[...] waren dasselbe wie Galeeren: ein verhungertes, schlafloses, verzweifeltes Proletariat wurde an Maschinen gekettet. Der Unternehmerprofit kannte weder Schonung noch Pausen, achtzehn Stunden und darüber dauerte die tägliche Arbeit, ein Schmutzwerk ohnegleichen. Niemals war ein so großer Teil Menschen unglücklich wie in England um die Wende des achtzehnten Jahrhunderts. (Bloch, 1977, 647)

Und Engels analysiert in seiner Schrift *Die Entwicklung des Socialismus von der Utopie zur Wissenschaft* den ökonomischen Mechanismus, der sich aus dem Widerspruch zwischen gesellschaftlicher Produktion und kapitalistischer ›Aneignung‹ ergibt: Das Konkurrenzgesetz des freien Unternehmertums, die Produktions-›Anarchie‹, zwingt jeden einzelnen Kapitalisten, seine Maschinerie mehr und mehr zu vervollkommnen, bei Strafe des Untergangs. Aber Vervollkommnung der Maschinerie, das heißt die Ersetzung von menschlicher Arbeitskraft, bedeutet in letzter Instanz die Erzeugung eines das durchschnittliche Beschäftigungsbedürfnis des Kapitals überschreitenden Potentials, mit dem es der Arbeiterklasse in ihrem Existenzkampf mit dem Kapital schwer gemacht wird.

Ein englischer Unternehmer selbst, Robert Owen, ein auch praktizierender Philanthrop, wendet sich in seinen wichtigen Schriften wie *A New View of Society* von 1816, *The Book of the New Moral World* von 1836 gegen die schrankenlose Ausbeutung der Arbeiter, propagiert einen philanthropischen Kommunismus, den er in seinem Bereich auch zu realisieren sucht. Ricardos Arbeitswerttheorie, nach der nur die in einem Produkt enthaltene Arbeitsmenge dessen Wert bestimmt, beeinflußte seinen Sozialentwurf. 1832 richtete Owen in London einen Tauschbasar ein, in dem der Profit über das Verteilersystem ausgeschaltet blieb. Owens Zukunftsentwurf jedoch zielte radikaler auf die völlige Abschaffung des Privateigentums, sah genossenschaftliche

Kommunen vor, die auf agrarisch handwerklicher Basis ein
sozialistisches Produktionssystem errichteten. Sein Modell
schloß die Möglichkeiten industrieller Großproduktion aus.
Owen wie auch später Etienne Cabet lehnt den Kampf, die
revolutionäre Erhebung ab, erstrebte – im Glauben an Vernunft und guten Willen des Menschen – durch Reformen
seinen Sozialstaat.

Sowohl auf Owens sozialpolitische Entwürfe als auch auf
Charles Fouriers politische Schriften – *Le Nouveau Monde
Industriel* von 1829 und *Traité de l'association domestique
agricole* von 1822 vor allem – kann hier nur verwiesen werden, da sie nicht zur hier behandelten fiktionalen Literatur
gehören. Fourier, der stärker als Owen geschichtlich argumentiert, der die Gefahren des ökonomischen Liberalismus
mit seinem Prinzip freier Konkurrenz wie Fichte vorhersah,
plant wie Owen kleinere Kommunen, die Phalanstères, die
Gegenmodelle zu den antizipierten industriellen Trusts und
Monopolbildungen darstellen. Die enormen Möglichkeiten,
die in den höher entwickelten kapitalistischen Produktionsweisen auch für ein sozialistisch organisiertes System liegen,
haben weder Owen noch Fourier gesehen.

Étienne Cabets utopischer Roman *Le voyage en Icarie*
steht marxistischen Vorstellungen näher. Wie Marx würdigt
Cabet kritisch die Sozialutopien seiner Vorgänger, hebt sich
zugleich von dem theokratischen Ansatz Saint-Simons
etwa, dem noch kapitalistisch geprägten Modell Fouriers
mit ›Associé-Anteil‹ statt ›Arbeitslohn‹ ab; anders als Owen
und Fourier erkennt er das revolutionäre Potential, das in
den neuen technischen Erfindungen liegt, anders als diese
auch projektiert er nicht kleinere Gesellschaftsgemeinden,
sondern die durchorganisierte Industriegesellschaft, in der
der Staat ausschließlich für Produktion und Verteilung
sorgt, er systematisch die Technologie zur Verbesserung des
Lebensstandards fördert.

XI

Étienne Cabet:
Le voyage en Icarie

Étienne Cabet (1788–1856), Anwalt, Mitglied des italienisch-französischen Geheimbundes Carbonari, Verfasser der *Histoire de la révolution de 1830*, u. a. Herausgeber des republikanischen *Le Populaire*, wurde wegen seiner politischen Tätigkeiten immer wieder gerichtlich verfolgt. Seinen utopischen Staatsroman *Le Voyage en Icarie* (*Die Reise nach Ikarien*) schrieb er in England, seinem Asylland bis 1839. Als er nach seiner Rückkehr das Manuskript zunächst unter dem politisch harmlosen Titel *Voyage et aventures de Lord W. Carisdall en Icarie* in Frankreich veröffentlichte, einem Titel, der eine der vielen Reiseerzählungen versprach, wollte und konnte er die Zensur unterlaufen.

Das Genre des Reiseberichts bildet nur die formale Einkleidung seines detailliert gezeichneten sozialistischen Gesellschaftsentwurfs, in dem Privateigentum und Geldverkehr abgeschafft sind und keinerlei Standesunterschiede mehr bestehen. Insofern erinnert Ikarien an das Utopia des Thomas Morus, auf den sich der ikarische Philosoph in seiner Argumentation für die Gütergemeinschaft auch beruft (vgl. *Reise nach Ikarien*, 448 f.). Doch zwischen Utopia und Ikarien liegen mehr als drei Jahrhunderte, d. h. die enorme Entwicklung der Wissenschaften, die Entstehung der bürgerlichen Gesellschaft mit ihrer arbeitsteiligen Produktionsweise, die industrielle Revolutionierung der Produktion und die Entstehung eines Industrieproletariats. Ikariens sozialistischer Gleichheits- und Gerechtigkeitsstaat unterscheidet sich erheblich von dem agrarisch handwerklich strukturierten Utopia, das zwar einen Fortschritt der Erkenntnisse, nicht aber eine entscheidende Veränderung der Produktionsweise, eine

Entlastung der menschlichen physischen Arbeitskraft durch höher entwickelte »Technologie« anstrebte.

Cabets Reisender, ein englischer Lord, der alle Privilegien seines Standes genießt, jedoch so philanthropisch empfindet wie sein Landsmann Owen, fällt von einem Erstaunen ins andere ob der prachtvollen Gestaltung der Städte, der üppigen Entfaltung der Acker- und Gartenkultur, des hoch entwickelten Verkehrssystems in Ikarien. In einem qualitativ größeren Maße als bei Mercier spielt bei Cabet die Zeit in ihrer Zukunftsdimension eine entscheidende Rolle, nämlich als technologische Fortschrittsmöglichkeit, die die menschliche Arbeit immer mehr erleichtern könnte. Anders als Utopia und das Paris des Jahres 2440, die ihren Bürgern eine ausreichende, doch im ganzen bescheidene Existenz sicherten, bietet der ikarische Staat seinen Bewohnern einen hohen Lebensstandard, eine funktionale und ästhetische Wohnqualität, die in den nicht kommunistisch organisierten europäischen Staaten nur eine kleine, sehr privilegierte Minderheit genoß. Auch in Ikarien arbeiten alle, und da alle arbeiten, müssen alle nicht mehr als sieben Stunden arbeiten, um eine ausreichende Gütermenge, für den kürzerfristigen Bedarf und als Vorrat für Krisenzeiten, zu produzieren. Wenn bei Morus z. B. alle eine Zeitlang in der Landwirtschaft arbeiten müssen, da diese als besonders schwer eingestuft wird, so werden bei Cabet die Landwirtschaft wie auch jeder andere ehemals rein handwerkliche Bereich durch technische Hilfsmittel derart erleichtert, daß sie keinerlei physische Anstrengung mehr darstellen. Cabet will die Arbeit allgemein nicht nur erleichtern, sondern er zielt auch auf eine Reduktion der gesellschaftlich notwendigen Arbeit – durch Technologie, durch Rationalisierung der Produktionsweise mittels der Maschine. In ihrem Nachwort zur deutschen Übersetzung des Romans charakterisieren die Herausgeber Alexander Brandenburg und Ahlrich Meyer Cabets Modell seiner Tendenz nach als »eine Utopie der Nicht-Arbeit«, und sie differenzieren dann:

Utopien der Nicht-Arbeit können gebunden sein an die Vorstellung einer gütigen und mütterlichen Natur, die in ausreichender Weise für die Menschen sorgt: die Arbeit des Menschen ist dementsprechend nur Vollendung des von der Natur Hervorgebrachten. Solche Utopien der Nicht-Arbeit sind Idealisierungen der alten, vorkapitalistischen Produktions- und Lebensweise und setzen diese voraus. (Zit. 582)

Schnabels *Insel Felsenburg* z. B. zielte in diese Richtung; auch William Morris *News from Nowhere* am Ende des 19. Jahrhunderts, der eine vorindustrielle Produktionsweise und ein harmonisches Zusammenarbeiten des Menschen mit einer üppigen, freundlichen Natur preist, nähert sich diesem Typus. Cabet dagegen setzt auf die industrielle Revolution, baut seinen Zukunftsstaat auf einer hochorganisierten Industrie auf; sozialistische Planwirtschaft mit einem Industrie-Komitee, das Zahl und Art der zu produzierenden Güter pro Jahr festlegt, reguliert das komplexe ökonomische System, schließt Überproduktion, Absatzkrisen usw. aus. Dennoch weist Ikarien jede Assoziation an Industriestädte mit wachsender Umweltverschmutzung, monotonen Wohnsiedlungen o. ä. ab, bietet das Bild schöner Landschaft und geschmackvoller Städtearchitektur.

Wie Merciers Schläfer bewundert auch Cabets englischer Lord immer wieder im vergleichenden Blick auf sein Heimatland vor allem die überaus zweckmäßigen und ästhetischen Einrichtungen in Ikarien. Mit Bedacht wohl wählt der französische Autor die Perspektive des englischen philanthropischen Adligen und nicht die des französischen Sozialisten. Da der Lord, von Grund auf ein edler Charakter, doch den Vorurteilen seines Standes und seines Gesellschaftssystems noch verhaftet ist, läßt sich an seinen erstaunten Fragen, seinen neuen Einsichten und seinem Bewußtseinsprozeß das ikarische Gesellschaftsmodell in seinen Vorteilen um so überzeugender vorstellen.

Sinnigerweise trifft der Lord gleich zu Beginn seines ikarischen Aufenthalts den französischen Emigranten Eugen, der sein Vaterland nach der Julirevolution verlassen mußte und in dem höchste Begeisterung über das herrliche Ikarien mit der Verzweiflung über die Zustände seines dennoch geliebten Vaterlandes streiten. Die Gespräche zwischen den beiden Europäern verschiedenen Temperaments lockern die didaktische Handlungsführung auf, demonstrieren zugleich, wie unsinnig die Feindschaft zwischen den Nationen ist. Beide Reisende sind individueller gezeichnet als ihre Vorgänger in den Staatsromanen eines Morus, Campanella, Bacon oder Mercier, die mehr oder weniger Berichterstatter ohne eigene Geschichte bleiben. Anregungen zu seinem Vorhaben, einen Staatsroman zu schreiben, seine gesellschaftspolitische Vorstellung in eine Fiktion zu kleiden, gewann Cabet u. a. von der *Utopia* des Thomas Morus (vgl. 511); doch die zeitgenössische Romanproduktion, in der die Freuden und Leiden von Individuen eine so große Rolle spielten, mag ihn bewogen haben, nicht nur seinem Lord, sondern auch einigen Ikariern Erfahrungen zu gestatten, die nicht unmittelbar didaktische Funktion haben, nicht nur als Exemplar für einen Aspekt des ikarischen Modells dienen. Edward Bellamy wird Cabet in dieser doch wieder didaktischen Strategie folgen, die die Lehre mit Zugaben fürs Herz anreichert.

Cabets Lord William schließt Freundschaft mit Walmor, dem Sohn einer angesehenen ikarischen Familie. Dieser sein erster Reisebegleiter beantwortet die Fragen des Lords nach dem Eigentümer der vielen schönen und zweckmäßig ausgestatteten Pferdewagen, die den Reisenden unentgeltlich, schnell, sicher und ohne Belästigung der Fußgänger ans Ziel bringen, mit dem Bescheid: »allgemeine Eigenthümerin sei die allergnädigste Herrscherin des Staats« (13). Er spielt humorvoll mit der selbstverständlichen Annahme des Lords, es gäbe in Ikarien Privatbesitz, Adel, also Klassenunterschiede. Bewußt wählt er die monarchistische Terminologie: und erst der Franzose, der sich über des Lords Gerede von König und Herrscherin verwundert, klärt ihn – nach einem heftigen Lachanfall – auf, daß die »ikarische Königin und Landesmutter«, die für alle Landeskinder so rührend sorgt, so unendlich reich ist, »nichts anderes sei« als – der ikarische Staat, die ikarische freie Gemeinde, die ikarische Republik, der allerdings »alles gehört auf und unter dem ikarischen Grund und Boden« (18). Eugens Rat an den Lord: »Sie stecken zur Stunde noch was weniges in adligen Vorurteilen, und ich rate Ihnen, sich hieraus zu wickeln, denn die ikarische Luft ist verdammt demokratisch, taugt nichts für alte Grillen.« (Ebd.) In der Tat war der Lord zuvor irritiert, daß Walmors Vater eine hohe Stelle im Staat bekleide und zugleich Schlosser sei, seine Schwester Corilla Näherin, daß »Ikariens Herrscherin keinen Hofstaat hohen Geburtsadels um sich habe« (17). Das Beispiel macht deutlich, daß Cabet seine Lehre in einer epischen Fiktion darzustellen sucht, in der die Figuren mehr als nur Medien der Unterweisung sind und die Dialoge auch Unterhaltungscharakter haben.

Cabets Lord lernt rasch, und gerade da er zu Beginn noch in seine adligen Vorurteile verwickelt war, spricht seine »Bekehrung« um so mehr für die Überzeugungskraft des ikarischen Modells, für die sinnfällige Überlegenheit der auf Gemeineigentum aufbauenden Republik gegenüber den europäischen Gesellschaftsformen. Zwei Aspekte fallen dem Engländer immer wieder auf: das Kolossale und das Mannigfaltige. So wird der Lord zu seinem Hotel geführt, das er wegen seiner Größe und Pracht eher als »Fremdenpalast« (10) bezeichnen möchte; und nach seiner Besichtigung der staatlichen Pferdeställe, des Zentralgebäudes für alle Wagen- und Reitpferde der Hauptstadt Ikaria, bemerkt er, »das wären ja keine Ställe, das wären ROSSPALÄSTE«, und sein Freund Walmor macht ihn »auf die werthvolle Oekonomie, die Ordnung und alle Vortheile aufmerksam«, »welche aus diesem Vereinigungssystem hervorgehen«. »Ikaria [...] hat auf solche Weise keine Stallungen in den verschiedenen

Stadttheilen, keine Wagenschoppen als eben nur in dem dazu angewiesenen Quartier, und dadurch ersparen wir unberechenbar an Zeit, Mühe, Menschenkräften und Materialien.« Der Lord bewundert die »kolossalen Magazine für das Futter und kolossale Schuppen, um die Fuhrwerke zu beherbergen. Dicht dabei unermeßliche Werkstätten für Wagen und Geschirr« (24). Zentralisierung und Rationalisierung sind die Leitprinzipien, die Produktion und Dienstleistungsbetrieb bestimmen.

So wie es in Ikaria nicht viele kleine Hotels gibt, sondern den einen großen Fremdenpalast, es nur den einen Zentralstall führt, so hat es – außerhalb des Wohnbezirks – nur die eine Großschlachterei, das eine mit allem Komfort und fortschrittlichsten Apparaten ausgestattete Krankenhaus. Hygienische Überlegungen bestimmen den peripheren Standort dieser Institutionen. Ebenso gibt es nur die eine Großdruckerei, die eine Kleidermanufaktur, überhaupt nur zentral organisierte Produktionsbetriebe, die ein Maximum an Produkten mit einem Minimum an physischer Arbeitskraft herstellen. So berichtet der Lord über den Besuch der Nationalbäckereien:

> Die furchtbar angreifende Arbeit des Brodmachens, unter der so mancher Körper und Geist erliegen, ist durch sinnreiche Anordnungen, von denen wir Europäer uns bis jetzt noch nicht haben träumen lassen, ungefährlich geworden. – Es versteht sich, daß ein Kanal dabei fließt, welcher die Transportierung in die Gebäude, und von ihnen in die Stadt, bestens erleichtert, Maschinen bringen das Mehl und das Brennmaterial in die Bäckerei; Maschinen schütten durch kolossale Schläuche das Mehl in die Kübel, wo es durch Maschinen mit Wasser vermengt, zu Teig verknetet, geschnitten und an die Thüren der Backöfen geführt wird: dort haben schon Maschinen die Heizung besorgt, und schaffen das fertige Brod hinaus. (48)

Das Prinzip der Großfabrikation, die Zerlegung des Arbeitsprozesses in Teilbereiche, die Erleichterung der Arbeit durch maschinelle Rationalisierung, die Integration der Teilbereiche durch ein mechanisches Transportsystem gilt für die gesamte Güterproduktion. Auch das Verteilersystem ist in Ikarien aufs beste geregelt: ein dichtes Netz von »Omnibus«-Pferdegespannen mit auf Schienen gleitenden Wagen ermöglicht eine rasche Beförderung der Güter; dieser Gütertransport findet zu der Zeit statt, während der alle Ikarier arbeiten, von morgens um sechs bis mittags um eins. So behindert der Gütertransport nicht den Personenverkehr.

Neben den zentralen Produktionsbetrieben gibt es in Ikaria und analog in den anderen Städten Ikariens Großküchen und Großwäschereien, die den Bewohnern des jeweiligen Viertels zur Verfügung stehen. Die Arbeit in den privaten Haushalten ist durch die staatlichen Dienstleistungen auf ein Minimum reduziert. Die Ikarier frühstücken und nehmen das Mittagessen in den Großküchen ihrer Betriebe und ihres Quartiers ein; die Nahrungsmittel für den privaten Bedarf werden regelmäßig zugestellt. Ebenso wird der Bedarf an Kleidung, Möbeln, Küchengeräten usw. nach staatlichem Plan gedeckt.

Diese bis ins Detail organisierte Planwirtschaft Ikariens, in der Präzision, Arbeits- und Zeitökonomie Trumpf sind, läßt eine bloß zweckrationale, monotone Lebensweise, eine Uniformierung der Kleidung, Wohnkolonien, Abfütterungskantinen u. a. erwarten; und gegen diese Erwartung seiner Zeitgenossen malt Cabet immer wieder die Mannigfaltigkeit der ikarischen Kultur, ihre prachtvollen öffentlichen Gebäude, die Schönheit ihrer vielen Parkanlagen, die luxuriösen, geschmackvollen Einrichtungen der öffentlichen Speisesäle, die reizvollen Häuserfassaden mit ihren Blumenbalkonen aus. So beschreibt Eugen in einem Brief an den Bruder »einen gewöhnlichen ikarischen Mittagtisch«:

Der Glanz des Lokals, das Silber und Gold, Porzellan und Weißzeug, die Möbeln, die Beleuchtung, die Teppiche sind vielleicht bedeutender als in unseren europäischen Herrschafts- und Fürstenpalästen; gewiß aber haben sie das vor diesen voraus, daß hier alle Welt mitgenießt. Selbst Gemälde, Blumen, Musik, Wohlgerüche, Springbrünnlein u. dgl. fehlen in keinem dieser großen, gemeinsamen Speisesäle, an die sich meist ein Garten und eine Terrasse schließt. Durchschnittlich speisen zweitausend Leute zusammen. (54)

Ebenso enthusiastisch preist er die Schönheit der ikarischen Kleidertrachten, die nach Geschlecht, Alter, Familienstand, Funktion und Gelegenheiten völlig unterschiedlich seien. Zwar produziert die Fabrikationsweise eine Anzahl von gleichen Schnittmustern, trägt »jeder zwar dieselbe Kleidung«, doch »Einförmigkeit und Langeweile« werden bei dem »entwickelten Schönheitssinn der Nation« vermieden. Und rhetorisch fragt er: »Es kommen auf diese Weise Uniformen dabei heraus, aber was schadet das? Tausende von Uniformen, jede eine andere, ist das nicht himmelweit entfernt von dem Einförmigen?« (56)

Ebenso bewundernd äußert sich Lord William über die Schönheit und äußerste Zweckmäßigkeit verbindende Innenarchitektur der ikarischen Häuser. Wahlspruch Ikariens ist: erst das Notwendige, dann das Nützliche, das Angenehme und Schöne. Das geschilderte Ikarien hat – dank entwickelter Technologie und Planung – den Zustand der bloßen Notwendigkeit weit hinter sich gelassen. Einerseits führen die Ikarier ein Leben im Gleichtakt. »Des Dienstes ewig gleichgestellte Uhr« – so Bloch – »wurde in keiner anderen Utopie mit so wenig Überdruß totalisiert, mit so viel Vergötzung der Exaktheit« (Bloch, 1977, 655). Andererseits jedoch findet man in keiner der vorhergehenden Staatsutopien und auch in keiner der nachfolgenden, die auf Gemeinbesitz, technologischen Fortschritt, auf nicht nur formale

Rechtsgleichheit aufbauen, eine solche Akzentuierung ästhetischer Mannigfaltigkeit, einer über das Bequeme hinausgehenden luxuriösen Lebensweise für alle. Zwar kann nicht jeder frei nach Laune jederzeit ins Theater gehen oder ausreiten, doch alle haben ein Theaterabonnement, allen stehen mehrmals im Monat Reitpferde zur Verfügung.

Diese Details verweisen schon auf die umfassende körperliche und intellektuelle Ausbildung aller Ikarier, auf die Wertschätzung auch des musischen Bereichs. Auf die Pflege von Tanz und Gesang wird viel Wert gelegt; die Hausgärten, die die Ikarierinnen selbst gestalten und pflegen, zeugen von dem guten Geschmack der ikarischen Bürgerinnen. Wie in vielen utopischen Romanen wird dem Handwerk ein wichtiger Platz eingeräumt, im Sinne der industriellen Fortschrittsidee haben jedoch die staatlichen Großmanufakturen die kleinen Handwerksbetriebe abgelöst. Auf die mögliche Monotonie dieser arbeitsteiligen Produktionsweise, auf die Entfremdung des Produzenten von seinem Produkt, von dem er immer nur ein und dasselbe Teil erstellt, auf dieses Problem geht Cabet in seiner Begeisterung für eine sozialistisch genutzte, durchorganisierte Industriegesellschaft nicht ein. Er hebt immer wieder nur das Rationelle, Entlastende der maschinell strukturierten Arbeit hervor, rühmt die Sauberkeit der modernen ikarischen Produktionsweisen. Die Gefährdung des ökologischen Gleichgewichts durch fortschreitende Industrialisierung liegt nicht in seinem Blickfeld. Andererseits malt er Ikaria als wahre Augenweide einer gesunden und reizvollen Gartenstadtarchitektur aus, als »grüne« Musterstadt, die ihre Sauberkeit, ihre hygienische und sinnenfreundliche Lebensqualität gerade der technologischen Planwirtschaft verdankt. Das heißt, Cabet erhofft sich gerade vom technologischen Fortschritt die Beseitigung der katastrophalen hygienischen Mißstände vor allem in den Städten. So sorgen Kanalisation, zentrale Müllabfuhr, die periphere Lage der Manufakturen in der Tat für ein sauberes und gesundes Stadtleben in Ikaria.

Ikarien ist eine Republik, in der alle Bürger aufgrund des allgemeinen und gleichen Wahlrechts an der Regierungsbildung beteiligt sind; darüber hinaus können alle Verbesserungsvorschläge und Kritik einbringen, die von verschiedenen Sachverständigen geprüft werden. Bei der Suche nach dem besten Modell für eine Einrichtung – etwa für den Bau öffentlicher Institutionen wie Schulen, Museen oder Parkanlagen oder für die nur größenmäßig verschiedenen Familienhaustypen – sind alle aufgerufen, ihre Konzeptionen, Wünsche oder Bedenken einzubringen.

Öffentliche Ausschreibungen mit Wettbewerbsprinzip auf sozialistischer Basis sollen garantieren, daß wirklich – aufgrund einer umfassenden Meinungsbildung – das nach allen Hinsichten beste Modell in Ikarien eingeführt wird. »Das Gesetz bestimmte und regelte sodann« – wie alle anderen Einrichtungen auch – »die verschiedenen Erziehungsformen; die physische, intellektuelle, sittliche, industrielle, bürgerliche; regelte ferner für eine jede, Gegenstände, Zeit, Ordnung und Methoden« (67).

Bis zum 5. Jahr betreuen Mütter, die in ihrer ikarischen Erziehung klug und gebildet sind, die physische, geistige und moralische Entwicklung der Kinder; Gemeinschaftsspiele unter Obhut einiger Mütter sollen den Sinn für Brüderlichkeit und für die Gemeinschaft fördern. Mädchen wie Jungen »fangen zu Hause, und später in der Schule, die vom Gesetz aufs Umständlichste verordneten Leibesübungen an«. Reiten, Schwimmen, Tanzen, Schlittschuhlaufen, die Waffen gebrauchen »sind Geschicklichkeiten, die jeder Ikarier besitzt«. Noch unter der Anleitung der Mutter lernt das Kind Lesen und Schreiben, Cabet betont die gute Aussprache der Kinder, die leserliche Handschrift. Überhaupt widmen die Ikarier

> [...] mehr Mühe und Zeit, im Durchschnitt, auf gründliches Studium der Nationalsprache, als der fremden Sprachen. Die Sprachen des Alterthums und der mo-

dernen Welt werden bei uns als Profession, genau und
gründlich betrieben, wenn man in ihrer Kenntnis als
Lehrer, Reisender, Dolmetscher, Übersetzer u.s.w., es
zu einem möglichst nützlichen Punkte bringen will;
hierfür aber sorgt die spezielle, um das achtzehnte Le-
bensjahr anfangende Erziehung.   (71)

In der Grunderziehung lernen alle Kinder »das Zeichnen«, die mehr praxisbezogene, gegenständliche graphische
Darstellungsfähigkeit, die später der »Industrie« und den
»schönen Künsten« zugute kommt, die Grundzüge der
»Naturkunde«, der Geometrie, Arithmetik und Musik. In
modernem Gewand erscheint das humanistische Bildungsideal der »sieben freien Künste« im Elementarunterricht der
Ikarier wieder.

Wie Morus und Rabelais hebt Cabet die Verbindung von
Theorie und Praxis, den Realitätsbezug des Unterrichts,
seine Anschaulichkeit als didaktisches Prinzip hervor. »Ein
Abriß der Ackerbaulehre, Geschichte, Industrie und Me-
chanik ist in den Kreis der ersten Erziehung aufgenommen«
(72), d.h. alle Ikarier werden schon früh auf die moderne
Industriegesellschaft, die auch die Landwirtschaft techni-
siert hat, vorbereitet.

Mit siebzehn Jahren für die Mädchen, mit achtzehn für
die Jünglinge [beginnt] die professionelle, speziell sich
auf ein Fach beziehende, sowohl theoretische als auch
praktische, Erziehung. Zugleich Unterricht in Littera-
tur, Geschichte, Anatomie, Gesundheits- und Krank-
heitskunde, bis zwanzig und einundzwanzig Jahren,
nach den Arbeitsstunden des Vormittags.   (73)

Wie bei Morus, Bacon und Mercier nimmt die Medizin –
allgemeine Gesundheitslehre, praxisbezogene Ausbildung,
Anatomie – in Ikarien eine wichtige Stellung ein. Im Zuge
der fortgeschrittenen medizinischen Erkenntnisse führen
die Ikarier ihrem englischen Besucher vor allem auch die
Vorzüge von Chirurgie und Anatomie vor (98 ff.).

In Ikarien herrscht zwar freie Berufswahl, jedoch in eingeschränktem Maße: Die Republik schreibt einmal jährlich ihren Bedarf an Professionen aus »und ladet die jungen Leute von achtzehn Jahren zum Geschäftswählen ein. Bei Konkurrenz wird nach Prüfungen und Urtheilsspruch der Geschworenen verfahren; die Geschworenen sind in diesem Falle keine Anderen als eben die Konkurrierenden« (95). Mitbestimmung, Selbstbestimmung, Wettbewerb ohne Konkurrenzdenken der besten Sache wegen sind überhaupt Grundprinzipien des ikarischen Gemeinwesens, die schon die frühkindliche Erziehung bestimmen und in der elementaren Bürgererziehung gefestigt werden. »Jedes Kind lernt die gesammte Verfassung auswendig« (85)! Jedes Kind praktiziert schon in der Schule radikale Demokratie, die Schüler selbst bestimmen die besten ihrer Gruppe, sie auch halten Gericht über Verfehlungen in einem demokratischen Prozeß.

Gleichheit ist der Eckstein dieser kommunistischen Utopie, entsprechend erhalten auch die Mädchen und Jungen die gleiche Ausbildung, haben Frauen und Männer gleiche Berufschancen; so weist Eugen z. B. darauf hin, daß es in Ikarien viele Ärztinnen gibt, auch Chirurginnen. Diese auch für heutige Zeiten progressive Konzeption ist einmal die praktische Konsequenz aus der Überzeugung, »daß Frauenzimmer [...] den nämlichen Scharfblick, Scharfsinn, und Muth entwickeln, wie die männlichen Heilkünstler« (102). Auch die nötige physische Kraft für längere Operationen wird den Frauen zugestanden. Andererseits aber spielt bei diesem Konzept auch eine gewisse Prüderie mit: da ist von »gewissen Krankheiten« die Rede, bei denen die Frauen »zweckmäßiger den Händen ihres Geschlechts überliefert« würden »als denen des männlichen«; geheimnisvoll unbenannt bleiben auch »andere schwierige Operationen, die bei Frauen und Jungfrauen nötig sind« (102).

Ehe und Familie behalten in Ikarien ihre dominierende Rolle, Sexualität ist an die Ehe gebunden, ein strenger Moralkodex prägt schon die frühkindliche Erziehung: Auch wenn Jungen und Mädchen einen Teil des Unterrichts gemeinsam erhalten, so lernt der Junge schon früh, in dem Mädchen nur die Schwester zu verehren, das Mädchen seinerseits, »sich durch Anständigkeit dieser Achtung würdig zu zeigen« (79). Sexualität wird in einem Ausmaß tabuisiert, daß sogar der Erzähler nur in verschämter Anspielung seinen Ikarier versichern läßt:

> Es versteht sich, daß Eltern und Lehrer und Lehrerinnen aufs pünktlichste die Erfüllung der Anforderungen der Schamhaftigkeit in's Auge fassen, und zwar nicht etwa lediglich zwischen beiden Geschlechtern, sondern, was vielleicht noch schwieriger, zwischen Kindern eines und desselben Geschlechts. (79)

So gedrechselt der Stil, so verklemmt der Erzähler. Zu dieser rigiden Sexualmoral, einer Wertschätzung der Ehe und Familie, die auf Ehezwang hinausläuft, der Stilisierung von Mutterschaft und edlem Frauentum paßt es dann auch wieder, daß die Frau bei aller Ausbildungsgleichheit doch letztlich keine gleichen Rechte genießt. Courtoisie in kommunistischer Einkleidung prägt das Verhältnis des ikarischen Mannes zur Frau: all sein Streben zielt darauf, ihr die Hausarbeit so angenehm wie möglich zu machen, ihr jeden Wunsch von den Augen abzulesen; und die ikarische Frau in ihrer anmutigen Sittsamkeit, ihrer umfassenden Bildung zeigt sich der hohen Achtung des Mannes wert. Den Frauen stehen zwar wie den Männern die verschiedensten Berufe offen, doch gibt es in Ikarien dennoch typisch weibliche Berufe (z. B. Näherin) und typisch männliche. Die verheiratete Frau und Mutter ist von der Berufsarbeit befreit, jedoch wird die Hausarbeit und Kindererziehung als gleichwertige Tätigkeit anerkannt. Die »jungen Frauenzimmer« lehrt man Hauswirtschaft, weibliche Industrie, und man läßt sie sich »eine Profession im siebzehnten Jahr aussuchen« (95). Im Gegensatz zu den Männern arbeiten sie in ihrem Beruf nur von 9 bis 1 Uhr, da sie sich – nach dem allgemeinen Aufstehen um 5 Uhr – um den Haushalt und die kleinen Kinder kümmern. Auch die Gartenarbeit gehört zu ihren Aufgaben. Das heißt, eine egalitäre Emanzipation, die auch heute noch vor allem die politisch engagierten Frauenrechtlerinnen fordern, gibt es in Ikarien nicht. Während Cabet einerseits einem unbedingten Erziehungsoptimismus huldigt, er an die fortschreitende Veredelung des Menschen durch das ikarische Gesellschaftssystem glaubt, fällt er mit seinem männlich-weiblichen Rollendualismus hinter sein Geschichtsbewußtsein und seinen Glauben an die prägende Kraft der Erziehung zurück. Die Vorstellung eines »Hausmanns« und Nähers ist ihm ebenso fremd wie die einer Maurerin oder einer Maschinenbauerin. Gegen den Gedanken, daß sich die Geschlechter – eben durch diese geschichtlich entstandene Rollenverteilung – auseinanderentwickelt haben, propagiert Cabet letztlich doch wieder ungeschichtlich ein urweibliches Wesen, das auch von der männlichen Domäne des Wahlrechts ausgeschlossen bleibt.

Der Sinn für ästhetische Mannigfaltigkeit, den Cabet seine Reisenden immer wieder rühmen läßt, schafft dennoch in Ikarien nicht die besten Bedingungen für Kunst und Literatur. Pointiert läßt sich sagen: es herrschen in Ikarien das Kunstgewerbe und staatlich abgesegnete Erbauungsliteratur. Sprechend auch folgende Passage über die Städtearchitektur:

Jedes Viertel trägt einen besonderen Namen, nach einer der bedeutendsten Städte der alten und der neuen Welt; jedes Viertel stellt in seinen Denkmälern und Häusern, sowohl öffentlichen wie privaten, die Bauart einer dieser sechzig Städte dar. So z. B. findet sich ein Quartier Athen, ein Quartier Rom, ein Quartier Paris, ein Quartier London, usw. Die Stadt Ikaria ist auf diese Weise ein Auszug des Erdkreises.   (21)

Es fehlt jedes Empfinden für Epigonalität; Pracht und Dekor werden mit authentischem Stilausdruck identisch gesetzt. Natürlich kann es in Ikarien auch keinen kritischen Journalismus geben, da ja alles zum besten geregelt ist. Es gibt eine Staatszeitung als objektives Informationsorgan ohne alle kritischen Kommentare. Das ist ein Problem, das den verschiedenen Entwürfen vom besten Staat grundsätzlich innewohnt. Literatur überhaupt kann hier nur eine affirmative Funktion haben.

Cabets ikarische Utopie, die in hoher Auflage erschienen ist und in mehrere Sprachen übersetzt wurde, übte zu seiner Zeit eine immense Wirkung aus und veranlaßte einige tausend Bürger, eine kleinikarische Kolonie am Missouri zu gründen. Doch was als großangelegter Arbeiterstaat mit hoher Technologie und Planung entworfen war, mußte als kleine Siedlungskolonie in einer kapitalistischen Diaspora scheitern. Cabets Mini-Ikarien erleidet dasselbe Schicksal wie Owens Mustersiedlungen.

XII

Zeitutopien in der zweiten Hälfte des 19. Jahrhunderts

Edward Bellamy:
Looking Backward: 2000–1887

Edward Bellamys (1850–1898) 1888 erschienener Roman *Looking Backward: 2000–1887* hatte wie zuvor Cabets ikarisches Modell einen überwältigenden Erfolg in Amerika mit praktischen Auswirkungen: es entstanden über 150 Bellamy-Clubs mit dem Ziel, die vom Autor konzipierte »industrielle Republik« zu realisieren. Wie Cabet sucht er die theoretische Strenge seines politischen Konzepts durch eine Romanhandlung aus individueller Perspektive aufzulokkern. Sein Protagonist, Julian West, ein junger Mann aus guter, wohlhabender Familie, der an chronischer Schlaflosigkeit leidet, läßt sich an einem Maitag des Jahres 1887 wie so oft durch Hypnose in Schlaf versetzen und wacht 113 Jahre später im Jahr 2000 wieder auf. In der Familie des Dr. Leete, des Arztes, der seinem Erwachen beistand, findet er die freundlichste Aufnahme; dessen schöne, gebildete Tochter Edith, sinnigerweise die Urenkelin seiner gleichnamigen Braut, erleichtert dem Zeitgenossen des 19. Jahrhunderts liebevoll die Integration in die für ihn zunächst völlig fremde moderne Gesellschaft des Jahres 2000. Ein Happy-End mit Verlobung beschließt den Roman und signalisiert dem Leser die völlige Eingewöhnung des anachronistischen Helden in die amerikanische Zukunftsgesellschaft.

Merciers Zeit-Utopie mag Bellamy in seinem formalen Handlungsplot beeinflußt haben, in der inhaltlichen Konzeption, sowohl in der Individualisierung des Protagonisten

und der schwärmerischen Edith als auch in seinem sozialistischen Modell einer absolut zentral gelenkten Planwirtschaft, steht er Cabet sehr nahe. Wie dieser übt er heftige
Kritik an der sozialen und ökonomischen Instabilität einer
auf Wettbewerb basierenden Industriegesellschaft, an der
Verschwendung von Kapital und Arbeitskraft bei der kapitalistischen Produktions- und Distributionsweise, an der
Drohnenexistenz einer reichen Minderheit und der Ausbeutung der arbeitenden Masse. Auch Julian West erwacht nicht
schon als überzeugter Sozialist im utopischen Modellstaat,
wie Lord William macht er eine politische Entwicklung
durch, überzeugt sich durch Anschauung immer mehr vom
besten Zustand des modernen genossenschaftlichen Staatswesens. Mit dieser Erzählstrategie berücksichtigt Bellamy
die Vorbehalte seiner potentiellen Leser gegenüber einer
sozialistischen Planwirtschaft, sucht er die richtige Rezep-
tionsweise zu steuern.

Wie bei Cabet sind alle Produktionsmittel Staatseigentum, gibt es im modernen Amerika Wohlstand für alle und
Arbeitspflicht für alle. Das Produktionssystem ermöglicht
aufgrund z. T. jährlicher, z. T. wöchentlicher genauer Be-
darfsberechnungen eine mehr als ausreichende materielle
Versorgung aller seiner Bürger, die zentrale Distribution er-
spart eine enorme Menge an Arbeitskraft, da sie ein auf-
wendiges Verteilersystem überflüssig macht. Bellamy setzt
die fortgeschrittene Industrialisierung, die großindustrielle
Produktionsweise voraus, demonstriert vor allem immer
wieder die ökonomischen Vorteile, die eine staatliche Planwirtschaft aus dem Potential an Technologie und Arbeitskraft für alle Bürger zieht.

Während Cabet knapp vierzig Jahre früher in seinem technologischen Fortschrittsoptimismus besonders die fortschreitende Entlastung der arbeitenden Menschen durch Maschinen hervorhebt, akzentuiert Bellamy diesen Aspekt
kaum, spart er die konkrete Beschreibung der Arbeitswelt
überhaupt aus. Insofern bleibt Bellamys Utopie weitaus ab-

strakter als Cabets Ikarien. Beiden Autoren ist die Idealisierung von Plan, Ordnung, Zentralisierung eigen, ein Ideal, das die Staatsromane im strengeren Sinne überhaupt favorisieren.

Mit Cabet teilt Bellamy auch den Sinn für das Kolossale, in großem Stil Organisierte. Voller Bewunderung läßt er seinen Julian West das zentrale Vorratshaus des Viertels besichtigen, das Muster der gesamten, sehr reichen variationsvollen Produktion führt. An diesem Beispiel führt er seinen Protagonisten und seinen Lesern das Zeit- und Arbeitsökonomische der zentralen Planwirtschaft vor Augen. Nur fünf bis zehn Minuten braucht jeder Bürger des modernen Amerika, um eins der großen Verteilungsetablissements, die sich in jedem Bezirk der Stadt befinden, zu erreichen. Sowohl das zeitraubende »Wandern von Laden zu Laden« (*Ein Rückblick aus dem Jahre 2000 auf 1887*, 120), das sich nur müßige Damen der vornehmen Gesellschaft leisten konnten, als auch der riesige Aufwand an Personal, das den Leuten Waren aufschwatzte, derer sie im Grunde nicht bedurften, waren hier überflüssig. Gedruckte Karten, »für welche die Regierungsbehörden verantwortlich sind, geben uns alle erforderliche Auskunft« (81), klärt Edith Leete ihren Begleiter auf. Auch das öffentliche große Speisehaus des Viertels, »in das sich ein Strom von Menschen ergoß« (120), wird genau geschildert: Springbrunnen, sanfte Wandfarben, Sessel und Sofas schaffen ein angenehmes Ambiente. Auch Bellamy scheint jede Assoziation an Werkskantinen und Abfütterungsanstalten abwehren zu wollen. Bei ihm hat jede Familie in dem Stadtviertel »für einen geringen jährlichen Zins ein Zimmer in diesem großen Gebäude für ihren ausschließlichen Gebrauch zur Verfügung. Um Reisende und einzelne Personen zu bedienen, sind in einem anderen Stockwerk die nötigen Einrichtungen getroffen« (121). Ausstattung sowie Essen und Bedienung sind ausgezeichnet.

Auch in Bellamys modernem Amerika gibt es neben den öffentlichen Speisehäusern staatliche Wäschereien, Ausbesserungszentren usw., die die private Hausarbeit auf ein Mi-

nimum reduzieren. Wests Frage, wo denn Personen für
häusliche Bedienungen zu finden seien in einem Gemeinwesen, wo jeder dem anderen gleich ist, wirkt auf seine Gastgeber in doppeltem Sinne anachronistisch. Gerade weil
diese Bürger alle gesellschaftlich gleich sind, alle dem Ganzen dienen, jeder Dienst ehrenhaft ist, könnten die amerikanischen ›Utopier‹ eine ganze Schar von Dienstboten haben,
wenn sie sie nötig hätten (121 ff.). Doch sie bedürfen ihrer
nicht, da keine zeit- und kraftaufwendige Arbeit anfällt.

Geld hat man im Zukunftsamerika abgeschafft, statt dessen erhält jeder Bürger jährlich die gleiche Menge Kreditkarten. Waren und Dienstleistungen bezahlen die Bürger
nicht, sie lassen sie von ihrer Kreditkarte abbuchen; und da
jede Arbeit nach ihrem Zeitaufwand berechnet wird, hat der
Manufakturarbeiter gleiche Konsummöglichkeiten wie etwa
der Arzt. Als Vorbild für Bellamys gesellschaftliches Ordnungssystem dient die Armee; bis in die Sprache hinein
reicht seine Bewunderung für militärische Zucht. Die Arbeit ist nach dem Modell straffer militärischer Ordnung organisiert.

> Die Arbeitsdienstzeit währt vierundzwanzig Jahre: sie
> beginnt am Schlusse des Erziehungskurses mit einund
> zwanzig und endet mit fünfundvierzig. Nach dem
> fünfundvierzigsten Jahre kann der Bürger, obwohl der
> allgemeinen Arbeitspflicht enthoben, doch noch im
> Notfalle, wenn ein plötzlicher großer Mehrbedarf an
> Arbeitskräften eintritt, wieder einberufen werden, bis
> er das Alter von fünfundfünfzig Jahren erreicht [...].
> Der fünfzehnte Oktober jedes Jahres ist der Muste
> rungstag. (50)

Trotz militärischem Ordnungsideal räumt Bellamy einer
regulierten Selbstbestimmung relativ großen Spielraum ein.
Kritisch läßt er seinen Helden aus dem 19. Jahrhundert das
System erkunden, nach dem die einzelnen Individuen einem
»Gewerbe oder Geschäft« zugeteilt werden. Jeder darf sei

nen natürlichen Neigungen und Anlagen gemäß seinen Arbeitsbereich selbst wählen. Voraussetzung »ist das eingehende Studium des nationalen Industriesystems und seiner Geschichte sowie die Kenntnis der Anfangsgründe aller großen Gewerbe« (51). Eine »gewisse Vertrautheit mit den Werkzeugen und deren Anwendung« (ebd.) ergänzt die theoretischen Kenntnisse. Mit 21 Jahren wird jeder Bürger zunächst für »die Klasse der ungelernten oder gewöhnlichen Arbeiter« (54) rekrutiert. Erst nach einer »Dienstzeit« von drei Jahren, »während welcher sie für jede Art der Arbeit ihren Vorgesetzten zur Verfügung stehen«, dürfen sich die Rekruten »einen besonderen Beruf wählen« (54). Einer möglichen Diskrepanz zwischen Berufswahl und Bedarf wird dadurch gegengesteuert, indem man die Arbeitszeit der unbeliebten Berufe entsprechend verkürzt. »Die leichteren Berufsarten, die unter den angenehmsten Verhältnissen ausgeübt werden, haben in dieser Weise die größte Stundenzahl, während ein schwerer Beruf, wie der Bergbau, eine sehr kurze Arbeitszeit hat.« (52) Pointiert heißt es: »Wenn irgendeine besondere Verrichtung so anstrengend oder drückend ist, daß, um ihr Freiwillige zuzuführen, das Tagwerk in derselben auf zehn Minuten herabgesetzt werden müßte, so würde es geschehen.« (53) Im übrigen spielt in der Industriearmee wie beim Militär die »Ehre« eine große Rolle, die Verwaltung brauchte eine solche Arbeit nur als »besonderes Wagnis« zu bezeichnen, »um von Freiwilligen überlaufen zu werden« (53).

Hier hebt sich Bellamy von Cabet insofern ab, als es in dessen Ikarien aufgrund hochentwickelter Technologie keine niederdrückende, schwierige Arbeit gibt, sein metronomischer Ordnungsbegriff zudem flexible Arbeitszeiten ausschloß. Beide Autoren jedoch nehmen in ähnlich radikaler Weise das Gleichheitsprinzip ernst. Auf Julian Wests irritierte Nachfrage, wie eine gerechte Entlohnung der verschiedenen Tätigkeiten vom Staat festgesetzt werden könne, folgt dieser Dialog:

»Nichts kann einfacher sein«, war Dr. Leetes Erwiderung. »Wir verlangen von jedem, daß er die gleiche Anstrengung macht, das heißt, wir fordern von ihm die beste Leistung, deren er fähig ist.«

»Und angenommen, alle leisten das Beste, was sie können«, antwortete ich, »so wird doch das Arbeitsprodukt der einen noch einmal so groß sein wie das des anderen.«

»Sehr wahr«, erwiderte Dr. Leete, »aber die Größe des Arbeitsproduktes hat gar nichts mit unserer Frage zu tun, die eine Frage des Verdienstes ist. Verdienst ist ein moralischer Begriff, und die Größe des Arbeitsproduktes ein materieller. Es würde eine sonderbare Art von Logik sein, welche eine moralische Frage durch einen materiellen Maßstab zu entscheiden versuchte.« (73)

Aus dieser Wertschätzung der Arbeitsmoral geht schon hervor, daß auch die Frauen, die ja von der Hausarbeit durch die öffentlichen Dienstleistungsbetriebe befreit sind, von der Industriearmee nicht ausgenommen sind. Allerdings werden sie als das schwächere schöne Geschlecht einer anderen Disziplin unterstellt, haben kürzere Arbeitszeiten, mehr Erholungspausen, sie »bilden eher eine Hilfstruppe als einen integrierenden Teil des Heeres der Männer. Sie stehen unter dem Oberbefehl einer Frau und auch sonst ausschließlich unter weiblicher Leitung« (207). Die Leiterin der Frauen sitzt im Kabinett des Präsidenten und hat ein Vetorecht in allen Angelegenheiten, die »die Frauenarbeit betreffen« (207); auch auf der Gerichtsbank sitzen Frauen gleichermaßen wie Männer. Die berufliche Selbständigkeit der Frauen hat sie von der männlichen Herrschaft befreit.

Wieder bieten Julian Wests befremdete Fragen, der in den Vorurteilen seines Jahrhunderts noch z. T. befangen ist, dem Autor Gelegenheit, durch sein Sprachrohr Dr. Leete mit Vehemenz die erniedrigende Stellung der Frau im 19. Jahrhundert anzuprangern:

Selbst ihre Zeitgenossen, so unempfindlich sie auch gegen die empörendsten Verhältnisse ihrer Gesellschaft waren, scheinen den Gedanken gehabt zu haben, daß hier nicht alles so sei, wie es sein sollte; aber doch auch nur aus Mitleid beklagten sie das Los der Frauen. Es fiel ihnen nie ein, daß es Raub sowohl wie Grausamkeit war, wenn die Männer die gesamten Erzeugnisse der Welt an sich rissen und die Frauen um ihren Anteil bitten und betteln ließen. (212)

Kritisch bezeichnet Bellamy die Heirat als den Frauen aufgezwungene Form, sich den Männern zu verkaufen, hebt die Liebesheirat als Ausnahme hervor. In seinem utopischen Amerika, in dem es keinerlei ökonomische Abhängigkeit mehr gibt, auch nicht die der Frau, können nur Achtung und Liebe Motiv einer Eheschließung sein. Wie die ikarische, so ist auch die utopisch amerikanische Frau selbstbewußt, spontan selbstverständlich in ihrem Verhalten Männern gegenüber. Andererseits herrscht auch in Bellamys Utopia eine sozialistisch gefärbte Courtoisie, die gegenüber der Egalität das Ewig-Weibliche preist.

Zu ihrer Zeit gab es keine Laufbahn für die Frauen, in welcher sie nicht in einen unnatürlichen Wettbewerb mit den Männern geraten wären. Wir haben ihnen eine eigene Welt mit eigenen Bahnen, Wetteifer und Ehrgeiz erschlossen, und ich versichere Ihnen, sie sind sehr glücklich darin. (208)

Die feministischen Emanzipationsbestrebungen des 19. Jahrhunderts, die »die Verschiedenheit fortzuschaffen suchte«, lehnen Bellamy wie Cabet und William Morris ab. Bei allen drei Autoren ermöglicht eine kommunistische Gesellschaftsordnung, die auch die Frau aus finanzieller Abhängigkeit befreite, ihre Emanzipation im Sinne weiblicher Selbstfindung.

William Morris:
News from Nowhere

William Morris (1834–1896), heute mehr als Erneuerer des Kunsthandwerks, als Vorläufer der Jugendstilbewegung bekannt, ein Kleinunternehmer, der seinen eigenen kunstgewerblichen Betrieb unterhielt, engagierte sich im politischen Kampf, schuf eine Zelle der »Democratic Federation«, gründete schließlich die radikalere »Socialist League«. In seinem 1890 erschienenen sozialutopischen Roman *News from Nowhere* (*Kunde von Nirgendwo*) verbindet er seine an Ruskin und den Präraffaeliten orientierten ästhetischen Ideale mit einem sozialistischen Programm, das auf völliger Eigentumslosigkeit basiert. Sein Utopia liest sich, trotz seiner kommunistischen Grundlage, wie eine Antwort auf Bellamys »Industriearmee-Modell«. Sein London der Zukunft, das in nichts mehr einer modernen, durch Industrie geprägten Großstadt ähnelt, stellt ein völliges Gegenbild zu Bellamys Großtrust-Boston dar.

Morris' Protagonist versinkt nach einer politischen Debatte mit Freunden in seinem Haus am Themse-Ufer in einen tiefen Schlaf und wacht rund zweihundert Jahre später in einer völlig veränderten Umgebung auf. Diese fiktionale Einkleidung seines utopischen Entwurfs wirkt schon wie eine Anspielung auf Bellamys Roman. Morris' London der Zukunft erscheint als schöne Garten- und Agrarlandschaft mit kleineren Dorfgemeinschaften. Alles Kolossale, Gigantische fehlt in diesem England der Zukunft, große Städte ebenso wie Großbetriebe, Fabriken, zentral organisierte Speisestätten, Warenlager usw. Nicht zufällig erwähnen die Zukunftsbürger bei Morris öfter die Lebenskultur des 14. Jahrhunderts, erinnern den Protagonisten Kleidung/Tracht seiner freundlichen Gastgeber, ihr kunsthandwerklicher Geschmack an spätmittelalterliche ästhetische Ideale. Der Kommunismus von William Morris, den Engels einen

»Gemütssozialisten« nannte, hat sich völlig von dem Konzept großindustrieller Güterproduktion gelöst. An die Stelle der maschinellen Serienproduktion ist im englischen Utopia die kunsthandwerkliche Fertigungsweise des Individuums getreten. Zwar gibt es auch hier gemeinsame Arbeitsstätten, doch sie dienen nicht der Produktionssteigerung durch eine arbeitsteilige, maschinell rationalisierte Produktionsweise, sondern bieten den individuell arbeitenden Bürgern die nötigen Werkzeuge und die Möglichkeit gesellschaftlicher Zusammenarbeit.

So erklärt Dick, der junge Führer im modernen Utopia, seinem fremden Gast: »Es ist natürlich sehr bequem, geräumige Brennöfen und Glastöpfe und alles, was sonst nötig ist, zur Verfügung zu haben, und es gibt solcher Plätze eine Menge.« (*Kunde von Nirgendwo*, 80) Die Arbeit/Handarbeit spielt eine große Rolle im England des frühen 21. Jahrhunderts, doch sie dient nicht dem Geld- bzw. Broterwerb, ist nicht nur notwendiges Mittel zur Güterproduktion, sondern eine an sich lustvolle Tätigkeit, in der der Mensch seine Kraft und sein Können beweist. So meint Dick zur Glasbläserei, die er selbst für ein »heißes, ausdörrendes Geschäft« hält:

> Und doch tun es sehr viele gern, und das nimmt mich nicht wunder: Mit der glühenden Masse gewandt umspringen zu können, verleiht einem solch ein Kraftgefühl. Überhaupt gibt's viel vergnügliche Arbeit dabei. (80)

Hegels Konzept des Subjekts, das sich durch Arbeit entäußert und so zu einer mit dem Objekt vermittelten Identität findet, dieses Konzept, das der Marxismus aufgegriffen hat, scheint in Morris' utopischer Vision ideal verwirklicht. Der Gast aus der vergangenen Zeit sieht nur glückliche Menschen, die mit Lust ihr Handwerk betreiben, sei es die Heuernte, die als Fest betrachtet wird, oder den Häuserbau. Selbst ein »Trupp Männer, welche die Straße ausbesserten«

– eine recht anstrengende Arbeit –, machten »etwa den Eindruck einer Bootsmannschaft von Oxforder Studenten« aus alter Zeit, »denen ihre Arbeit auch nicht lästiger zu sein schien« (81).

In Morris' Neu-England sind nicht nur die Menschen durch eine gesunde Lebensweise, befriedigende Arbeit, durch ein Gemeinwesen der Menschlichkeit, das Eigentum, Armut, Ausbeutung, Konkurrenz nicht mehr kennt, schöner, kräftiger und jugendlich noch im Alter; sondern Natur, Architektur und Kultur ergänzen sich zu harmonischer Schönheit. Die Häßlichkeit ist in Morris' Utopia abgeschafft; dagegen scheint das England zu Zeiten des Autors der Inbegriff an Häßlichkeit gewesen zu sein. Das beginnt – in den Augen des Erzählers – mit den häßlichen eisernen Brücken, die durch geschmackvolle Holz- und Steinbrücken ersetzt worden sind, betrifft das Parlamentsgebäude und andere öffentliche Bauten wie die Paulskirche, die man auf Wunsch einiger Altertumsforscher stehen ließ, von denen der Begleiter jedoch meint: »schlimmstenfalls dienen diese abgeschmackten Steinhaufen der herrlichen Gebäude, die wir heute aufführen, zur wirksamen Folie« (60). Das gilt aber für alle eigentlichen Manifestationen des Maschinenzeitalters; von Cabets und Bellamys Enthusiasmus über die maschinelle Rationalisierung der Arbeit fehlt in *Nowhere* jede Spur.

Bei Morris zeigt sich einerseits schon ein empfindliches Bewußtsein für das Problem entfremdeter Arbeitsweise, die auch die Aufhebung des Privateigentums nicht beseitigt, andererseits vermag sein regressives Modell, das auf vorindustrielle Produktionsweisen zurückgreift, kaum die hinreichende ökonomische Bedürfnisbefriedigung aller Bürger eines größeren Staates zu garantieren. Der Industrialisierungsprozeß wird bei Morris nicht etwa in seinen Auswüchsen reformiert, sondern radikal rückgängig gemacht. Ein »greiser Altertumsforscher« berichtet, wie die »Stadtleute« und die »Landleute« die »Künste des Lebens« »allmählich

wiedereroberten«. Selbst Brot wußten sie nicht mehr zu
backen. Cabets Bewunderung über die leichte, saubere und
rationelle Arbeit der Brotfabriken weicht hier tiefer Verach-
tung für die handwerkliche Unfähigkeit der »Vorfahren«:

> Die Menschen hatten sich daran gewöhnt, alles durch
> Maschinen machen zu lassen, sie waren dadurch selbst
> Maschinen geworden und waren unfähig, die einfach-
> ste selbständige Arbeit zu verrichten. (196)

In der ersten Zeit der »neuen Epoche« nach dem Bürgerkrieg »konnte die Handarbeit sich nur sehr langsam vervollkommnen«. Die Bewohner des neuen Englands, das der
Gast aus ferner Vorzeit kennenlernt, haben sich inzwischen
zu begabten Kunsthandwerkern entwickelt. Überspitzt
könnte man formulieren, mehr als die Ungerechtigkeit des
kapitalistischen Systems störte Morris die Häßlichkeit, die
es bei den Menschen und ihren Stätten angerichtet hat.

Andererseits kann man Morris auch ein ökologisches
Problembewußtsein nicht absprechen, das die Verschmut-
zung der Städte, die unsaubere Luft, die Vermassung in den
Städten und den gleichzeitigen Verfall der kleineren Land-
gemeinden, die rücksichtslose Ausbeutung der Natur kritisch beobachtet. Sprechend dafür die erste Entdeckung, die
der Gast im modernen England macht: Es gibt wieder
Lachse in der Themse! – Morris' Utopie nimmt vieles von
dem vorweg, was die Grün-Alternativen heute postulieren
und was einzelne Gruppen in kleinen Landkommunen zu
verwirklichen suchen. Doch ebenso wie die Kritik der heutigen Alternativen an einer auf Wachstum ausgerichteten Industriegesellschaft in vielem berechtigt ist, ohne daß sie umfassende Alternativprogramme durchsetzen könnten, so
birgt auch Morris' Utopie vieles an blauäugigem Wunsch-
denken, das den Problemen eines in internationale Bezie-
hungen eingebundenen komplexen Staatswesens nicht bei-
kommt. Das verbindet ihn mit Tschajanows »bäuerlicher
Utopie« von 1920.

Im Gegensatz zu Cabets und Bellamys Entwürfen der Großplanung und staatlichen Reglementierung scheint bei Morris der Staat als Ordnungsinstanz abgeschafft: Jeder Neu-Engländer liebt die Arbeit und produziert freiwillig zum Nutzen der Gesellschaft und zu seinem eigenen Lustgewinn, und jeder bedient sich nach Wunsch und Bedürfnis der kostenlosen, allen gehörenden Güter. Doch wie allerdings in einem solchen kommunistischen Gemeinwesen ohne Bedarfsberechnung, staatliche Planung und Regulierung eine allgemeine, ausgewogene Güterproduktion gewährleistet sei, eine Satire auf viktorianische Verhältnisse, bleibt in diesem Entwurf völlig ausgespart. Auch Samuel Butlers Utopie *Erehwon*, deren Titel eine Umkehrung von »Nowhere« darstellt, stimmt mit Morris in ihrer anti-technischen Tendenz überein und hat die Maschinen abgeschafft. Interessant für die Entwicklung der Utopie in der zweiten Hälfte des 19. Jahrhunderts bleibt der Befund, daß technologischer Zukunftsoptimismus und radikale Technologiekritik – jeweils auf der Basis eines kommunistischen Modells – gleichrangig sich zu Wort melden.

H. G. Wells:
The Time Machine
und
When the Sleeper Wakes

Zwar hat Wells (1866–1946) 1905 mit seinem Roman *Modern Utopia* eine letzte positive Utopie geschrieben, doch wohl bewußt siedelt er sie auf einem fernen Stern an, scheint dadurch eher sein nostalgisches Bewußtsein auszudrücken, daß die von ihm hier entworfene ideale Gesellschaft auf der Basis eines sozialistischen Wirtschaftssystems mehr Wunschtraum als konkrete Utopie ist. Seine anderen utopischen Romane tragen alle eine sehr skeptische Signatur, lassen nichts von einem ungebrochenen technologischen Zukunftsoptimismus spüren.

Schon sein erster Roman von 1895 *The Time Machine* (*Die Zeitmaschine*), der ihn bekannt machte, zeugt von einem eher pessimistischen Zukunftsbild, malt in einer phantastischen Vision eine Groteske absoluten Klassenkampfes. Sein Zeitreisender, der sich mittels einer Maschine in »der vierten Dimension« Zeit bewegt und im Jahre 802701 ›landet‹, trifft auf eine nur scheinbar paradiesische Idylle mit zarten elfenhaften Menschenwesen, die mit einer schönen sanften Natur harmonisieren. Doch die spielerischen Naturkinder, die Eloi, die nur die Intelligenz von etwa Fünfjährigen besitzen, verlieren mit Einbruch der Dunkelheit ihre unbekümmerte Verspieltheit, ziehen sich voller Angst in eine weiträumige malerische Halle zurück, die in ihrer verfallenen Pracht aus vergangenen Zeiten zu stammen scheint, kaum jedoch von diesen zerbrechlichen Kindwesen mit »ihrem an Meißener Porzellan erinnernden Liebreiz« (*Die Zeitmaschine*, 30) geschaffen wurde. Die Eloi sind gleichsam ätherische Blumenkinder, die seelisch und intellektuell degeneriert sind, und sie fürchten instinktiv die »Morlocks«, lemurenhafte Geschöpfe von deprimierender Häßlichkeit, die ihrerseits den anderen Menschentypus der Zukunft verkörpern. Die Morlocks, die unterirdisch in fabrikartigen Hallen leben, sind im Gegensatz zu den Eloi Fleischfresser, ernähren sich – erst allmählich dämmert dem Zeitreisenden die schreckliche Wahrheit – von den Eloi, die sie sich bei Dunkelheit einfangen.

Die erste Theorie des Zeitreisenden angesichts der zwei völlig verschiedenen Mutationstypen des Menschen war folgende:

Da ich von den Problemen unserer Zeit ausging, schien es mir zuerst sonnenklar zu sein, daß die stufenweise Vergrößerung des gegenwärtig nur temporären und sozialen Unterschiedes zwischen Kapitalist und Arbeiter der Schlüssel zu der hier bestehenden Konstellation sein müßte. [...] Man neigt doch dazu, den Raum unter der Erde für die weniger dekorativen Zwecke zu nutzen; da gibt es z. B. die Metropolitan Railway in London [...] unterirdische Werkstätten. [...] Augenscheinlich hatte sich diese Tendenz noch verstärkt, bis die Industrie allmählich ihr Geburtsrecht unter dem Himmel verloren hatte.   (58 f.)

Der Zeitreisende hält die Eloi für die müßiggehende Schicht der Besitzenden, »während unter der Erde die Habenichtse hausen«. Der sorglose Luxus hat die einen zu diesen schönen infantilen Naturwesen gemacht, deren Intelligenz infolge ihrer »zu vollkommenen Sicherheit« allmählich degeneriert war. Die menschenunwürdige Arbeit unter Tage ließ die anderen zu diesen häßlichen Lemurenwesen mutieren, die mechanisch-instinktiv die Güter für die Eloi – Seidenkleidchen u. a. – produzieren.

Im Verlauf seiner Erkundungen, die ihn auch in den Untertagebereich der Morlocks führen und ihm deren Gefährlichkeit zeigen, muß der Zeitreisende seine ursprüngliche Theorie revidieren. Die Eloi stellen keineswegs die aristokratische Herrschaftsschicht dar, sie waren lediglich »gemästetes Vieh, das die ameisengleichen Morlocks hüteten und jagten – für dessen Aufzucht sie wahrscheinlich sorgten« (74). Daß der Grund dieser beiden Erscheinungsweisen menschlicher Degeneration – infantile Naturschönheit und kannibalische Lemuren, die nur noch über eine mechanische Intelligenz verfügten – von dem großen Klassenunterschied herrührte, diese Annahme nimmt der Zeitreisende nicht zurück. Indem er aber die »Oberweltler«, die er zunächst als »begünstigte Aristokratie« ansah, für die die Morlocks als »geistlose Diener« fungierten, letztlich als schönes, müßiges Schlachtvieh ebendieser einstigen Diener darstellt, verstärkt er nur seinen sozialkritischen Appell:

Die philanthropische Mahnung zu Brüderlichkeit und Gerechtigkeit wird durch diese Vision zu einer eindringlichen Warnung vor der »Nemesis« der Geschichte: »Vor vielen Jahrhunderten, vor Tausenden von Generationen, hatte der Mensch seinen Bruder aus der Bequemlichkeit und dem Sonnenlicht verjagt. Und jetzt kehrte dieser Bruder zurück – verwandelt!« (69)

Auch Wells Roman *When the Sleeper Wakes* (*Wenn der Schläfer erwacht*) huldigt keineswegs einem technologischen Fortschrittsoptimismus, er weist zwar auf die prinzipiellen Möglichkeiten einer durch Technologie weiterentwickelten Zivilisation hin, zeigt aber zugleich den Mißbrauch, den ein machtgieriger Staatsapparat aus einer fortgeschrittenen Technologie zu ziehen imstande ist. Wie bei Bellamy und Morris versinkt auch bei Wells der Held Graham in einen tiefen Schlaf, in einen »Zustand kataleptischer Starrsucht« (*Wenn der Schläfer erwacht*, 10), aus der er nach mehr als zwei Jahrhunderten erwacht. Zwei Erbschaften, die ihm zu Beginn seines Trancezustandes zufielen und die eine Treuhändergesellschaft gewinnbringend für ihn anlegte, haben ihn im Verlauf der Zeit zum »Herrn der Welt« gemacht. Grahams Erwachen fällt gerade in die Zeit sozialer, politischer Unruhen. Der regierende »Oberste Rat«, dem das Erwachen des Schläfers nicht opportun ist, sucht alle Informationen von ihm fernzuhalten; Ostrog, der Führer der Revolutionsbewegung, der die ausgebeuteten Arbeitermassen auf seiner Seite hat, sucht den »Schläfer«, auf den sich die ganze Hoffnung des Volks richtet, für seine Sache zu gewinnen. Im letzten Moment, als der »Oberste Rat« sich für den Tod des Schläfers entschieden hat, retten Männer der Ostrog-Partei ihn aus seinem komfortablen Gefängnis im Regierungsgebäude. Während der abenteuerlichen gefährlichen Flucht bricht der Bürgerkrieg aus, in dem Tausende ihr Leben lassen. Nach erbittertem Kampf siegt die Ostrog-Partei.

Der Schläfer aus dem 19. Jahrhundert, nun zum Herrn einer modernen technisierten Welt geworden, sieht zunächst die faszinierenden Errungenschaften dieser Moderne: verschiedene Flugmaschinen, ein technisierter Straßenverkehr mit mechanisch betriebenen Bahnen, Fernsehapparate, Radios, ›Nähmaschinen‹, die in Minutenschnelle Kleidung nach Maß produzieren und vieles mehr. Ostrog hat Weisung gegeben, dem Schläfer nur die Lichtseiten dieser modernen Welt vorzuführen; im übrigen hat er sich für den »Herrn der Welt« eine repräsentative Drohnenexistenz vorgestellt, gedenkt er ihn als Aushängeschild seiner Machtpolitik zu benutzen. Graham, von der schönen Helen, die wirklich der Sache des Volkes verpflichtet ist, an seine politische Aufgabe erinnert, durchschaut allmählich, daß Ostrog die Unzufriedenheit des ausgebeuteten Volks nur für seine Machtpolitik ausgenutzt hat. Er hat nie daran gedacht, die miserable Lage der Arbeiterklasse zu verändern. Sein Verrat wird offenkundig, als bekannt wird, daß er afrikanische Truppen – Inkarnation brutaler Gewalt und Symbol sich rächender Natur – zur Niederwerfung von Arbeiterunruhen nach London beordert hat.

Graham hat inzwischen die Schattenseiten der modernen technischen Welt kennengelernt: hohlwangige, ausgemergelte Arbeiter in monotonen blauen Arbeitsuniformen, die von einer orange gekleideten Arbeitspolizei streng bewacht werden. »Auf ihre Muskelkraft kam es nicht mehr an, sie waren im Laufe der industriellen Revolution gleichsam Diener und Beiwerk der Maschine geworden« (121). Die Fabriken liegen alle unter Tage, bilden eine eigene Elendswelt unter der Tageswelt der »Windmaschinen«, die den mechanisierten Straßenverkehr regulieren. Die Arbeiter verdienen kaum das Existenzminimum, und Geld ist das alles bestimmende Prinzip in der modernen Welt, das alle ›antiquierten‹ ethischen Werte verdrängt hat. Auch die glänzende Fassade der Privilegiertenwelt verbirgt für den Schläfer mit seinen ethischen Idealen nur ein trostloses Leben. Da gibt es gut eingerichtete öffentliche Speisehäuser, Tanzsäle, Spielcasinos, Freudenhäuser etc. Auch die Baby- und Kinderbetreuung ist staatlich organisiert. Graham jedoch ist beim Anblick der »Baby-Glashäuser«, die ihn »an die Zellen eines Viktorianischen Gefängnisses erinnern«, entsetzt.

> Komplizierte Apparate registrierten die geringste Abweichung von der vorgeschriebenen Temperatur und der Luftfeuchtigkeit und setzten eine Alarmglocke im weit entfernten Zentralamt in Gang. [...] Der Arzt zeigte ihm auch die modernen Ammen aus Kunststoff mit beweglichen Armen, Schultern und Brüsten von erstaunlich naturgetreuer Modellierung. (114 f.)

Die Frauen sind emanzipiert, verdienen ihr eigenes Geld, aber jeder Familiensinn scheint in der modernen Konsumgesellschaft zu fehlen. Grahams Führer erklärt ihm: »Im Mittelstand gilt es als schick, ein Kind zu haben, allerdings nur eines. Bei den Arbeitern ist das anders. Sie sind sehr stolz auf ihre Kinder und besuchen die Säuglinge im Glashaus des öfteren« (115). Auch das jugendliche Aussehen der modernen Menschen, über das sich Graham verwundert, hat Gründe:

> Sie sind jung. Es gibt in ihrer Klasse in den Industriestädten wenig alte Leute. [...] Das Leben der alten Leute ist nicht mehr so angenehm, wie es früher einmal war, es sei denn, sie haben Geld genug, um sich Liebe und Hilfsbereitschaft zu kaufen. Aber wir haben eine Einrichtung, die wir Euthanasie nennen. [...] Die Gesellschaft für Euthanasie macht ihre Sache gut, es stirbt sich angenehm. (118)

Natürlich ist auch das »Angenehme Sterben« mit Aufenthalt in einer »Freudenstadt« eine sehr teure Angelegenheit. Grahams skeptische Frage nach seiner Erkundung der modernen Welt:

War eine Welt noch in Ordnung, in der Kinder der perfekt funktionierenden Maschinerie einer Bewahranstalt anvertraut waren, eine Welt, in der Vater und Mutter von der Arbeit in ein Wohnsilo heimkehrten, das kein Zuhause war – eine Welt, in der man die Alten abschob, sobald kein Nutzen mehr aus ihnen zu ziehen war! Welchen Gebrauch machte die ›neue Klasse‹ von dem Reichtum, der ihr offenbar mühelos zugefallen war?   (123)

Vieles an Wells' moderner Welt erinnert schon an Huxleys Negativ-Vision, nur daß hier die Menschen noch nicht durch Gen-Manipulation für ihre Kaste gezüchtet werden. Doch ein seelenloses Konsumdenken, das mit dem Leiden auch Mitgefühl und Liebe in den oberen Schichten weitgehend abgeschafft hat, kennzeichnet auch schon Wells neue Welt. Der Schluß seiner Zeitutopie bleibt offen: Graham kämpft gegen Ostrog und seine afrikanischen Truppen, schießt die Masse ihrer Geschwader ab und endet mit einem »Sturz ins Bodenlose« (141).

Wells sucht in seinen Utopien die Welt keineswegs dadurch in Ordnung zu bringen, daß er Technik und Industrie abschafft, er macht jedoch gegenüber den optimistischen Zukunftsentwürfen eines Cabet oder Bellamy deutlich, daß eine weiterentwickelte Technologie, die sich von ethischen Werten abkoppelt, nur eine Perfektionierung der Ausbeutung, eine Enthumanisierung des Lebens hervorbringt.

XIII
Die feministische Utopie im 19. Jahrhundert

Viele Utopien, die ein kommunistisch orientiertes Staatsmodell in ökonomischer Hinsicht entwerfen und auf dem Gleichheitsprinzip aufbauen, weisen dessenungeachtet der Frau häufig nur eine untergeordnete Rolle zu. Schon zur Zeit der Französischen Revolution haben die Frauen selbst das Wort ergriffen, für ihre Rechte gekämpft. So verkündeten 1791 Olympe de Gouges in Frankreich die *Déclaration des Droits de la Femme* und Mary Wollstonecraft 1792 in England *A Vindication of the Rights of Women.* Rund fünfzig Jahre später, 1845, tritt auch in den USA Margaret Fuller mit *Woman in the Nineteenth Century* für die Gleichberechtigung der Frau ein. Sieht man von spätmittelalterlichen Entwürfen wie Christine de Pisans *Cité des Dames* ab, fand das Genre des utopischen Romans bei Autorinnen erst seit Beginn des 19. Jahrhunderts größere Beachtung. Interessant ist, daß der Großteil dieser feministischen Utopien genauer dem Genre der Dystopie, der Warnutopie, zugeordnet werden muß, einer Utopie, die nicht das Idealbild eines besten Staatswesens vorstellt, sondern im Gegenteil die Schreckensvision einer in verschiedener Weise inhumanen Gesellschaft.

Mary Shelley:
Frankenstein, or The Modern Prometheus

Der feministische utopische Roman verschafft sich sogleich mit einem fulminanten Debut das Interesse der Öffentlichkeit: Die Tochter der englischen Feministin Mary Wollstonecraft, Mary Shelley (1797–1851), publizierte 1818 ihren Erstling *Frankenstein, or The Modern Prometheus*, ein Werk im Geschmack der damals beliebten Gothic Novel, des Schauerromans, doch Shelley verbindet brillant die Spannungseffekte des Genres mit einer differenzierten Erzählstrategie. Anders als viele ihrer männlichen Kollegen im 19. Jahrhundert, die einem ungebrochenen technologischen Zukunftsoptimismus huldigen, warnt sie vor einem ungezügelten wissenschaftlichen Forschungskult, der sich um die (un)vorhersehbaren Folgen seiner wissenschaftlichen Erkenntnisse und Produkte nicht schert.

Protagonist ist der hochbegabte Naturwissenschaftler Victor Frankenstein, ein Schweizer, der an der Universität Ingolstadt den Durchbruch seiner wissenschaftlichen Karriere erlebt. Ganz besessen von der Vorstellung, das »Elixier des Lebens« zu entdecken, gerät er in den Sog alchimistischer Spekulationen jenseits wissenschaftlicher Exaktheit. Von einer schaurig düsteren Aura umwoben vollzieht er sein Unterfangen, aus menschlichem Gebein und Gewebe einen menschenähnlichen Körper zu schaffen: ein monströses Gebilde. In seiner Hybris eines »neuen Prometheus« – das ist die Erzählprämisse – erweckt er sein mißgestaltetes Produkt zum Leben, er erschrickt ob der Schauerlichkeit dieser Gestalt, flieht. Skrupellos hat er ein Wesen in die Welt gesetzt, ohne sich seiner Verantwortung bewußt zu sein. Das Monster – als solches hat es Filmgeschichte gemacht – sucht die Gemeinschaft, die Liebe der Menschen und stößt bei all seinen Versuchen, die Freundschaft der Menschen zu erringen, wegen seiner monströsen Häßlichkeit auf Abscheu, Angst und Verfolgung. Shelley stattet das »Monster« mit einer mitleidvollen, empfindsamen Seele aus, es lernt die Sprache der Menschen, nimmt teil am Geschick einer ins Unglück geratenen Familie, hilft ihr heimlich und sucht schließlich sich und sein Schicksal ihr zu offenbaren. Auch dieser Versuch endet mit einem Fiasko, mit der üblichen Reaktion angesichts der grauenhaften Gestalt. Der Horror, den das Geschöpf überall auslöst, wenn es

Freundschaft sucht, wandelt seine Menschenfreundlichkeit in Haß und Zerstörungswillen: Auch sein letzter Versuch, die Zuneigung eines Menschen, eines Kindes zu gewinnen, das – so sein Denken – »noch von keiner vorgefaßten Meinung beseelt war, dieweil's ja noch zu kurz auf Erden wandelte« (*Frankenstein*, 152), schlägt fehl. Der Junge wehrt voller Entsetzen mit »gellendem Angstgeheul« die freundlich gemeinte Annäherung ab, schimpft ihn Ungeheuer und häßlichen Menschenfresser, droht mit dem Vater, dem Ratsherrn Monsieur Frankenstein. Voller Haß und Rachegefühl tötet das häßliche Geschöpf, das sich von seinem Erzeuger ebenso verabscheut sieht wie von einem Kind, den kleinen Bruder seines Schöpfers. Shelley räumt der Perspektive des Kunstmenschen großen Raum ein, läßt ihn erst nach seiner einsamen geistigen Menschwerdung seine leidvolle Geschichte erzählen. Sie läßt dem Unmenschen die Bildung eines wohlerzogenen Mitteleuropäers angedeihen, der u. a. Plutarch, Goethe, Milton gelesen hat und sich mit sprachlichem Feingefühl rhetorisch versiert auszudrücken weiß. Auch wenn sein Schöpfer Frankenstein immer wieder als ein bewundernswerter wertvoller Mensch charakterisiert wird – so von dem Seemann Walton –, so sieht der Leser ihn und sein Tun doch kritischer. Er nimmt nicht nur nicht die Verantwortung für sein Geschöpf an, er bekennt sich auch nicht zu seiner Schöpfung, läßt z. B. wider besseres Wissen zu, daß das unschuldige Mädchen Justine den Mord am Bruder mit dem Tod büßt!

Das Geschöpf fordert in einem eindringlichen Gespräch von seinem Erzeuger, ihm eine ihm ähnliche Gefährtin zu schaffen, die ihn zu lieben vermag. Widerstrebend willigt Frankenstein ein. Doch die Vorstellung, die Vermehrung des monströsen Wesens zu ermöglichen, hält ihn von der Einhaltung seines Versprechens ab. Nun beginnt der erbitterte Kampf zwischen dem Monster, das das gegebene Versprechen einfordert, und seinem Erzeuger, der sein Geschöpf vernichten will; dieses tötet alles, was Frankenstein lieb ist, jagt ihn durch die Welt. Schließlich findet der Kampf in der menschenleeren Arktis ein Ende: Frankensteins Ich-Erzählung, in dessen Mitte der Monolog des Geschöpfs steht, wird von einer Rahmenhandlung flankiert, die ihrerseits eine andere Spielart grenzenlosen Forschergeistes problematisiert: Expeditionen. Walton, der Kapitän eines Schiffes mit Kurs Nordpol, auf dem Frankenstein nach einer erbitterten Verfolgungsjagd schließlich den Tod findet, berichtet in Briefen an seine Schwester von dem Erscheinen des geheimnisvollen Passagiers und schließlich von seinem Ende. Das Schlußwort gehört Frankensteins Geschöpf.

Shelleys phantastischer Roman von einem hybriden Wissenschaftler, der ein monströses Menschenwesen schafft, läßt sich auch als Erziehungs- bzw. Entwicklungsroman lesen – mit negativer Verkehrungsstruktur: Im Grunde ist das Monster nichts anderes als ein formbares, mit allen emotionalen und intellektuellen Anlagen ausgestattetes Wesen, das erst durch die aggressiven Reaktionen der Umwelt sich zu eben dem Monster entwickelt, das selbst der eigene Erzeuger von Anbeginn in ihm sieht. Er läßt seinem Geschöpf keine Chance, urteilt nach bekanntem Vorurteil, schließt von dem äußeren Schein, dem furchterregenden Äußeren, der grotesken Gestalt, auf den Charakter. Das »Monster« teilt vieles mit dem Schicksal Quasimodos aus Victor Hugos Roman *Notre-Dame de Paris*. Shelleys Figur erinnert an die aus Lehm geschaffenen Wesen des Golem-Mythos, an die mechanisch konstruierten Androiden à la Vaucanson, die in Villiers de l'Isle Adams Fiktion von der Eva der Zukunft gipfelten, doch sie bezieht sich explizit auf den Mythos des Prometheus, der sich – so bei Goethe – gegen die Herrschaft eines patriarchalischen Gottes auflehnt und Menschen »nach seinem Bilde« schafft, die autonom ihr Leben organisieren. Bei Shelley wandelt sich der revolutionäre Akzent des gegen religiöse Dogmen aufbegehrenden Prometheus in einen wissenschaftskritischen: ihr neuer Prometheus schafft mit dem einzigen Ziel, die Grenzen des Wissens, die Möglichkeiten menschlicher Herrschaft zu erweitern. Wie E. T. A. Hoffmann in seiner Erzählung von der Automate Olimpia, *Der Sandmann*, warnt Mary Shelley vor einem L'Art pour l'art wissenschaftlicher Forschung. Sie wendet sich gegen eine technokratisch mechanische Naturauffassung, wie sie Francis Bacon in seinem *Nova Atlantis* propagierte, indirekt bezieht sie sich in kritischer Gegenwendung auf dessen utopisches Modell, das die Natur als bloßen Rohstoff menschlichen Erfindergeistes betrachtet. Shelleys Frankenstein verkörpert ganz den Geist des Baconschen Homo faber, der die künstliche Schöpfung in vitro erstrebte, die – wie Natur – diese jedoch bei weitem übertrifft (vgl. Klarer, 1993, 71). Mit dem sexuell konnotierten Vokabular – wie »Omnipotence«, dem Rückzug von zwischenmenschlichem »Intercourse« und seiner »penetration« in die Geheimnisse der Natur – deutet Shelley Frankensteins Forschungstrieb als Ausdruck seines hybriden Strebens nach autonomer männlicher Fortpflanzung ohne die Frau. Hier zeigt sich ihr kritischer weiblicher Blick auf das Dompteurbewußtsein des männlichen Wissenschaftlers, der die Natur wie die Frau zu beherrschen sucht. Der Gedanke weiblicher Emanzipation spielt in diesem Roman keine Rolle, doch sie selbst, die als Schriftstellerin sich ihren Lebensunterhalt verdiente, hat als emanzipierte Frau gelebt.

Charlotte Perkins Gilman:
Herland

Im Horizont des marxistisch-sozialistischen Denkens in der zweiten Hälfte des 19. Jahrhunderts bilden sich überall in Europa und den USA »Woman Suffrage Societies«, doch auch literarische egalitäre Gesellschaftsentwürfe von Autoren nehmen zu (vgl. Klarer, 1993, 41). Große Wirkung auch beim weiblichen Lesepublikum zeitigte offenkundig Edward Bellamys Utopie *Looking Backward: 2000–1887*, die die Gleichberechtigung der Geschlechter im amerikanischen Boston der Zukunft zeigt. Sie mag auch Charlotte Perkins Gilman (1860–1935), die wie Bellamy an der Zeitschrift »The American Fabian« mitarbeitete, angeregt haben, ihrerseits ihre Vorstellung von einem modernen fortschrittlichen Staatswesen zu artikulieren. Nach verschiedenen soziologischen Publikationen veröffentlichte sie schließlich den utopischen Roman *Herland.* Dieser utopische Entwurf hebt sich von allen von Männern verfaßten Utopien in einem wesentlichen Punkt ab: Die Gesellschaft in *Herland* ist eine reine Frauengesellschaft! Anders als ihr amerikanischer Zeitgenosse siedelt sie ihre Utopie nicht in einer fernen Zukunft an, sondern in alter utopischer Tradition auf einer fernen, schwer zugänglichen Insel. Sie wählt bewußt nicht die Zeitutopie, die seit dem Ende des 18. Jahrhunderts, mit Sébastien Merciers *L'An deux mille quatre cent quarante*, im Zuge eines neuen geschichtlichen Denkens den utopischen Roman bestimmt, sie zieht aus gutem Grund die Ortsutopie vor. Da sie der zeitgenössischen patriarchalischen Gesellschaft eine matriarchalische gegenüberstellen will, bedarf sie der Gleichzeitigkeit.

Ihr Herland, das auf eine Geschichte von zweitausend Jahren zurückblickt, hat sich erst nach und nach zu diesem Musterstaat gebildet, d. h. das Geschichtsbewußtsein drückt sich innerhalb der ausgestalteten Utopie selbst aus und nicht im zeitlichen Vorgriff auf eine bessere Zukunft. Die Bewohnerinnen entstammen ursprünglich einem polygamen Volk indoeuropäischen Ursprungs, das nach einer »Häufung von Unglück« nur noch aus einer Gruppe von »jungen Frauen und Mädchen« bestand, die sich ihre Freiheit gegen die Eroberungspläne männlicher Sklaven erkämpften:

Und so erhoben sich die jungen Frauen, anstatt sich zu
unterwerfen, und brachten aus reiner Verzweiflung
ihre brutalen Unterdrücker um. [...] In diesem wun-
derschönen, hochgelegenen Gartenland war buchstäblich niemand übriggeblieben als eine Gruppe hysteri-
scher Mädchen und ein paar ältere Sklavenfrauen. Das
war vor ungefähr zweitausend Jahren. Zuerst erlebten
sie eine Phase völliger Verzweiflung. [Doch dann] entschieden sie sich für das Weiterleben [...], machten sich
an die Arbeit, begruben die Toten, pflügten und säten,
und es kümmerte sich eine um die andere.

(Herland, 79 f.)

Sie begannen, die Gesellschaft von Herland zu entwik-
keln. Prämisse dieses Erzählplots, der das Gedankenspiel
einer weiblichen Gesellschaft vorführt: die Möglichkeit,
ohne männliche Zutat schwanger zu werden. Nach einer gewissen Zeit ereignete sich dieses Wunder, und seither brachten sie – durch eine Art Parthenogenese? – Kinder, ausschließlich Mädchen, zur Welt. Die Frauen von Herland,
deren »Religion zu Anfang stark der des alten Griechen-
lands – eine Vielzahl von Göttern und Göttinnen« ähnelte,
verloren bald »jegliches Interesse an den Göttern des Krieges und der Plünderei«, sie »konzentrierten sich allmählich
ganz auf ihre Mutter-Gottheit. Als ihre geistigen Fähigkeiten dann mit der Zeit wuchsen, wurde daraus eine Art müt-
terlicher Pantheismus« (85). Die Mutterschaft bedeutet das
größte Glück für die Herland-Bewohnerinnen, doch da das
Land nicht sehr groß ist, müssen sie eine Geburtenkontrolle
einführen, um ihre Bevölkerung entsprechend zu regulieren. Zweimal gebären zu dürfen gilt als die größte Aus-
zeichnung, die nur wenigen zuteil wird. Doch eine konsequent durchgeführte »Fortpflanzungskontrolle« (113) hat
auch dafür gesorgt, daß es in Herland keine Kriminalität
gibt. Schon in Platons *Politeia* bestimmen Zucht-Interessen
das staatlich gelenkte Sexualleben der Wächter. Ohne Skru-

pel billigt Platon den Herrschern seines gerechten Staates List und Manipulation zu, um jeweils den besten unter den jungen Männern reichlich Gelegenheit zur Zeugung zu geben. In Herland geht es weniger listenreich, doch ebenso zucht-orientiert zu. Mädchen mit negativen Charaktereigenschaften und einem Mangel an sozialem Verantwortungsgefühl werden im »Namen dieser sozialen Verantwortung gebeten, den Wunsch nach Mutterschaft zu unterdrücken« (113). Wie bei Platon oder in späteren Dystopien ist die Familie abgeschafft, die Kinder wachsen in der Gemeinschaft auf. Gilman plädiert gegen die Vorstellung einer rein physischen Mutterschaft für die Mütterlichkeit als höchste Kunst der Erziehung.

Hier spielen sicherlich auch ihre eigenen Erfahrungen mit. Sie heiratete 1884 den Maler Charles Stetson, erlebte jedoch die Ehe als Einschränkung ihrer Entfaltungsmöglichkeit, sie verfiel in Depressionen, die sich nach der Geburt ihrer Tochter noch verschlimmerten. Ihr Arzt, der »bekannte Nervenarzt Dr. Mitchell, verordnete ihr eine ›Ruhekur‹ in seinem Sanatorium, das heißt, er verbot ihr jede Tätigkeit, durch die sie ihr Gleichgewicht hätte wiedererlangen können: lesen, malen, schreiben, arbeiten« (Praesent, 1993, 8). Schließlich »entschloß sie sich mit letzter Kraft zu der einzig erfolgversprechenden Therapie: sie entzog sich Arzt, Ehemann und Kind und floh nach Kalifornien. Dort fühlte sie sich bald besser. Sie unterhielt eine Pension und begann ihre Karriere als Schriftstellerin und Vortragsrednerin« (ebd.). Ihre Tochter Katherine blieb nach der Scheidung ihrer Eltern 1887 beim Vater und seiner zweiten Frau, ihrer besten Freundin Grace Ellery Channing. In der Öffentlichkeit wurde die Autorin als Rabenmutter angegriffen, »die nach einer ›skandalösen‹ (nämlich freundschaftlichen und einvernehmlichen) Scheidung ihr Kind seinem Vater überließ« (ebd.). Offenkundig haben diese Erfahrungen ihr Konzept einer matriarchalischen Gesellschaft geprägt, in der nicht automatisch die biologische

Mutter die allein Erziehende ist, in der sich alle als Mütter verstehen und insofern die Mutterschaft nie zur Last werden kann.

Charlotte P. Gilmans utopischer Plot hebt sich auch noch in einem zweiten Aspekt von anderen utopischen Entwürfen ab: Hier ist es nicht ein Zeitreisender oder ein gestrandeter Inselbesucher, der sich mit der Gesellschaft von Herland konfrontiert sieht, sondern es sind drei junge Amerikaner sehr unterschiedlichen Charakters und Temperaments, drei Männer mit all den Vorstellungen und Vorurteilen ihres Geschlechts, die als Forschungsreisende in das geschichtenumwobene Frauenland eindringen. Da gibt es Terry, den »männlichen« Mann, den Draufgänger, Macho mit Herz, der weiß, wo's langgeht und was Frauen brauchen; weiter den sanften Jeff, der die Frauen verehrt, ein Softie, »aus dem in früheren Zeiten ein Priester oder Heiliger geworden wäre« (*Herland*, 163), und Vandyck (Van), den Ich-Erzähler, den rational und psychologisch Aufgeschlossenen, den Liberalen, der eine Mittelstellung zwischen Terry und Jeff einnimmt.

Der Rollendualismus der Geschlechter, der die Lebenswelt der Autorin prägt, bildet die Essenz dieser Utopie. Daß die Gruppe der drei Reisenden, die in das vom Rest der Welt völlig abgeschlossene Herland gelangen, ausschließlich aus Männern besteht, betont den geschlechtlichen Aspekt: Allein Männer sehen sich dem Frauenland konfrontiert!

Wie das Utopia von Morus, Cabets Ikarien oder Bellamys Boston erweist sich auch Gilmans Herland als Musterbeispiel sinnreicher Gesellschaftsplanung: die Besucher bewundern die Gartenkultur, die schöne Architektur, die schlichte und geschmackvolle Kleidung und vieles mehr. In ihren erstaunten Kommentaren, wie »eine Menge Paläste, aber wo sind die Häuser« oder »kein Schmutz, kein Rauch, kein Lärm« (33 f.), spiegelt sich in negativer Dialektik die Kritik an den Mißständen ihres eigenen Landes. Das ist ganz im Stil des Genres. Doch der feministische Aspekt äußert sich in ungläubigen Vermutungen der Besucher, etwa, daß wohl doch Männer in Herland sein müßten, da Frauen all diese hervorragenden Einrichtungen nicht geschaffen haben könnten. In diesen Zweifeln sind sich zunächst alle drei einig. Und trotz ihrer unterschiedlichen Mentalität bringen alle drei die üblichen Weiblichkeitsklischees mit, sei es die Frau als »zarte Lilie«, die es zu beschützen gilt – so Jeff –, die Frau als Sexualobjekt – so Terry, der lediglich zwischen »Begehrenswerten und nicht Begehrenswerten« (37) unterschied. In jedem Fall wird die Frau als Wesen betrachtet, das im Hinblick auf praktische Intelligenz, Logik, Kraft nicht mit den Männern mithalten kann. Und folgerichtig mußte es viele Domänen geben, die den Männern vorbehalten sind. Trotz gewisser irritierender Beobachtungen rücken die Besucher nicht so schnell von ihren Weiblichkeitsbildern ab, und sie erfahren nun in Herland eine »sanfte« Erziehungskur – mit unterschiedlichem Ergebnis.

Gleich zu Beginn werden sie mit drei Mädchen konfrontiert, Celis, Alima, Ellador, die die fremden Eindringlinge aus Baumhöhe fröhlich, furchtlos beäugen und sich als die behendesten Kletterkünstlerinnen erweisen, als Terry in seiner siegesgewissen Machotour ihnen zu nahe zu kommen droht. »Natürlich waren es Mädchen, kein Junge hätte jemals solch eine strahlende Schönheit gehabt, und doch waren wir zu Anfang recht unsicher gewesen.« (28 f.) Die Unsicherheit rührt daher, daß diese Mädchen in keiner Weise dem herkömmlichen Bild vom schüchternen Mädchen entsprechen, sie sind sportlich trainiert, rennen, springen, schwingen sich auf Bäume, geschwinder noch als Jungen! Wie häufig im utopischen Roman verlieben sich die Besucher in die Mädchen, heiraten sie schließlich. Doch hier zeigt sich auch die Abweichung vom Schema. Die Herland-Bewohnerinnen können mit der Institution »Ehe«, mit den Vorstellungen von Zweisamkeit, Familie, Privatheit, wechselseitigem »Besitz« überhaupt nichts verbinden; aus Nettigkeit nur stimmen sie der Eheremonie zu; und da sie ohne die Geschlechterpolarität

aufgewachsen sind, stehen sie auch den erotisch-sexuellen
Wünschen ihrer heterosexuell konditionierten Partner ver-
ständnislos gegenüber. Liebe im Sinne erotischer Anziehung, Leidenschaft, sexueller Gefühle ist ihnen ein Fremd-
wort, Liebe ist ihnen gleichbedeutend mit Freundschaft. Sie
halten es zwar für »ein wunderbares Ereignis, nach zweitausend Jahren wieder Männer unter uns zu haben« (70), aber
sie sehen Sexualität ausschließlich als Mittel zweigeschlecht-
licher Fortpflanzung und verhalten sich entsprechend. Gilman begnügt sich hier – wohl im Geiste des puritanischen
amerikanischen Klimas – mit äußerst dezenten Andeutun-
gen. Die Männer reagieren unterschiedlich auf dieses puritanische Konzept: Terry, in seiner siegesgewissen Männlichkeit nach vergeblichen Verführungsversuchen zutiefst irritiert, will seine ehelichen Rechte erzwingen, er wird von der
Insel verbannt. Jeff akzeptiert auch diese Sitte in sanfter Er-
gebenheit, er entscheidet sich für ein Leben auf Herland,
und Van, der Erzähler, der nach seinem Erziehungsprozeß
in etwa die Position der Autorin vertritt, kehrt zwar mit seiner Frau in die USA zurück, gewinnt jedoch dem anti-eroti-
schen Konzept schließlich positive Aspekte ab. Wenn Van
seiner Ellador das Wunderbare erotischer Liebe – »völlig
ohne den Gedanken an Kinder« –, »das schöne Glück ver-
heirateter Liebender zu schildern« sucht, »das zu kreativer
Tätigkeit beflügelt«, äußert sie beeindruckt: »Die Leute heiraten also nicht nur, um Eltern zu werden, sondern wegen
dieses beflügelnden Austauschs, und als Ergebnis habt ihr
eine Welt voller Liebender, glücklich und einander zugetan,
die beständig in einer Flut allerhöchster Gefühle leben . . .«
(165 f.) Betroffenes Schweigen bei Van! Immer wieder zeigt
sich die Diskrepanz zwischen den hehren beschworenen
Idealen und der tristen amerikanischen Wirklichkeit.

Zu Recht kritisiert Gilman die Weiblichkeitsklischees, die
sich durch den Rollendualismus der Geschlechter nur herausgebildet haben. Ganz im Sinne heutiger feministischer
Bewegungen äußert ihr Ich-Erzähler die Überzeugung,

[...] daß dieser ›feminine Charme‹, den wir so schön finden, in Wirklichkeit gar nicht feminin ist, sondern nur die männlichen Wunschvorstellungen widerspiegelt – von den Frauen entwickelt, um uns zu gefallen, weil sie gezwungen werden, uns zu gefallen – und in gar keiner Weise grundsätzlich zur weiblichen Natur gehören. (84)

Der männlichen Projektion von Weiblichkeit entspricht der männliche Entwurf von echter Männlichkeit, beides Verkürzungen menschlicher Entfaltungsmöglichkeiten. Gilman läßt Van erkennen: »Bei uns werden die Frauen so unterschiedlich wie möglich und so weiblich wie möglich erzogen. Wir Männer haben unsere eigene Welt, in der nur Männer sind. Unsere Super-Männlichkeit ermüdet uns, und wir wenden uns liebend gerne der Super-Weiblichkeit zu.« (169) Die Autorin führt in ihrem Herland eine Gesellschaft schwesterlicher Fürsorge vor, in der die Frauen die Fülle ihrer jeweiligen Anlagen entwickeln können, in der Konkurrenzkampf, Militarismus, Ausbeutung abgeschafft sind. Hier gibt es weder das schutzbedürftige, verzärtelte Weibchen noch die verhärmte, sich abrackernde Frau. Man könnte hier eine Vorstufe zu Positionen französischer Feministinnen – wie der von Luce Irigaray oder der von Hélène Cixous – sehen, die eine weibliche ganzheitliche Sexualität einer männlichen phallozentrierten kontrastieren. Doch deren Konzept zielt weiter, umfassender auf eine feministische Erkenntnistheorie, eine weibliche Ästhetik auf Grund der weiblichen Anatomie, des weiblichen Körpers mit seiner Sexualität.

Doch auch wenn Charlotte Perkins Gilman zu Recht den männlichen Sexismus, die Verniedlichung der Frau zum schutzbedürftigen reizenden Geschöpfchen kritisiert, ihr Modell wohltemperierter Geschlechterbeziehungen zwecks Kindererzeugung ähnelt eher fatal dem Dogma aus der päpstlichen Enzyklika ...

XIV

Die negativen Staatsutopien
im Roman des 20. Jahrhunderts

Jewgenij Samjatin:
My (Wir)

Der 1920 entstandene Roman *My (Wir)* des russischen Autors Jewgenij Samjatin (1884–1937) ist wohl einer der ersten, die eine perfekt durchorganisierte Gesellschaftsmaschinerie, in der der Bürger nur eine Nummer ist, als Horrorvision entwerfen. Samjatin, der zunächst ganz auf der Seite der Revolution stand, sich der Fraktion der Bolschewiki angeschlossen hatte, schrieb seinen systemkritischen Roman aus der Überzeugung heraus, daß auch die vollzogene Revolution nicht Telos der Geschichte sein könne, der Antagonismus von »Entropie« und »Energie« immer wieder neue Revolutionen hervorbringen würde.

Protagonist seines Romans ist der Mathematiker und Konstrukteur der »Integral«, der Zukunftsrakete D-503, der in vierzig Eintragungen seine Geschichte, die Entwicklung einer Nummer zum Individuum mit einer »Seele«, festhält. Mit Pathos zitiert D-503 in seiner ersten Eintragung den Aufruf der Staatszeitung an alle ›Nummern‹:

Es naht die historische Stunde, da die Integral sich in den Weltraum aufschwingen wird. Vor einem Jahrtausend haben eure heroischen Vorfahren diesen Planeten dem Einzigen Staat untertan gemacht. Eure Aufgabe ist es, jene unbekannten Wesen, die auf anderen Planeten – vielleicht auch in dem unzivilisierten Zustand der Freiheit – leben, unter das segensreiche Joch der Vernunft zu beugen. Sollten sie nicht begreifen, daß wir ihnen ein mathematisch-fehlerfreies Glück bringen, haben wir die Pflicht, sie zu einem glücklichen Leben zu zwingen. Doch bevor wir zu den Waffen greifen, wollen wir es mit dem Wort versuchen. [...] Jeder, der sich dazu befähigt glaubt, ist verpflichtet, Traktate, Poeme, Manifeste, Oden und andere die Schönheit und erhabene Größe des Einzigen Staates preisende Werke zu verfassen. (*Wir*, 5)

Zu ebendiesem Zwecke verfaßt Nr. D-503 seine Eintragungen, die im Verlaufe der Zeit immer weniger mit den zunächst gepriesenen Gesetzen des Einzigen Staates, der Inkarnation totalitärer Ordnung, übereinstimmen. Sowohl Huxley, Boye als auch Orwell werden Samjatin in seiner Methode folgen, in einer personalen Erzählperspektive den Prozeß des zunächst angepaßten, überzeugten ›Staatsmenschen‹ zum kritischen Individuum zu veranschaulichen. Die Entwicklung vom Handlungs- zum Bewußtseinsroman hat auch den utopischen Staatsroman beeinflußt; das zeigte sich schon in Ansätzen in den positiven Utopien des späten 19. Jahrhunderts.

In Samjatins Vernunftstaat, der die Freiheit zum Glücke der Menschen abgeschafft hat, herrschen eine absolut chronometrische Ordnung, eine Uniformierung und Verplanung menschlicher Lebensformen, die mit dem »unzivilisierten Zustand der Freiheit« sowohl das Individuum als auch alle Schlupfwinkel des Privaten ausgemerzt haben. Die Nummern wohnen in stets kontrollierbaren Transparentwohnungen, gehen nicht nur zur selben Minute zur Arbeit, sondern auch ins Bett. Wer sich über die vorgeschriebene Zeit noch auf der Straße aufhält, begeht ein schweres Delikt. Auch ihre sexuellen Bedürfnisse werden durch die Bürokratie des »Wohltäters« geregelt: Jede männliche Nummer hat Anrecht auf eine weibliche Nummer, und umgekehrt. Jede erhält ihr Heftchen mit »rosa Billets«.

Jede Nummer hat ein Recht auf eine beliebige Nummer als Geschlechtspartner. [...] In den Laboratorien des Amtes für sexuelle Fragen wird man sorgfältig untersucht, der Gehalt an Geschlechtshormonen wird genau bestimmt, und dann erhält jeder eine seinen Bedürfnissen entsprechende Tabelle der Geschlechtstage und die Anweisung, sich an diesen Tagen der Nummer Soundso zu bedienen.   (18)

Während der knapp bemessenen Zeit des Geschlechtsverkehrs dürfen/müssen Vorhänge die Glasfront verhüllen. Samjatins wie Huxleys Machthaber wissen um die Explosivkraft unterdrückter Sexualität, schließen sexuelle Befriedigung in ihre Planungsstrategie ein, entsublimieren aber menschliche Sexualität in ihren erotisch-emotionalen Möglichkeiten zu einem hormonellen hygienischen Vorgang, der individuellen psychisch-physischen Bindungen gerade gegensteuert. Schon Platon schaffte in seinem Staat die Familie ab, propagierte wechselnde Sexualverhältnisse unter staatlichem Reglement zur Kinderzucht, da emotionale Bindungen dazu führen könnten, daß der Bürger sein Privatinteresse über das Staatswohl setzen könnte.

Samjatins Protagonist, dem die Nr. O-90 zugeteilt ist, die »10 Zentimeter unter der Mutternorm« ist und sich dennoch ein Kind wünscht, lernt die kritisch intellektuelle Nr. I-330 kennen, eine Frau von einem kühnen sinnlichen Temperament und einer kühlen Oberfläche. I-330 gehört der Opposition der »Wilden« an, die sich »anachronistische« Freiheitsideale bewahrt haben und im Untergrund den Widerstand gegen den Wohltäter organisieren. Für den Konstrukteur der Integral, für den die »absolute, endgültige Lösung des Problems Glück« darin bestünde, daß die »Gesetzestafel sämtliche 86400 Sekunden des Tages umfassen wird« (12), dessen Denknormen sich in einer durchgehend mathematisch-physikalischen Metaphorik ausdrücken, hat die Nr. I-330 etwas Rätselhaftes und insofern etwas irritie-

rend Unangenehmes. Was er für Abneigung hält, ist nur die
instinktive Abneigung des Ordnungsrationalisten gegen die
Faszination freier Emotionalität, unreglementierter Sinnlichkeit. D-503 gerät wider Willen in den Sog dieser rätsel-
haften I-330 und sympathisiert schließlich mit der Opposi-
tionsbewegung der Wilden, die sich jenseits der »grünen
Mauer«, die den Einheitsstaat gegen die Wildnis abriegelt,
treffen. Mit der »barbarischen« Freiheit ist auch die Natur in
diesem Einheitsstaat fast völlig abgeschafft, symptomatisch
dafür die künstliche Einheitsnahrung, das Fehlen von Parks,
geschweige denn daß es im Staat des Wohltäters natürliche
Wald- und Seenlandschaften gäbe. Individualität, Originalität und Phantasie werden als archaisch verpönt. Sprechend
dafür die scheinbar affirmative Rede von I-330, als sie in einem kurzen, altmodischen Kleid aus gelber transparenter
Seide verführerisch vor dem verwirrten D-503 erscheint:

> »Ja«, unterbrach mich I, »originell sein heißt, sich von
> den anderen unterscheiden. Folglich zerstört die Ori-
> ginalität die Gleichheit ... Das, was in der idiotischen
> Sprache unserer Ahnen *banal* sein bedeutete, das heißt
> bei uns: seine Pflicht erfüllen.« (23)

Über die Pflichterfüllung wachen die »Beschützer«, und
jeder Bürger ist verpflichtet, jede Abweichung, Verfehlung
den Beschützern zu melden, andernfalls macht er sich selber
schuldig und wird durch die »Maschine« des Wohltäters, einen riesigen elektrischen Stuhl, ordnungsgemäß getötet und
»mit erschreckender Schnelligkeit« aufgelöst. »Es war
nichts weiter als die Dissoziation der Materie, die Spaltung
der Atome des menschlichen Körpers. Dennoch war es je-
desmal ein Wunder, ein Zeichen der übermenschlichen
Macht des Wohltäters« (34). Das Beschützersystem, das
schon durch die Transparenz der Wohnungen und den
Gleichtakt aller sozialen Abläufe bestens funktioniert, wird
durch Denunziantentum und Selbstanklage noch perfekter.
Am Tag der Wiederwahl des Wohltäters, die als formaler

Festakt mit dem totalitären Staatspomp uniformer Massen-
aufmärsche gefeiert wird, erhebt sich die Opposition gegen
dessen Wiederwahl. Sie bemächtigt sich mit Hilfe des Kon-
strukteurs D-503 der Integral, doch der Aufstand wird
durch Verrat zunichte. Danach verfügt der Wohltäter zum
Glücke aller, die noch unter dem krankhaften Besitz einer
Seele leiden, die den barbarischen Zustand der Freiheit wollen, daß ihnen der Splitter der Phantasie gezogen werde.
Auch D-503 wird verhaftet und unterzieht sich der Opera-
tion. Danach spürt er »eine große Leere und Erleichterung.
Nein, keine Leere, es ist nur nichts mehr da, was mich am
Lächeln hindert (das Lächeln ist der Normalzustand eines
normalen Menschen)« (141). Und emotionslos beobachtend
wohnt er der Folterung von I-330 bei, die kein Wort verrät.
Sein Kommentar: »Die anderen, die zusammen mit ihr her-
eingeführt wurden, benahmen sich weniger widerspenstig.«
In der hoffnungsvollen Schlußparole »Die Vernunft muß
siegen«, auch wenn es leider noch »eine bedeutende Zahl
von Nummern gibt, die die Vernunft verraten haben« (142),
drückt sich umgekehrt die Hoffnung Samjatins aus, daß die
technokratische Vernunft nie die Phantasie und Freiheit des
Menschen unterdrücken kann.

Alexander Tschajanow:
Reise meines Bruders Alexej
ins Land der bäuerlichen Utopie

Im selben Jahr (1920), in dem Samjatin seine Dystopie vom
technologisch durchrationalisierten totalitären Staatsapparat
verfaßte, veröffentlichte Alexander Tschajanow (1888–1939)
seine regressive Agrarutopie *Reise meines Bruders Alexej
ins Land der bäuerlichen Utopie*. Wie bei Morris, der an die
Stelle des alten industrialisierten London Dorfkulturen in

schöner Gartenlandschaft gesetzt hat, ist auch bei Tschajanow von der Kapitale Moskau wenig übriggeblieben. »Im
Jahre 1934, als die Macht fest in den Händen der Bauernpar-
teien lag«, setzte sie »auf dem Sowjetkongreß [...] das De-
kret über die Vernichtung aller Städte mit mehr als 20000
Einwohnern durch« (*Reise meines Bruders Alexej*, 34). Die
industrielle Revolution wurde zum großen Teil rückgängig
gemacht zugunsten einer Agraridylle, die auf bäuerlichen
Familienverhältnissen aufbaut. Zwar gibt es auch Technologie in Alexander Tschajanows bäuerlicher Utopie, immerhin
benötigte man Dynamit, um die großen Städte zu vernichten. Sein Sowjetstaat vermag auch das Wetter zu regulieren,
einen erwünschten Generalregen oder längeren Sonnen-
schein zu produzieren; die Landarbeit jedoch wird ohne maschinelle Hilfsmittel verrichtet. Der hohe Ertrag der Ernte
in diesem Agrar-Utopia wird gerade dadurch erklärt, daß
hier jede einzelne Ähre individuell gepflegt wird. »Niemals
zuvor war die Landwirtschaft in solchem Maße auf Handarbeit eingestellt wie heute. Und das ist kein Spleen, sondern
eine Notwendigkeit bei der heutigen Bevölkerungsdichte.
Jawohl!« (41) Tschajanows Utopie glücklicher Landmen-
schen, die das Wunder propagiert, daß reine Handarbeit
hinreichende Güter für eine große Bevölkerungsdichte zu
produzieren vermag, ohne daß die Handarbeit zur Fronar-
beit würde, ist in schlechtem Sinne utopistisch.

Aldous Huxley:
Brave New World

Die 1932 erschienene satirische Zukunftsvision einer »schönen neuen Welt« von Aldous Huxley (1894–1963) setzt –
wie es im Vorwort der Neuauflage von 1949 heißt –
die »Triumphe der Physik, der Chemie und des Maschi-

nenbaus« voraus, thematisiert nicht den »Fortschritt der Wissenschaft schlechthin«, sondern den »Fortschritt der Wissenschaft insofern, als er den einzelnen Menschen betrifft« (*Schöne neue Welt*, 13).

> Die Naturwissenschaften lassen sich zwar so anwenden, daß sie Leben vernichten oder das Leben des Lebens bis zur Unmöglichkeit kompliziert und unbehaglich machen; aber wenn sie nicht vom Biologen oder Psychologen als Werkzeuge verwendet werden, können sie nichts dazu beitragen, die natürlichen Formen und Äußerungen des Lebens zu verändern. Die Entfesselung der Atomkraft bedeutet wohl eine große Revolution in der Menschheitsgeschichte, nicht aber (falls wir nicht selber einander zu Stäubchen zersprengen und so der Geschichte ein Ende machen) die letzte und tiefstgreifende Revolution. Diese wirklich revolutionäre Revolution läßt sich nicht in der äußeren Welt bewirken, sondern nur in den Seelen und Körpern der Menschen. (10)

Wie Samjatin ist auch Huxley ein technologischer Fortschrittsoptimismus abhanden gekommen, steht er wie dieser mit seinem Mißtrauen gegen einen mächtigen Staatsapparat in der Tradition Wells'. Wenn er in seinem Vorwort zur Neuausgabe von 1949 ausdrücklich darauf hinweist, daß sein Roman noch »keine Anspielung auf die Kernspaltung« (12) enthält, verdeutlicht das, daß er vor dem Zweiten Weltkrieg und vor Hiroshima die atomare Selbstvernichtung, die Autoren der fünfziger und dann wieder der achtziger Jahre warnend beschworen, noch ausschloß. Ihm graut vor der letztlich psychischen Vernichtung des Individuums, vor der Möglichkeit der Wissenschaften, den Menschen schon als Embryo – im Zuge einer weiterentwickelten Gen-Technologie – zu indoktrinieren. Was bei Samjatin noch durch Schulung, staatlich verordnete Gedankenberieselung in Permanenz bewirkt wirkt, die Zerstörung der

Individualität, die Reduktion des Menschen zur Staatsnummer, das geschieht bei Huxley perfekter durch Gen-Behandlung vor der Geburt, durch ›hypnopädische Konditionierung‹ und durch die ›Neopawlowsche Reflexbehandlung‹ der Säuglinge und Kleinkinder.

Huxley entwirft in seiner Dystopie das Bild einer völlig immobilen sterilen Welt im »7. Jahrhundert nach Ford«, dem amerikanischen Erfinder und Unternehmer; hier sind Geschichte, Kultur, Passionen im doppelten Sinne abgeschafft. Die Menschen werden nicht mehr geboren, sondern in Flaschen – den verschiedenen Bedürfnissen der Gesellschaft entsprechend – als Alphas, Betas, Gammas, Deltas und Epsilons, also als Serientypen entwickelt. Während die Alphas und Betas, die für die intellektuellen Funktionen im Staat vorgesehen sind, jeweils einem befruchteten Ei entstammen, werden die übrigen Typen dem »Bokanowskyverfahren« unterzogen. Voller Begeisterung erläutert der »Brut- und Normdirektor« den eifrig mitschreibenden Studenten:

> Das Bokanowskyverfahren [...] besteht im wesentlichen aus einer Reihe von Unterbrechungen des Entwicklungsverlaufs. Wir hemmen das normale Wachstum, und so paradox es klingt, das Ei reagiert darauf mit Knospung. (23)

Statt seltenen natürlichen Zwillingen entstehen durch dieses Verfahren bis zu »96 völlig identische Geschwister«. Durch weiteres Bokanowskysieren können sie »aus einem einzigen Ovar mehr als fünfzehntausend Dutzendlinge erzielen« (25).

Von Individuen kann natürlich bei diesen gleich plattnasigen oder gleich hakennasigen Serientypen nicht die Rede sein. Die Neopawlowsche Reflexbehandlung, die den Säuglingen schon durch Elektroschocks z. B. Abscheu vor bunten Blumen und Bilderbüchern einbleut – Blumen und Bücher fördern nicht den Konsum –, verstärkt die Uniformierung; und die hypnopädische Dauerbehandlung im Schlaf, die den Kindern die ihrem Serientypus entsprechenden Slogans eintrimmt, ihnen ihr Serienlos jeweils als das angenehmste darstellt, konditioniert sie vollends für ihre Funktion im Staat. In der embryonalen Normierung und psychisch perfekten Konditionierung liegt »das Geheimnis von Glück und Tugend. Tue gern, was du tun mußt! Unser ganzes Normungsverfahren verfolgt dieses Ziel: die Menschen lehren, ihre unumstößliche soziale Bestimmung zu lieben« (32).

Nun, Glück, Tugend, Liebe sind ethische Begriffe, die in einer Welt völliger Normierung des Menschen keine Heimat mehr haben. Im Lande Fords ist zwar das materielle Glück gesichert, Krankheit, Alter, Unzufriedenheit und Leidenschaften sind beseitigt, aber auch jede Menschlichkeit, Liebe, Freude, Mitleiden. Natürlich kann es keine Unzufriedenheit geben, da jede Menschenserie schon vor ihrer Geburt bzw. ›Entkorkung‹ auf ihre zukünftige Funktion in der Gesellschaft hin indoktriniert ist. Aber es gibt auch keine Freiheit mehr, keine menschliche Würde; der ›Splitter Phantasie‹ braucht hier nicht wegoperiert werden: die biologische und psychologische Manipulation hat jedes individuelle Denken und Fühlen ausgeschaltet.

Dennoch ist Huxleys Roman keine bloße Beschreibung einer manipulierten Welt, die wie manche positive Welt in ihrer Konfliktlosigkeit langweilig wäre. Sein Protagonist, Sigmund Marx, ein Alpha mit zuviel kritischer Intelligenz, der nur Gamma-Körpergröße besitzt, fühlt sich als Außenseiter in dieser genormten Welt, vermag auch die regelmäßigen »Eintrachtsandachten« nicht zu genießen, obwohl »Gemeinschaftlichkeit« neben »Einheitlichkeit« und »Beständigkeit« zu den Wahlsprüchen des »Weltstaates« gehörte.

»Es heißt, daß sich jemand geirrt hat, als er noch in der Flasche war, ihn für einen Gamma hielt und seinem Blutsurrogat Alkohol zusetzte. Deshalb ist er so zurückgeblieben.« (60) Dieses Gerücht erzählt eine Kollegin Lenina, in die sich Sigmund gegen die Vorschrift verliebt hat. Denn wie bei Samjatin sind Liebe, Verliebtheit, emotionale Bindungen überhaupt verpönt, macht sich im Fordstaat einer verdächtig, der nicht nach spätestens vier Wochen den Partner tauscht oder zumindest zwischendurch mit anderen Partnern schläft.

Sigmund – und darin zeigt sich seine fehlerhafte Normierung – leidet darunter, daß die anderen Lenina, wie vorgeschrieben, einfach als angenehmes Sexualobjekt betrachten. »Die Kerle entwürdigen sie zu einem Stück Fleisch« (59). Er selbst zeigt alle Symptome einer ›archaischen‹ Verliebtheit, empfindet auch nach seiner ersten gemeinsamen Nacht mit Lenina Traurigkeit, Enttäuschung, da alles routiniert nach der Regel verlief, Lenina selbst sich nur als »ein Stück Fleisch« zu betrachten scheint.

Dieselbe schmerzliche Erfahrung wird der »Wilde« machen, den Sigmund aus dem zu Forschungszwecken noch belassenen Reservat in die neue zivilisierte Welt mitgebracht hat. Dieser Wilde, das Kind einer einstigen Beta, die gegen die Vorschrift schwanger geworden war und durch einen Unglücksfall im Reservat verblieb, empfindet allmählich immer mehr Abscheu vor dieser hygienischen, entsublimierten Zivilisation, die die Liebe durch Sexkonsum ersetzt hat, jeden Heroismus, der sich in Kampf, Selbstüberwindung, Verzicht zeigte, überflüssig gemacht hat. Gegen Mißmut, Ärger, Enttäuschung, Langeweile gibt es »Soma«, die Pille, die vergessen läßt, zufrieden macht. »Bist du verdrossen, flugs Soma genossen« (98), ist eine der vielen Schlafschulweisheiten, mit denen die Fordstaatler nächtlich hundertmal wiederholt, jede Woche dreimal, vier Jahre lang berieselt wurden. Eine andere, »Jeder ist doch seines Nächsten Eigentum« (60), trichtert ihnen den Gedanken ein, daß jeder der Gesellschaft gehört, raubt ihnen das Individualitätsbewußtsein. Für alle ist immer genügend Soma vorhanden.

Auch der Tod ist im Fordstaat kein Problem mehr. Schon die Kleinkinder werden ans Sterben gewöhnt, früh in die

Moribundenanstalt geschickt und beim Anblick eines Sterbenden mit Schokolade und angenehmen Genüssen bedient, so daß der Tod als etwas Selbstverständlich-Angeneh-
mes assoziiert wird. – Der Wilde flieht aus der ›schönen
neuen Welt‹ in die Einsamkeit, begeht schließlich Selbst-
mord. Sigmund und sein Freund Helmholtz, ein auch »zu
intelligenter« Alpha plus, Schriftsteller, der die hypnopä-
dischen Sprüche, die Drehbücher für die nach gleichem Muster gestrickten Filme des »Fühlkinos« verfaßt, jedoch nach
wirklicher Poesie sucht, werden wegen staatsgefährdendem
Individualismus auf die »Falkland-Inseln« verschickt. Sigmund, den Huxley als einen recht komplexen Charakter
mit Schwächen, Angabe und Feigheit, kritischem Bewußtsein und Anbiederei konzipiert, gerät außer sich über die
Zwangsverschickung; und der WAR, der Weltaufsichtsrat,
ein ehemaliger zu wissensdurstiger Physiker, eine Mischung
aus Zyniker und weisem Pragmatiker, kommentiert gegenüber Helmholtz Sigmunds Verzweiflungsausbruch:

> Wenn er nur einen Funken Verstand hätte, sähe er ein,
> daß seine Strafe eigentlich eine Belohnung ist. Er
> kommt auf eine Insel, das heißt an einen Ort, wo er die
> interessantesten Leute der Welt antreffen wird, lauter
> Menschen, denen aus irgendeinem Grunde das Be-
> wußtsein ihrer Individualität so sehr zu Kopf gestiegen
> ist, daß sie sich nicht mehr ins Gemeinschaftsleben ein-
> gliedern ließen.   (224)

Der WAR bekennt gegenüber dem »Wilden«, der Shakespeare liebt, freimütig den Preis, den die schöne neue Welt
gekostet hat: Kunst, Wissenschaft, Religion sind hier überflüssig. Die Kunst z. B. fände in dieser radikal biologisch
und psychologisch normierten Welt, die den »kantigen
Pflock in einem runden Loch« (60), d. h. den Gegensatz
von individueller Neigung und staatlich verordneter Pflicht
wegmanipuliert hat, kein Sujet mehr; die Geschichte von
»Romeo und Julia« würde hier auch in moderner Version

unverständlich bleiben, genauso wie das Schicksal von »König Lear« oder »Othello«. Und die vielen Erfindungen, die eine Verkürzung der Arbeitszeit ermöglichen würden, sind gesellschaftlich untragbar, da die Betas, Gammas usw. mit dieser verlängerten Freizeit nichts anzufangen wüßten. Nur der Soma-Verbrauch würde steigen, wie ein früheres Experiment gezeigt hätte.

Im Gegensatz zu Samjatins und Orwells Machthabern gebraucht der Führer des Fordstaates wenig Gewalt, um Systemkritiker, Individualisten zu disziplinieren, die kaum auftretenden Unruhen unter Kontrolle zu bringen. Physische Gewalt und Folter gibt es in dieser perfekt konditionierten Gesellschaft nicht. Da genügt Soma für die Massen und das Exil für die wenigen kritischen Intellektuellen. Huxleys satirisch karikierte Zivilisation perfekter Konditionierung, die sowohl Natur als auch Geist, das Gegensatzpaar idealistischer Versöhnungsutopie, von sich ausschließt, stellt einen Zustand absoluter Verdinglichung dar. Der künstlich erzeugte, biologisch und psychologisch genormte Mensch Alpha oder Epsilon, an dem Huxley die reale gesellschaftliche Normierung des Bewußtseins entlarvt, wird mit seiner Funktion im Staat identisch. Da er durch seine Normierung auch die Vorstellung eines anderen Lebens für sich verlernt hat, vermag er auch nicht an seiner Selbstentfremdung, an seiner Funktionalität zu leiden. Das gilt sowohl für den privilegierten Alpha, der sich mit den Schulweisheiten seiner Oberschicht identifiziert, als auch für die Deltas und Epsilons, die ihre Reduktion auf Arbeitsmaschinen im Staate Ford nicht zu durchschauen vermögen. Die Klassengegensätze sind in dieser Zukunftsgesellschaft biologisch ›naturalisiert‹. Huxley führt seine Kritik am totalitären Weltstaat im Namen eines Individualismus, der undialektisch das Individuum nur als das schlechthin Andere zur Gesellschaft begreift. Adornos Kritik an Huxleys Satire ist zu überdenken. In seinem Essay *Aldous Huxley und die Utopie* schreibt er:

[...] den Menschen wird das Übel, von der künstlichen Zeugung bis zur galoppierenden Vergreisung, bloß angetan, die Kategorie des Einzelnen aber erscheint in unbefragter Würde. Unreflektierter Individualismus behauptet sich, als wäre nicht das Grauen, auf das der Roman hinstarrt, selbst die Ausgeburt der individualistischen Gesellschaft. Aus dem historischen Prozeß wird die einzelmenschliche Spontaneität eliminiert, dafür aber der Begriff des Individuums von der Geschichte abgespalten, seinerseits zu einem Stück philosophia perennis gemacht. Individuation, ein wesentlich Gesellschaftliches, wird nochmals zur unabänderlichen Natur. (Adorno, 1977, 119)

Karen Boye:
Kallocain

Die schwedische Autorin Karin Boye (1900–1941) siedelt ihre Warnutopie in einem fiktiven Weltstaat des 21. Jahrhunderts an. Sie konzipiert ihren letzten und bekanntesten Roman *Kallocain* (1940) unter dem Eindruck der Erfahrungen mit zwei völlig divergierenden Ideologien, dem Kommunismus sowjetischer Prägung und dem Nationalsozialismus Hitler-Deutschlands. Karin Boye, die in den 20er Jahren den Ideen des Kommunismus nahestand, in den Stockholmer Clarté-Kreis eintrat, der einen »demokratischen Sozialismus« anstrebte, erfuhr bei ihrem Rußlandaufenthalt die Perversion kommunistischer Ideale, die Enttäuschung ihrer sozialistischen Vorstellungen einer gerechteren, menschenfreundlichen Gesellschaft, und sie erlebte bald darauf den »aufhaltsamen«, jedoch anscheinend unaufhaltsamen Aufstieg des Faschismus in Deutschland. Im Jahr 1941 – ein Jahr nach der Publikation ihrer Warnutopie – nahm sie sich das Leben.

Ähnlich wie Samjatin wählt auch Karin Boye für ihren dystopischen Roman *Kallocain* einen ambitionierten Naturwissenschaftler als Protagonisten, Leo Kall, der bedingungslos den Prinzipien des Staates ergeben ist und vollkommen von dessen Nutzen für die Menschheit überzeugt ist. Kall ist Bürger, genauer Mitsoldat einer rigide durchorganisierten totalitären Staatsmacht, die das Leben der Einwohner bis in das Intimleben hinein kontrolliert. Er ist von der Idee durchdrungen, daß »der Staat alles, der einzelne nichts ist« (*Kallocain*, 88). »Vom Individualismus zum Kollektivismus – von der Einsamkeit zur Gemeinschaft«, so lautet die griffige Formel. »Das war der Weg dieses riesigen, heiligen Organismus, in welchem der einzelne nur eine Zelle war, der keine andere Bedeutung zukam, als der Ganzheit des Organismus zu dienen.« (47) Kall lebt – seinem Beruf entsprechend – in einer der so genannten »Chemiestädte«, die wie auch die anderen nach Berufssparten angelegten Städte des Weltstaats unterirdisch angelegt sind. Ihre unterirdische Lage dient der militärischen Sicherheit des Weltstaats, seiner Rüstung für einen möglichen Angriff des »Universalstaates«, des einzigen noch verbliebenen Feindes. Militärischer Drill prägt den Lebensalltag der »Mitsoldaten« – bezeichnend die Anrede –, militärische Übungen, Aufmärsche, zwangsverordnete Gemeinschaftsveranstaltungen lassen so gut wie keine Freizeit für individuelle Bedürfnisse. Individuelles Denken wird bekämpft, ist staatsfeindlich, subversiv. Boyes dystopische Vision warnt vor einer Eskalation des idelogischen Machtdenkens, das die Welt als Schlachtfeld bedingungslosen Kampfes, den Gegner als auszurottenden Feind begreift. Sie sieht die Abgründe, in die die herrschende Block-Politik führt.

Die »Lebensqualität« der Mitsoldaten – sofern man überhaupt noch von Lebensqualität reden kann – sinkt immer mehr, sie wird völlig dem Fetisch militärischer Rüstung geopfert. Kall in seiner blinden Staatsbegeisterung äußert:

Ich meine nur, daß das Wesentliche im Verhältnis der einzelnen Zellen zum Staatsorganismus im Hunger nach Sicherheit liegt. Und wenn wir eines Tages merken sollten [...], daß unsere Erbsensuppe dünner wird, unsere Seife kaum mehr anwendbar, unsere Wohnungen baufällig und alles vernachlässigt würde, würden wir uns dann beklagen? Nein. Wir wissen, daß das Wohlleben in sich keinen Wert hat, und daß unsere Opfer einem höheren Ziel dienen. Und wenn wir Stacheldraht über unsere Wege gespannt sehen, finden wir uns dann nicht mit den allen Einschränkungen der Bewegungsfreiheit ab? Ja. Wir wissen, daß dies alles für den Staat geschieht, um ihn vor Schaden zu bewahren. (88)

Kall lebt mit seiner Frau Linda und drei bzw. zwei Kindern zusammen, der achtjährige Sohn ist schon aus der Familie »ausgemustert«, denn Ziel des Weltstaates ist es – wie in Platons spartanischem Ordnungsstaat –, emotionale familiäre oder freundschaftliche Bindungen auszumerzen, deshalb werden die Kinder mit acht Jahren in staatliche Organisationen eingegliedert. Kinder sind Staatseigentum. Junge »Mitsoldaten«, die in andere Städte abkommandiert sind, werden ihre Familie nie mehr wiedersehen. Schmerz ob der Trennung gilt als subversiv, staatsfeindlich, Ausdruck eines schändlichen Egoismus!

Der Weltstaat handhabt perfekt die Überwachung seiner Mitsoldaten. Ein elektronisches Auge – vergleichbar dem Televisor bei Orwell – kontrolliert das Privatleben, zusätzlich sorgt eine staatlich abgeordnete »Hausangestellte« dafür, daß jeder Anflug von Intimität als Risiko erscheint. Obwohl Leo Kall in seinem Unterbewußten durchaus das Entwürdigende dieser Situation spürt, versteht er sich als pflichtbewußter Diener der Staatsmacht, der die praktizierte Gedankenkontrolle der Individuen völlig internalisiert hat. Er ist der stolze Erfinder der nach ihm benannten Droge

Kallocain, unter deren Einfluß die Menschen ihre geheimsten, ihnen selbst unbewußten Gedanken, Gefühle, Sehnsüchte, Ängste preisgeben. Diese Droge in der Verfügungsgewalt der Staatsmacht macht deren Bürger zu absolut
transparenten Wesen, sie sichert dem Regime die absolute
Herrschaft.

Hartnäckiger noch als Samjatins Protagonist behauptet
Kall seine dogmatische Position, vor allem gegenüber seinem Chef und Kollegen Rissen, der sich offenkundig ein
Gefühl für Menschlichkeit, Individualität, ein Bedürfnis
nach Privatheit bewahrt hat. Sein Kommentar zu den Segnungen von Kallocain: »Etwas ist ziemlich sicher, und zwar,
daß jetzt der letzte Rest unseres Privatlebens verlorengeht.«
(46) Kall bekämpft in Rissen seine eigenen verdrängten
Empfindungen, seine geheimen, nicht eingestandenen Sehnsüchte nach Intimität, Privatheit, Individualität.

In zehn Experimenten mit Ehepaaren vom »freiwilligen«
Opferdienst soll die Wirkung von Kallocain getestet werden. Der Plan: Die zehn Testpersonen sollten ihren Ehepartnern

> [...] im Vertrauen erzählen, daß sie in eine Spionage
> affäre verwickelt seien. Vielleicht hatte ihnen in der
> Untergrundbahn jemand zugeflüstert, daß sie viel
> Geld verdienen könnten, wenn sie nur eine Karte der
> Laboratorien und der Metrolinien, die um die Zentrale
> des Freiwilligen Opferdienstes herumlagen, nach ih
> rem Gedächtnis zeichnen würden. Dann sollten sie ab
> brechen und mit keiner Miene verraten, daß es sich um
> ein Experiment handelt. (48)

»In neun von zehn Fällen hatte der Ehepartner den anderen
angezeigt« (51), nur eine Frau blieb als Testperson übrig, an
der die Wirkung des Kallocains ausprobiert werden konnte.
Die Frau erzählt unter dem Einfluß der Droge von dem
Geständnis ihres Mannes, zur Spionage aufgefordert worden zu sein, jedoch mehr als von dieser Spionagegeschichte

ist sie erfüllt von dem Gedanken, daß er es wagte, mit ihr
darüber zu sprechen. Das »ist der Stolz« ihres Lebens. Sie
hat eine Art von Vertrauensbeweis erfahren, der sie beglückt
und sie ihrerseits ermutigt, ihren Mann nicht anzuzeigen,
trotz der Anzeige wegen »Hochverrats« alles zu leugnen,
was ihren Mann belasten könnte. Als man ihr am Ende, als
sie aus ihrem Kallocainrausch erwacht, mitteilt, es habe sich
nur um ein Experiment gehandelt, ihr Mann habe ihr nur im
Auftrag des Staatslabors die Spionagegeschichte erzählt, ist
sie wie ausgelöscht, gebrochen. Das Gefühl der Geborgen-
heit in einer emotionalen individuellen Bindung, die sich
gegenüber der Staatsmacht behauptet, hat sich als Illusion
erwiesen. Daß die Ideologie der totalitären Staatsmacht sich
in den Köpfen der Menschen fast uneingeschränkt durchgesetzt hat, zeigt sich bei den Tests. Die nächsten zehn Testpersonen denunzieren alle sofort ihren Partner! Feigheit,
Angst, allseitiges Mißtrauen zerstört die intimsten Bezie-
hungen. Kall, der stolze Erfinder der Wahrheitsdroge, bemerkt jedoch nicht, daß er sich seiner Familie völlig ent-
fremdet hat. In seiner ideologischen Verblendung und aus
grundloser Eifersucht denunziert er seinen Chef und Kollegen Rissen, er verdächtigt seine Frau, die wie dieser sich von
der Staatsideologie distanziert, ihn mit Rissen zu betrügen.
Heimlich injiziert er seiner Frau die Droge und erfährt ihre
Trauer über die häusliche Situation, ihre staatlich verbotene
Liebe zu den Kindern, den Haß auf ihren Mann, den
Wunsch ihn zu töten, die Liebe zu ihrem Mann, ihre Treue.
Kall hat ihr – mittels Droge – ihre Gefühle entrissen, die sie
ihm lieber freiwillig anvertraut hätte. »Mit Gewalt hast du
mich aufgebrochen, wie eine Konservendose«, sagte sie,
»aber das genügt nicht. Hinterher ist mir klargeworden, daß
ich entweder vor Scham sterben muß oder dann freiwillig
weitermachen. Darf ich weitermachen? Willst du mich noch
haben, Leo?« (136) Nun erkennt er seinen Irrtum, seine
Fehler, es kommt schließlich zu einem Gespräch mit seiner
Frau, er will sein Leben ändern, den Kollegen Rissen retten,

doch es ist alles zu spät, Rissen wird zum Tode verurteilt. Der Weltstaat wird erobert von der feindlichen Macht, Kall gerät als Erfinder in den Zwangsdienst der Eroberer, ein Neubeginn eines Lebens nach der Einsicht in seine Verblendung ist nicht möglich. Das »Machtwort des Zensors« des Universalstaats entlarvt auch die winzige Hoffnung Leo Kalls, daß die Erzählung seiner Feigheit – »was enthält mein Buch anderes, als die Erzählung meiner Feigheit!« (158) – anderen nützen könnte, als Illusion. Ein deprimierendes Finale!

Anders als Samjatins Protagonist macht Kall nicht eine allmähliche Entwicklung der Verunsicherung durch, sondern er zeigt sich vom Anfang bis zum Schluß als der von den Machtprinzipien des Weltstaats absolut überzeugte Mitsoldat, als der übereifrige Erfüllungsgehilfe der Staatsmacht, der seine unterbewußten uneingestandenen Zweifel, Wünsche, Ängste vor allem in Rissen bekämpft. Katharsis und Peripetie ereignen sich recht plötzlich, so daß der Roman gegenüber *Wir* an nuancierter Psychologie verliert. Dennoch ist er eine spannende Fallstudie und Warnutopie.

George Orwell:
Nineteen Eighty-Four

Auch George Orwell (1903–1950), der 1948 – aus der Erfahrung des Nationalsozialismus und Stalinismus – seine Warnutopie *1984* schrieb, prangert die Persönlichkeitszerstörung mit Hilfe wissenschaftlicher Methoden an. Orwell entwirft eine Welt nach dem dritten Weltkrieg, die – aufgespalten in die drei Supermächte Ozeanien, Eurasien und Ostasien – sich als Horrorwelt von Überwachung, »Gedankenpolizei«, Kulturzerstörung und permanenter Kriegsführung darstellt. Diese drei Weltreiche, die sich in Ideologie

und Herrschaftsstruktur gleichen, führen gegeneinander
Krieg als Alibi für ihre Gewaltherrschaft im innenpoliti-
schen Bereich. Mal heißt der Feind Ozeaniens mit London
als Mittelpunkt, wo der Protagonist des Romans, Winston
Smith, lebt, Eurasien, mal Ostasien. Die Geschichte wird jeweils nach dem Stand der augenblicklichen Verhältnisse
korrigiert.

> So war zum Beispiel in diesem Augenblick, um das
> Jahr 1984 (man schrieb tatsächlich das Jahr 1984),
> Ozeanien mit Eurasien im Kriegszustand und mit
> Ostasien verbündet. In keiner öffentlichen oder priva-
> ten Verlautbarung wurde je zugegeben, daß die drei
> Mächte jemals anders gruppiert gewesen seien. In
> Wirklichkeit war es, wie Winston sehr wohl wußte,
> erst vier Jahre her, daß Ozeanien Ostasien bekriegt
> und mit Eurasien ein Bündnis gehabt hatte. [...] Offi-
> ziell hatte nie eine Veränderung in der Kombination
> der Partner stattgefunden.   (33)

Die künstliche Erzeugung eines Feindbildes in der Figur
des jüdischen Staatsfeindes Goldstein und die Kriegshetze
sind Mittel eines allmächtigen, undurchschaubaren Parteiapparates, die Aggressionen der Bevölkerung zu kanalisie-
ren. In Ozeanien herrscht der Engsoz (›Englischer Sozialismus‹), die Perversion eines Sozialismus, indem hier nicht
etwa die Klassenunterschiede abgeschafft, die materielle Sicherheit aller im Sinne des Gerechtigkeitsideals gewährleistet wäre, sondern alle – mit Ausnahme des Parteiapparates
– gleich wenig besitzen, die Lebensverhältnisse sowohl für
die »äußeren« Parteimitglieder als auch für die »Proles«, die
Arbeiter, die 85% der Bevölkerung ausmachen, miserabel
sind.

Orwell zeigt in seinem utopischen Staat Ozeanien, wie
ein sich verselbständigender, unangreifbarer Parteiapparat –
aus Machtgier um der Macht willen – die Individuen systematisch zerstört. Die Unangreifbarkeit dieses Parteiappara-

tes, der nicht zu fassen ist, da er undurchschaubar bleibt, symbolisiert Orwell im »Großen Bruder«, der anders als Samjatins »Wohltäter« nie persönlich erscheint, aber dessen Riesenbild wie Winston jeden Ozeanier überall verfolgt. Mag der Große Bruder mit dem »schwarzen Schnurrbart« auch eine Anspielung auf Stalin sein und das ozeanische System mit seinem Personenkult, seinem Bespitzelungswesen, seiner Parteidiktatur, den Schauprozessen und der Vernichtung von Tausenden ehemaliger Genossen, geheimen Prozessen mit Folter usw. eine Satire auf den Stalinismus darstellen, Orwells Dystopie trifft ebenso die faschistische Diktatur. Im Dritten Reich wie in Ozeanien wird die Kultur vernichtet, Sprache manipuliert, ein künstliches Feindbild aufgebaut; Orwell entwirft aus beiden Machtideologien eine Synthese der schlimmsten Möglichkeiten.

Wie Samjatin wählt er eine subjektive Erzählperspektive; aus dem Bewußtseinshorizont des Winston Smith, aus seinen Erfahrungen, Wahrnehmungen, Reflexionen fügt sich für den Leser mosaikhaft die Vorstellung dieser ozeanischen Realität zusammen. Gleichzeitig wird der Leser in den Bewußtseinsprozeß des Protagonisten, dessen unbestimmte Kritik immer schärfere Kontur annimmt, hineingezogen. Smith arbeitet im »Wahrheitsministerium, das sich mit dem Nachrichtenwesen, der Freizeitgestaltung, dem Erziehungswesen und den schönen Künsten befaßte«. (7 f.) Wie sich an den Wahlsprüchen der Partei schon ablesen läßt: »KRIEG BEDEUTET FRIEDEN / FREIHEIT IST SKLAVEREI / UNWISSENHEIT IST STÄRKE« (7), beschäftigt sich dieses Ministerium mit der Verfälschung und Vernichtung von Nachrichten, der Abrichtung schon der Kinder zu Spitzeln und Denunzianten, die auch ihre Eltern wegen »Gedankenverbrechens« bei der »Gedankenpolizei« anzeigen werden; es schafft die Freiheit ab, indem es sie völlig reglementiert: wer mehrmals bei den Gemeinschaftsveranstaltungen fehlt, macht sich verdächtig. Gemeinschaftssport ist – wie in allen totalitären Utopien – Pflicht. Die »schönen Künste« werden durch Porno- und Trivialheftchen nach immer demselben Grobmuster ersetzt, auch in diesem Bereich hat die maschinelle Serienproduktion das individuelle Werk ersetzt.

Neben dem Wahrheitsministerium gibt es das Friedensministerium, »das die Kriegsangelegenheiten behandelt«, das Ministerium für Liebe, »das Gesetz und Ordnung aufrechterhält«, und das Ministerium für Überschuß, »das die Rationierungen bearbeitet« (8). Ihre Namen in der »Neusprache« lauten: Miniwahr, Minipax, Minilieb, Minifluß. Wenn bei Samjatin die Arbeit der »Beschützer« durch die Transparenz der Wohnungen, die Gleichschaltung des Tagesablaufs, eine automatische Postkontrolle erleichtert wird, so hat das ozeanische System bei Orwell die Überwachungsmaschinerie noch weiter perfektioniert, die vornehmlich »Gedankenverbrechen« aufzuspüren hat. Immer und überall eine optimistische oder gleichmütige Miene zur Schau zu tragen, eine Miene, die nicht den leisesten Verdacht an Unzufriedenheit, Kritik oder ›falsche Emotionen‹ aufkommen läßt, gehört zum Überlebenstraining eines noch denkenden, nicht völlig ›vergesellschafteten‹ Ozeaniers. »Vaporisieren« – so der Ausdruck in der »Neusprache« für die Vernichtung eines Bürgers, von dem auch nicht einmal eine Karteikarte übrigbleibt, der dann nie gelebt hat – gehört zu den Alltäglichkeiten im ozeanischen System.

Ein »Televisor« – Kamera und Funksprechgerät zugleich –, der alle Wohnungen der äußeren Parteimitglieder observiert und abhört, der jederzeit an die einzelnen Genossen Befehle erteilen kann, steht symptomatisch für das undurchlässige Überwachungssystem, das keinerlei Freiraum mehr zuläßt. Da bei Orwell – anders als bei Huxley – »Gedankenverbrechen« nicht schon biologisch quasi ausgeschaltet sind, gewinnen neben einhämmernder permanenter Propaganda und Indoktrination Terror, die Angst vor Folter und physischer Vernichtung an machtpolitischer Bedeutung. Darin ähnelt Orwells Dystopie derjenigen Samjatins. Doch anders als bei seinen Vorgängern, die Erotik zu einer

Art Sexualhygiene entsublimierten, die sexuelle Befriedigung jedoch als politisches Quietiv in ihr System einbauten, ist Sexualität im Orwellstaat völlig verpönt, wird als gefährlicher Explosivstoff eingestuft.

Zwar gibt es hier wiederum die Ehe, für die man die staatliche Genehmigung braucht, diese wird jedoch nach ungeschriebenem Gesetz nur dann erteilt, wenn offensichtlich keine Anziehung und Neigung zwischen den Partnern besteht. In der »Jugendliga gegen die Sexualität« werden die Heranwachsenden schon so sexualfeindlich indoktriniert, daß sie Sexualität als Pflichtübung für die Partei zwecks Kinder-/Soldatenerzeugung auffassen. Winston Smith konstatiert für sich:

> Die Partei versuchte, das Sexualgefühl abzutöten oder doch zu verbiegen und in den Schmutz zu ziehen. Er wußte nicht, warum das so war, aber es schien natürlich, daß es so war. Und soweit es die Frauen betraf, waren die Bemühungen der Partei weitgehend erfolgreich. (62)

Bei seiner ehemaligen Frau Katherine »hatte er sogar, wenn sie ihn an sich preßte, das Gefühl, als stoße sie ihn gleichzeitig mit aller Kraft von sich weg«. Ihre Kälte und ihre Abwehr wirken auf ihn gefühlstötend, und gleichzeitig bestand sie »regelmäßig einmal in der Woche« auf dieser Pflichtübung. »Sie hatte zwei Bezeichnungen dafür, die eine hieß, ›an unser Baby denken‹, und die andere ›unsere Pflicht gegenüber der Partei erfüllen‹« (63). Man erinnert sich an die faschistische Ideologie »Kinder für den Führer«. Zwar besteht in Ozeanien die Ehe, aber jeder Familiensinn wird schon den Kindern in den Parteiorganisationen der »Späher«, die auf Denunziation und Kriegsspiele getrimmt werden, und der »Liga gegen die Sexualität« abtrainiert. Gemeinsam ist allen vier Utopien die systematische Zerstörung individueller Bindungen, seien sie erotischer, freundschaftlicher oder familiärer Art.

A. Jean

1. Orwells Roman setzt sich aus drei Komplexen zusammen: Zunächst werden dem Leser durch den unangepaßten und zugleich konditionierten Protagonisten die politischen und sozialen Zustände in Ozeanien, die Funktion der Partei mit ihrem unsichtbaren, allgegenwärtigen »Großen Bruder«, die alltägliche Arbeitswelt, die miserable Lebensqualität vorgestellt. In diese freudlose Alltagswelt bricht für Winston etwas Unerhofftes, Wunderbares ein: Julia, »ein unternehmenslustig aussehendes Mädchen von etwa siebenundzwanzig Jahren, mit üppigem schwarzen Haar, sommersprossigem Gesicht und raschen, muskulösen Bewegungen« (12) – auch sie mit der obligatorischen scharlachroten Schärpe der »Jugendliga gegen die Sexualität« – wagt das Unerhörte: sie steckt ihm unbemerkt von der allgegenwärtigen Polizei auf riskante Weise einen Zettel zu mit den Worten »Ich liebe Sie« (99). Ein Kapitalverbrechen im ozeanischen Staat! Mit dieser Liebesgeschichte entwickelt sich der zweite Komplex des Romans.

2. Smith erlebt die Liebe zugleich als anarchischen Akt, als Revolte gegenüber dem Parteiapparat, der systematisch alle Lebenslust zu zerstören sucht, er gewinnt ein immer empfindlicheres Bewußtsein von den brutalen Machtverhältnissen, entwickelt einen immer stärkeren Willen zur Veränderung. Verzweifelt klammert er sich an die Hoffnung, daß es die Verschwörer-Organisation »Die Brüderschaft«, von der alle nur »durch vage Gerüchte« wußten und die kein Parteimitglied jemals erwähnte, wirklich gäbe. »Nie verging ein Tag, an dem nicht nach seinen [Goldsteins] Weisungen tätige Spione und Saboteure von der Gedankenpolizei entlarvt wurden.« (15)

Orwell macht deutlich, daß das totalitäre Regime auch den inneren Feind, den legendenumwobenen Führer der Untergrundorganisation, Emmanuel Goldstein, nur als Popanz braucht, um die Aggressionen der Parteimitglieder von ihrem elenden Leben abzulenken, um die ständigen Verhaftungen zu begründen. Die immer überraschenden

Verhaftungen, die auch überzeugte Parteianhänger wegen
eines Gedankenverbrechens treffen können, schaffen eine
Atmosphäre von Angst und furchtsamer Selbstkontrolle,
die jede oppositionelle Bewegung schon im Keim ersticken
würde. Winston und Julia, die ihre Liebe, ihre geheimen
erotischen Begegnungen als Verschwörung gegen die ver-
haßte Partei genießen, suchen schließlich in O'Brian
einen Verbindungsmann zur Untergrundorganisation. Während
Samjatins Protagonist erst durch die erotisch-emotionale
Faszination in seinem Parteigehorsam irritiert wird, er fast
wider Willen zur Untergrundbewegung stößt, präzisiert
und radikalisiert sich bei Orwells Figur durch die gesetzes-
widrige Erfahrung der beglückenden erotischen Beziehung
das latent schon vorhandene oppositionelle Bewußtsein.
Samjatins Protagonist wird durch die operative Entfernung
des Splitters Phantasie von seiner Seele und damit von seiner emotionalen Bindung zu I-330 befreit; er wird wieder
die zufriedene Nummer ohne Individualität, die er einmal
war. Der terroristische Angriff auf die Menschenwürde
zeigt sich hier wie bei Huxley medizinisch-hygienisch ver-
brämter als bei Orwell. Dessen Protagonist Smith sowie Julia werden nach einer kurzen Spanne Glück festgenommen;
Gehirnwäschen und brutalste Folterungen bringen sie
schließlich dazu, das zu verraten, was in ihrem bisherigen
Leben überhaupt einen Wert darstellte, ihre Liebe. O'Brian,
der angebliche Verbindungsmann zur Untergrundorganisation, in Wirklichkeit hoher Funktionär der Gedankenpolizei, hat mit seiner allmächtigen Überwachungsmaschinerie
die jeweils entsetzlichste Phobie der beiden ›Gedankenver-
brecher‹ aufgespürt und das Wissen sadistisch eingesetzt,
um ihren Verrat zu erzwingen.

3.   Im dritten Teil seines Romans beschreibt Orwell die sub-
til sadistischen und brutalen Methoden, mit denen im Lie-
besministerium Winston Smith als denkendes und fühlen-
des Individuum systematisch vernichtet wird. Smith wird
nicht »vaporisiert«, sondern nach seinem »Erziehungspro-

zeß«, der ihm das kritische Denken raubte, als menschliches
Wrack entlassen. Indem Orwell seinen Protagonisten in die
Apparatur des »Minilieb« geraten läßt, das ihn nicht zum
Tode verurteilt, sondern ›umerzieht‹, schafft er sich die er-
zählerische Möglichkeit, detaillierter die verschiedenen Fol-
terungsmethoden totalitärer Regime anzuprangern, die zer-
störerische Macht einer perfekten Staatsmaschinerie auf das
individuelle Bewußtsein. Ähnlich wie bei Samjatin zeigt das
Schlußbild einen gewandelten, d. h. seiner »Seele«, seiner
natürlichen Empfindung und kritischen Intelligenz beraub-
ten Menschen: »Zwei nach Gin duftende Tränen rannen an
den Seiten seiner Nase herab. Aber nun war es gut, war alles
gut, der Kampf beendet. Er hatte den Sieg über sich selbst
errungen. Er liebte den Großen Bruder.« (272)

Samjatin ließ den Leser durch den Hinweis auf die »bedeutende Zahl« noch immer vorhandener Widerstands-
kämpfer mit einer Hoffnung zurück, daß kein noch so tota-
litäres Regime den Freiheitswillen und die Persönlichkeit
des Menschen auf Dauer unterdrücken oder ausmerzen
könne. Orwells Botschaft ist da pessimistischer. Während
bei Samjatin die sinnlich vitale, kämpferische I-330 trotz
Folterung ihre Bewegung nicht verrät, zeigt Orwell sowohl
seinen Protagonisten als auch dessen Geliebte psychisch
und intellektuell zerstört. Huxleys Vision ist einerseits noch
pessimistischer als die von Orwell gezeichnete Horrorwelt,
da seine gentechnologisch und ›hypnopädisch‹ behandelten
Serienmenschen gleichsam von ›Natur‹ her Phantasie und
kritische Vernunft verloren haben. In seinem Ford-Staat
wäre eine »Gedankenpolizei« überflüssig, da es individuell
denkende Menschen gar nicht geben kann. Ein Widerspruch
in seiner Erzählkonstruktion: es gibt sie doch! Andererseits
kennt Huxleys Staat der Retortenmenschen – im Gegensatz
auch zu Boyes Weltstaat – keine Ernährungssorgen, Wirt-
schaftskrisen, Kriege, führen seine Bewohner eine zwar
würdelose, aber sorgenfreie Existenz. Während die Ozeanier, nicht nur die Proles, sondern auch die Parteimitglieder,

in heruntergekommenen Häusern nur so dahinvegetieren, Rasierklingen z. B. eine Kostbarkeit darstellen, die Nahrung knapp und widerlich ist, erinnert Huxleys Ford-Staat mit seinem Hygienekult, seiner Synthetik-Kultur, seiner Konsumideologie eher an eine kapitalistische Wohlstands- und Wegwerfgesellschaft amerikanischer Prägung.

Orwell schrieb seine Dystopie nach dem Zweiten Weltkrieg, und die verheerenden Folgen dieses Krieges haben sich auch seiner Zukunftsvision eingeschrieben. Während er und Karin Boye, die den Beginn des Zweiten Weltkriegs erlebte, mehr von ihren konkreten Erfahrungen ausgingen, von ihrer Einsicht in den organisierten Terror des faschistischen und stalinistischen Systems, spielt Huxley mehr von einem theoretischen Problembewußtsein her die Möglichkeiten eines an keine Ethik mehr gebundenen wissenschaftlichen Fortschrittsdenkens durch. Der heutige Wissensstand der Gentechnologie gibt seinem utopischen Simulationsspiel neue Aktualität.

XV

Die Warnutopien
der fünfziger und sechziger Jahre:
Was nach einem Atomkrieg bleibt

Während Orwell in seinem Roman, der eine Welt nach dem dritten Weltkrieg imaginiert, eine Horrorwelt von Überwachung, Gedankenpolizei, Kulturzerstörung zeigt und er den idyllischen Freiraum einer Liebesbeziehung als eine kurze Illusion entlarvt, dominiert in Arno Schmidts (1914–1979) frühester Warnutopie von 1949, *Schwarze Spiegel*, die auch eine Welt nach dem dritten atomaren Weltkrieg vorführt, die Idylle. Problematisch zunächst scheint die gedankliche Konstruktion des Romans: Der Ich-Erzähler – 1960 wohl der letzte Überlebende nach der großen Katastrophe fünf Jahre zuvor – beschreibt sein robinsonhaftes Leben in der neuentstandenen Wildnis in der Nähe von Celle. Aus den Häuserruinen und Militärdepots organisiert er Nahrungsmittel, Büchsen, Biskuitkanister, vakuumverschlossene Gläser, »die Gifte« – so heißt es einmal – »sind in Alles eingedrungen; eigentlich darf man nur Glasflaschen mit Stanniolköpfen trauen« (*Schwarze Spiegel*, 57). An die Skelette, die er überall vorfindet, hat er sich gewöhnt, und die Einsamkeit scheint dieser kulturpessimistische »Solipsist in der Heide« sogar zu genießen. »Seit fünf Jahren hatte ich keinen Menschen mehr gesehen, und war nicht böse darüber« (47), und an anderer Stelle sagt er: »Wälder sind das Schönste! Und ich war erst Anfang Vierzig; wenn Alles gut ging konnte ich noch lange über die menschenleere Erde schweifen: ich brauchte Niemanden!« (60) Was dieser Misanthrop jedoch zum Leben braucht, einem Leben, das mehr als ein Überleben wäre, sind Bücher, schöne in Folio oder Quart gebundene Ausgaben, möglichst Erstausgaben, Gedenkausgaben und möglichst die von seinen Lieblingen, seiner geistigen Ahnengalerie: Cooper, Feuerbach, Wieland, Schnabel, Poe, Barockromane, »Ellingers E. T. A. Hoffmann« (83), die wichtigsten Lexika werden genannt. »Einmal neigte ich den Kopf, das Haupt, vor August Stramm: dem großen Dichter! (Auch Albert Ehrenstein, sagt, was ihr wollt!)« (56) Und das ist symptomatisch für Arno Schmidts Erzähler-Gestalten; auch nach der großen Weltkatastrophe fügt es sich doch so, daß sie eine Bibliothek ganz im Geschmack Arno Schmidts ihr eigen nennen. Es stellt sich die Frage, ob Arno Schmidt in den *Schwarzen Spiegeln* nicht die Folgen eines atomaren Vernichtungskrieges verharmlost, ja, ob er die Katastrophe nicht als Gedankenspiel nur veranstaltet hat, um seinen Helden, der »an keine heroes« mehr glaubt, seine individuelle Utopie eines einfachen Lebens in einer abgeschiedenen, mehr nördlichen, ebenen Landschaft ausleben zu lassen, die Utopie des Polyhistors und Bibliophilen, der sich fern jeden Kulturbetriebs, fern der Hektik des industriellen Zeitalters seinen Leseabenteuern hinzugeben vermag.

Auch wenn man nicht die Elle des Wahrscheinlichkeitsdogmas an den Schmidtschen Roman anlegen will, so befremden doch einige Widersprüche, die die innere Logik der epischen Konzeption stören, allerdings um so sprechender von den Wunschvorstellungen des Autors zeugen. Wenn Europa durch die »Mehrzweckbomben« (78) so zerstört ist, daß – durch die Fügung des Erzählers – nur einer überlebt, es so zerstrahlt und verseucht ist, daß »man nur Glasflaschen mit Stanniolköpfen« (57) trauen kann, dann überrascht es, daß ausgerechnet die Hamburger Universitätsbibliothek zur großen Entdecker- und Sammlerfreude des Erzählers den Bomben widerstanden hat, daß die Wälder, die Flüsse, Vogelarten zur großen Lust des naturliebenden Einsiedlers üppig gedeihen. Die Vegetation hat gleichsam die Zivilisationsnarben überwuchert: »Jetzt war alles still: und

schöner! Früher waren auf den Asphaltbändern lautlos Autolichter geglitten: jetzt herrscht nur noch der Mond.« (76)
Die atomare Katastrophe scheint in fast weiser ökologischer Vorsehung gewirkt zu haben: »früher« – so resümiert der Erzähler –

> [...] hätte ich nie kurze Hosen tragen können: die Insekten hätten mich aufgefressen; wenn andere unangefochten spazierten, hingen sie um mich wie Wolken! Aber jetzt, wo die Mehrzweckbomben die meisten Arten vernichtet oder dezimiert hatten, und die Vögel den Rest leicht in Schach hielten, war es eine Freude mit bloßer Haut zu gehen.   (78)

Ein friedliches Leben in menschenfreundlicher Natur und mit Literatur – das ist die Wunschutopie eines zivilisationsmüden, doch kulturenthusiastischen Intellektuellen kurz nach dem Zweiten Weltkrieg, dem angesichts der sinnlosen Greuel und Zerstörungen, des sinnlosen Todes von Millionen Menschen der Glaube an eine die Welt positiv gestaltende Vernunft abhanden gekommen ist. Im Gespräch mit der auf dem europäischen Kontinent wohl letzten »Menschin« Lisa resümiert er zynisch:

> Meine Theorie ist: daß, getrennt durch sehr große Räume, hier und da noch ein paar Einzelindividuen nomadisieren. – Vielleicht sind auf den Südzipfeln der Kontinente [...] noch kleine Gemeinden übrig. – Die Einzelnen werden, des rauhen Lebens und der Wildkrankheiten ungewohnt, wahrscheinlich rasch aussterben. [...] Und es ist gut so!   (115)

Dieser Zynismus ist der aggressive Selbstschutz gegen eine Verzweiflung bringende Erkenntnis, daß die menschliche Gattung mit allen Sinnes- und Vernunftgaben ausgestattet ist, die einen Fortschritt im Zusammenleben der Menschen begünstigte, daß sie, die auch über die Erfahrungen der vorangegangenen Geschlechter verfügt, jedoch dessenungeachtet sich »in dem nämlichen Zirkel von Torheiten, Irrtümern und Mißbräuchen« herumdreht (117). Nicht Gott oder eine Vernunft, Leviathan – so der Titel einer seiner Erzählungen – ist der kosmologische Dämon, der die Welt beherrscht. Arno Schmidt läßt hier die atomare Katastrophe schon im Jahre 1955 sich ereignen; und das Bild, das der Ich-Erzähler wohl 1948, also keineswegs schon im Wirtschaftswunder-Deutschland, von der Menschheit zwischen dem zweiten und dem dritten Weltkrieg entwirft, ist von der Überzeugung geprägt, daß Macht-, Prestige- und Besitzstreben die Hirne besetzen:

> Was waren die Ideale eines Jungen: Rennfahrer, General, Sprinterweltmeister. Eines Mädchens: Filmstar, Modeschöpferin. Der Männer: Haremsbesitzer und Direktor. Der Frau: Auto, Elektroküche, der Titel ›Gnädige Frau‹. Der Greise: Staatsmann. (115)

Insofern ist seine Idylle, zu der auch die Liebesbeziehung zu Lisa gehört – ein erotisches und sinnlich-sexuell entkrampftes Zusammensein –, utopisches Gegenbild, das kritisch die Entfremdungsmechanismen, das Scheindenken einer zweckrationalistischen Konkurrenzgesellschaft antizipiert. Das Eskapistische dieser Robinson-Existenz birgt auch zugleich einen Widerstand gegen jede Form von Vermassung oder gar Totalitarismus, wie ihn Arno Schmidt im Nationalsozialismus erfahren hat. Wolfram Schütte vergleicht Arno Schmidts Haltung mit der Alfred Anderschs, dessen Resümee er zitiert:

> Ich antwortete auf den totalen Staat mit der totalen Introversion. Das war im Sinne Kierkegaards die ästhetische Existenz, marxistisch verstanden der Rückfall ins Kleinbürgertum, psychoanalysiert eine Krankheit als Folge des traumatischen Schocks, den der faschistische Staat bei mir erzeugt hat. (298)

Ähnlich wie Benn in seiner *ars poetica (Probleme der Lyrik)* nach dem Krieg in Anlehnung an Nietzsche die Welt nur noch als ästhetisches Phänomen gerechtfertigt sieht, er eine letzte Objektivität im an sich poetischen Wort jenseits einer banalen, von Ideologien besetzten Wirklichkeit sucht, führt ein radikaler Skeptizismus auch Arno Schmidt dazu, sich in einer Kopfwelt, die die geschichtlichen Errungenschaften der naturwissenschaftlichen und geistesgeschichtlichen Phantasie speichert, heimischer zu fühlen als in der Pseudogemeinschaft moderner Zivilisation. So problematisch Arno Schmidts Erzählung *Schwarze Spiegel* in ihrem Zynismus und Eskapismus auch sein mag, sie behauptet doch im Sinne eines humanistischen Ethos das Ideal freier Individualität, eines Subjekts, das in einer wild wachsenden Natur – wie Robinson – bestehen kann und sie zugleich ästhetisch genießt und das gleichzeitig seine intellektuelle Phantasie gegen die Faktizität des Bestehenden auslebt. Warnutopie und Idylle korrespondieren miteinander; zeigt die erstere das Selbstzerstörerische einer geschichtsblinden, technologischen Vernunft, so bewahrt die letztere den uneingelösten Wunschtraum in sich versöhnter Subjektivität.

Ähnlich spielt auch der 1957 erschienene Roman *Die Gelehrtenrepublik* – der Titel eine Anspielung auf Klopstocks gleichnamiges Werk, auf seine Staatsutopie – in einer Welt nach dem dritten atomaren Weltkrieg: im Jahre 2008. Große Teile der Erde sind verseucht, Europa existiert nicht mehr. – Ich-Erzähler ist der Deutschamerikaner Charles Henry Winer, der fiktive Urgroßneffe Arno Schmidts, ein Journalist, der von den Großmächten die Erlaubnis erhalten hat, zwei der interessantesten Einrichtungen der Erde zu besuchen: den Hominidenstreifen in den westlichen USA und die IRAS, die International Republic of Artists and Scientists.

Im Hominidenstreifen, einem amerikanischen Experimentierreservat, trifft Winer auf Wirklichkeit gewordene

Fabeltiere, auf verschiedene Kreuzungen von Mensch und Huftieren, also Zentauren, auf die Never-Never oder Arachmen, widerlich gefährliche Spinnenmenschen mit giftigem Saugrüssel, und auf die fliegenden Masken, schmetterlingartige Gebilde mit menschlichen, seelenlosen, lüsternen Gesichtszügen. Der mächtige Strahlungseinfluß im dritten Weltkrieg bewirkte diese Mutation. Nicht nur aus Exotismus ersinnt Schmidt diese sicherlich exotische Mutation, die seinem Ich-Erzähler auch prompt ein erotisches Abenteuer mit der hübschen Zentaurin Thalja beschert; angeprangert wird der schrankenlose technologische Zukunftsoptimismus, der sich mit kolonialistischen Ausbeuterstrategien paart. Die Zentauren, vernünftige, ein gedehntes Englisch sprechende Wesen, die eine einfache Naturexistenz leben ohne viele Zivilisationshilfsmittel, werden von den Amerikanern, ohne daß sie es wissen, zur Vernichtung gegen die Never-Never, die Spinnenmenschen, eingesetzt. Strenge Zuchtwahl, von den »Hütern und Pflegern« heimlich vorgenommen »vermittelst Blasrohr: ein winziger Glaspfeil, mit Gift gefüllt« (*Die Gelehrtenrepublik*, 44), selektiert die Schwächeren oder Wilderen oder nur Abweichenden wie z.B. einen »zebroiden Mischling« (44) aus. Wettsport – Rennen, Fußball – mit nützlichen Preisen wie stählernen Speerspitzen – ertüchtigt Physis und Moral:

> Wir züchten dadurch ja gleichzeitig nicht nur gute körperliche Eigenschaften, sondern auch geistige: Reaktionsgeschwindigkeit; Entschlußkraft; Kampfgeist – der uns dann, beispielsweise gegen die Arachmen, wieder zugute kommt.   (53 f.)

Satirisch stellt Schmidt das technokratische Herrschaftsdenken der amerikanischen Sieger, jedoch grundsätzlicher des modernen technologiegläubigen Menschen dar, der durch seinen Atomkrieg diese Menschenzwitter, die Hominiden, erst entstehen ließ; er greift einen Wissenschaftspragmatismus an, dem sich die Frage der Humanität und der

Verantwortlichkeit nicht stellt. In dem Züchterverhalten der Amerikaner, denen die menschliche Verwandtschaft der Zentauren und fliegenden Masken kein Problem ist, die ein wissenschaftlich »neutrales« Verhältnis zu diesen Wesen haben, karikiert Schmidt ein kolonialistisches Denken, das die Menschenwürde verletzt. Sicher nicht zufällig erinnert die Sozialstruktur der Zentauren mit einem Häuptling als Oberhaupt an die indianische Kultur. Doch auch die Russen scheinen in ihrem Großreservat Europa ähnlich zu experimentieren, es heißt – so das Gerücht –, daß »sie sich auf aquatile Formen kapriziert hätten« (50). Das Groteske wird hier – in Swiftscher Tradition – zum satirischen Mittel, eine sich als Fortschritt tarnende Inhumanität zu entlarven. In diesem Zusammenhang gewinnt auch die erotische Episode Winers mit der Zentaurin Thalja einen neuen Stellenwert: Sie ist nicht einfach erotische Pikanterie, macht vielmehr sinnfällig, daß dieses Gazellenmädchen eine Schwester des Menschen ist.

Doch trotz der abenteuerlichen Überraschungen im Hominidenstreifen, der Erfahrung, wie ein Wissenschaftsideal zur Ideologie von Machtsicherung wird, die Erlebnisse, die Winer dann auf der IRAS macht, einer in den Roßbreiten des Pazifik schwimmenden Stahlinsel, sie ist als eine Art Gelehrtenrepublik gedacht, übertreffen all seine Erwartungen. Die »vorsorglich« schon 1980 vor dem dritten Weltkrieg fertiggestellte IRAS ist als ein neutrales, vor Krieg sicheres Refugium für alle genialen Wissenschaftler und Künstler konzipiert, die unter den besten Arbeitsbedingungen hier ihr Werk schaffen sollten. Arno Schmidt führt seinen fiktiven Urgroßneffen Winer, der mit großen Erwartungen die freie Republik des Geistes betritt, von Enttäuschung zu Entsetzen. Die schwimmende Friedensinsel des freien Geistes erweist sich als eine Kleinstkopie der politischen Machtverhältnisse. Die amerikanische Steuerbordseite befindet sich, getrennt durch den Mittelstreifen der Neutralen, in permanentem Konkurrenzkampf mit der russischen Backbordseite. Schmidts Sympathie gilt zweifellos keiner der beiden Mächte. »In der Auseinandersetzung zwischen Ost und West bezieht Schmidt den Standpunkt des Intellektuellen, der grundsätzlich beide Positionen negiert und seine Ansiedlung im Westen mit der graduell geringeren Beschränkung der Freiheit zum künstlerischen Produzieren begründet.« (Eggers, 1976, 328)

Als radikaler Pazifist reagiert Arno Schmidt mit seinem Roman, der nicht nur den dritten atomaren Krieg antizipiert, sondern spiegelbildartig auch in dem Geistesrefugium der neutralen Gelehrtenrepublik einen gefährlichen Machtkampf beschreibt, auf den Beschluß der Bundesrepublik, der NATO beizutreten, zur Aufstellung eigener Streitkräfte, auf die Einführung einer allgemeinen Wehrpflicht. Sein Roman karikiert in satirischer Vergröberung die zerstörerischen Konsequenzen einer Politik des Kalten Krieges. Da Prestige und Macht sich in der Gelehrtenrepublik auf die Werke ihrer Genies gründen, diese zum Beispiel aus dem »Monopol für Rundfunk- und Fernsehsendungen mit allen Prominenten« enorme Einnahmen verbucht, entwirft Arno Schmidt entsprechende Strukturen einer sublimeren Kalten Kriegstaktik: Es geht nicht um die Eroberung von strategisch und ökonomisch interessanten Gebieten, sondern um die Eroberung von genialen Gehirnen.

Schmidt arbeitet mit Strukturen des Kriminalromans, der Science-fiction, des Abenteuerromans, er läßt seinen fiktiven Urgroßneffen nach und nach befremdliche Beobachtungen machen, die auch der Leser nicht zu erklären vermag, und erhöht so die Spannung. Zugleich entlarvt er durch diese Technik der Andeutung, der geheimnisvollen Anspielung, Halbinformation bzw. Informationsverweigung die doch wieder politische Informationsmanipulation auf der angeblich unpolitischen Friedensinsel der Dichter und Denker.

So begegnet Winer dem von ihm hochverehrten Dichter Stephan Graham Gregsen, einem äußerst produktiven, äs-

thetisch filigranen, intellektuell aussehenden Mann, den er
stumpfsinnig, gierig ein Pfund Tatar verschlingen sieht.
Gregsen habe – so bedeutet ihm sein amerikanischer Betreuer – seit seinem Besuch im russischen Backbord-Sektor
keine Zeile mehr geschrieben, sei nicht mehr wiederzuer-
kennen.

Daß die IRAS, das Genie-Refugium, keineswegs unpoli-
tisch ist, daß auch hier das machtpolitische Kalkül regiert,
stellt sich für Winer spätestens in dem Moment als bedrük-
kendes Faktum heraus, in dem sein amerikanischer Betreuer
sich als »Chef der Vereinigten Westlichen Inselabwehr«
vorstellt. Natürlich gibt sich auch sein russischer Betreuer
zum Schluß als »Leiter der Vereinigten Östlichen Abwehr-
dienste« zu erkennen. In dem russischen Inselsektor, von
dessen Besuch man Winer vergeblich abzuhalten versucht,
wird er mit der geheimnisvoll unverständlichen Botschaft
entlassen: »Falls man Ihnen – und sei es andeutungsweise –
irgendein Angebot machen *soll=te –: ›Jawohl: Wir hätten
was zum Tauschen!!‹.* – Haben Sie mich verstanden?!« (121)

Während Schmidt seinen Journalisten im amerikanischen
Sektor die Entdeckung machen läßt, daß die westlichen Genies die großartige Bibliothek so gut wie nie besuchen, daß
die meisten von ihnen verlottern, ein dolce vita leben, statt
ernsthaft zu arbeiten, konfrontiert er ihn im östlichen
Sektor mit verschiedenen Neun-Mann-Kolonnen, die im
Gleichschritt »jeden Morgen und nach der Mittagsbettruhe
geschlossen in die Bibliothek marschieren« (122). »Es sind
unsere Dichter«, kommentiert der Betreuer stolz. Und später heißt es: »Kombinat 8 erfüllt sein Romansoll.« (123)

Polemisch karikiert Schmidt, der asketische Kopfarbeiter,
einerseits eine verlogene Genie-Romantik, die wissenschaftliche bzw. künstlerische Freiheit als Gunst der Intui-
tion von kontinuierlicher, intensiver Forschungsarbeit zu
trennen sucht, spielt u. a. auch auf die Darmstädter Künst-
lerkolonie an; andererseits prangert er satirisch die Aus-
wüchse einer sozialistischen Planwirtschaft an, die auch

noch die schöpferische Individualität zu kollektivieren sucht. In karikaturistischer Überzeichnung, einem Grundzug der Satire, attackiert Schmidt, wie schon zuvor am Beispiel der Hominiden-Zucht, einen Wissenschaftspragmatismus, der die Würde des Individuums negiert.

Er imaginiert neben der Möglichkeit der Herzverpflanzung auch die der Gehirnverpflanzung und die der jahrelangen »Hibernation«, einer Lebenskonservierung durch Unterkühlung. Mit Entsetzen erfährt Winer, daß die junge Frau Stupin doch der ehrwürdige Stupin war, dessen Gehirn in einen jungen Körper eingesetzt ist, daß zwei Pferde die Gehirne der berühmten Lyrikerin Jane Kappelmann und des Dichters Stephan Graham Gregsen beherbergen. Und die dunkle Rede des amerikanischen Chefs gewinnt allmählich an Sinn:

> *Weggeführt; ich; vor mir die beiden Gehirnklauer.*
> (Haben uns, dem Freien Westen, 2 master=minds entführt: Oh, Ihr Schufte!! / Aber Uspenskij, ganz schwer):
> *»Sagen Sie Ihrem Mister Inglefield*: Wir *hätten* was zum Tauschen!« – : Denn [...] »uns fehlen *auch* die beiden Spitzenspieler im Schach: Weltmeister Rylejew und Wowejkoj.«
> »Wir bewahren die Gehirne auf: bis 1. Oktober: Sagen Sie das Mister Inglefield!«   (138)

So läßt Arno Schmidt seinen unpolitischen Intellektuellen unmerklich ins Netz der beiden konkurrierenden Geheimdienste geraten. Die Amerikaner konservieren ihrerseits durch Hibernation die beiden russischen Spitzenspieler im Schach. In einem dramatisch grotesken Furioso läßt Schmidt seine Warnutopie enden.

Die Verhandlungen zwischen den Russen und Amerikanern über den Austausch ihrer Genies sind gescheitert; aus Protest geben die Amerikaner den Befehl in ihr Maschinenviertel, die Schrauben mit voller Kraft rückwärts laufen zu lassen; die Russen geben »unverändert Volldampf voraus« (149). Die Gelehrteninsel rotiert, unsicher ist, ob sie dem »Einwirken solcher Schub- und Zugkräfte« gewachsen ist (150). Mit Entsetzen verläßt Winer die Insel. Und als letztes Bild taucht dann vor dem inneren Auge Winers Thalja auf: »Über die Sandebene kam eine Reiterin! Ohne zu halten an mir vorbei: nur das Gesicht wandte sie, und sah mich fest durch die eine übergroße Goldähre an:!: *Thalja!!*« (151) Im Gegensatz zu seinem frühen Roman *Schwarze Spiegel*, in dem die Idylle, die Wunschphantasie des Kriegsmüden dominierten, bleibt der Idylle in diesem Roman wenig Raum.

In seiner dritten Warnutopie, dem 1961 erschienenen Roman *Kaff auch Mare Crisium*, läßt er das Szenario – eine zerstrahlte Erde und einen Menschenrest von jeweils ungefähr 100 Amerikanern und 100 Russen unter einer Plastikglocke auf dem Mond – als Gedankenspiel des Ich-Erzählers Karl Richter entstehen, der in der ländlichen Idylle um Giffendorf durch die Fragen seiner Freundin Hertha jeweils neue Phantasie-Impulse bekommt.

Gedankenspiel/Warnutopie und die fiktionale erste Erlebnisebene sind miteinander verzahnt, korrespondieren in ihren Handlungsstrukturen (vgl. Drews, 1968, 28). Auch in der *Schule der Atheisten* von 1970, die in einem nordischen Reservat im Jahre 2014 nach dem dritten atomaren Weltkrieg spielt – dieses Mal teilen sich die Amerikaner mit den Chinesen die Macht –, gewinnt die Idylle vom natürlichen Leben, in dem jedoch die wohlausgestattete Bibliothek nicht fehlen darf, größeren Raum. Auf diese Romane kann hier leider nur verwiesen werden.

Die Angst vor einem dritten atomaren Weltkrieg beherrschte nicht nur das Denken Arno Schmidts, sondern das vieler seiner Zeitgenossen in den fünfziger Jahren.

Huxleys satirischer Roman enthielt noch keine Anspielung auf Atomzertrümmerung. Daß »wir einander selber zu

Stäubchen zersprengen und so der Geschichte ein Ende machen« (*Schöne neue Welt*, 13) könnten, die atomare Selbstvernichtung, war für ihn keine reale bedrohliche Möglichkeit.

Auch George Orwell prangerte zwar die Persönlichkeitszerstörung durch wissenschaftliche Methoden an, er thematisierte jedoch nicht den Wahnsinn menschlicher Selbstvernichtung, sondern das Menschenvernichtende totalitärer Macht, die Technologie nur zur besseren Kontrolle und Indoktrination der Menschen entwickelt.

Doch vor allem deutsche Autoren hielten *das* für möglich, was Huxley und Orwell noch weitgehend ausschlossen: den atomaren Holocaust. Die Erfahrungen des Zweiten Weltkrieges, der ein zerbombtes, geteiltes Deutschland hinterließ, hatten sich nicht nur den Intellektuellen tief eingeprägt. Der Devise »Nie wieder Krieg« entsprach die Furcht vor dem Knopfdruck, der einen Atomkrieg auslösen könnte. So appelliert Günter Eich (1907–1972) in dem Hörspiel *Träume*: »Alles, was geschieht, geht dich an« (289), beschwört sein Gedicht »Betrachtet die Fingerspitzen« die atomare Verseuchung der Welt. Auch Peter Huchel (1903–1981) in dem Gedicht *Psalm* warnt vor dem Ende der Menschheit: »Die Öde wird Geschichte. / Termiten schreiben sie / Mit ihren Zangen / In den Sand.« Die Vorstellung, daß ein einzelner Verantwortlicher durch seine – unverantwortliche – Entscheidung die Welt in einen totalen Vernichtungskrieg treiben könnte, beunruhigte nicht nur einige Intellektuelle. Pazifismus war im Nachkriegsdeutschland eine breite Bewegung.

Auch Friedrich Dürrenmatts (1921–1990) Drama *Die Physiker* ist geprägt von der Furcht, daß die Verantwortung für Krieg und Frieden in der Hand von unverantwortlichen Verantwortlichen liegen könne. Der satirische Plot seiner grotesken Komödie: Der Physiker Möbius, der über die »verheerenden« Nutzungsmöglichkeiten seiner »genialen« Entdeckungen nachgedacht hat – die Zerstörung der Menschheit wäre möglich –, mißtraut den politischen

Machthabern; er nimmt die Rolle des Wahnsinnigen an, dem der König Salomon erscheint, läßt sich in ein »Irrenhaus sperren«. Seine Überzeugung: die Vernunft fordere, daß die Wissenschaftler ihr gefährliches Wissen zurücknehmen. Zwei weitere Physiker, die sich für Newton bzw. Einstein halten, stellen sich schließlich als Agenten zweier konkurrierender Geheimdienste heraus, die den Entdeckungen Möbius' auf der Spur sind. Der groteske Schluß: Als Möbius seine Kollegen von der Unverantwortlichkeit überzeugt hat, den Politikern ein Wissen preiszugeben, das diese mißbrauchen könnten, sehen sie sich alle drei in einer Falle. Die selber wahnsinnige Irrenärztin, Frl. von Zahnd, hat Möbius' Aufzeichnungen kopiert, sie läßt die drei Physiker durch eine Pfleger-Gang bewachen. Die Zukunft der Welt ist in der Hand einer Wahnsinnigen!

Plakativ will diese Parabel vor dem unkontrollierbaren Gebrauch scheinbar wertfreier Wissenschaft warnen. Weit hat sich hier die Reflexion von dem wissenschaftlichen Fortschrittsoptimismus des 19. Jahrhunderts entfernt. So thematisiert auch der deutsche Dramatiker Heinar Kipphardt (1922–1982) in seinem dokumentarischen Stück *In der Sache J. Robert Oppenheimer* am Fall des bekannten Atomphysikers das Problem wissenschaftlicher Verantwortung. Oppenheimer bekennt in seinem Schlußwort vor dem Sicherheitsausschuß, der nach vielen Prozeßtagen mehrheitlich der Atomenergiekommission empfiehlt, ihm die Sicherheitsgarantie nicht zu erteilen:

> Wenn ich denke, daß es uns eine geläufige Tatsache geworden ist, daß auch die Grundlagenforschung in der Kernphysik heute die höchste Geheimnisstufe hat, daß unsere Laboratorien von den militärischen Instanzen bezahlt und wie Kriegsobjekte bewacht werden, wenn ich denke, was im gleichen Fall aus den Ideen des Kopernikus oder den Entdeckungen Newtons geworden wäre, dann frage ich mich, ob wir den Geist der Wis-

senschaft nicht wirklich verraten haben, als wir unsere
Forschungsarbeit den Militärs überließen, ohne an die
Folgen zu denken.

(In der Sache J. Robert Oppenheimer, 334)

Oppenheimer greift den Vorwurf des Gedankenverrats auf,
den der Sicherheitsausschuß erhob, und interpretiert ihn ge-
genläufig im Sinne höherer Verantwortlichkeit für die
Menschheit. Obwohl oder vielmehr weil er sich loyal seiner
Regierung gegenüber verhielt, er ihr »ungeprüfte Loyalität«
gab, verstieß er gegen die »Idee der Wissenschaften« (335).
Das Verhältnis von Geist und Macht kann nur problematisch sein. Kipphardt warnt durch seine Figur Oppenheimer
vor den Vernichtungsmöglichkeiten, vor der Illusion, die
Wissenschaftler könnten inmitten der Interessenkonflikte
ein »wissenschaftliches l'art pour l'art« betreiben.

Auch Hans Magnus Enzensbergers Gedicht *Weiterung*
aus der *Blindenschrift* von 1964 gehört noch in den Um-
kreis der Warnutopien, die in den fünfziger und frühen
sechziger Jahren im apokalyptischen Kassandraton die Katastrophe einer atomaren Verseuchung der Welt in einem
dritten Weltkrieg vorwegnahmen:

> Wer soll da noch auftauchen aus der flut
> wenn wir darin untergehen?
>
> noch ein paar fortschritte,
> und wir werden weitersehen.
>
> wer soll da unsrer gedenken
> mit nachsicht?

(Blindenschrift, 50)

Anders als der marxistische Aufklärer Brecht, der auch ›in
finsteren Zeiten‹ eine bessere Zukunft vorwegnahm, entwirft Enzensberger in diesem Gegengedicht zu dem Brechtschen *An die Nachgeborenen* ein pessimistisches Ge-

schichtsbild, das jeden zivilisatorischen Fortschritts- und Zukunftsoptimismus verwirft. Die »paar fortschritte« – wie es abfällig heißt – scheinen geradewegs in den Untergang zu führen.

Die österreichische Autorin Marlen Haushofer (1920–1970) scheint in ihrem 1968 erschienenen Roman *Die Wand* noch an die dystopische Literatur der 50er Jahre anzuknüpfen. Auch sie evoziert die Welt einer Überlebenden: Die Ich-Erzählerin, die einer Einladung von Freunden zu deren Jagdhütte folgte, findet sich plötzlich, als sie vergeblich auf die Rückkehr ihrer Freunde wartet, von einer unsichtbaren »Wand« umgeben, hinter der im buchstäblichen Sinn Totenstarre herrscht. Mensch und Tier, die Wiesen und Bäume, alles Lebendige ist auf unerklärliche Weise zu Tode gebannt, nur ein kleiner Bereich um die Jagdhütte herum bleibt von diesem Erstarrungstod verschont. Die Erzählerin deutet zwar an, daß möglicherweise einer der Großmächte eine neue Waffe gelungen sei, die die Erde unversehrt ließ und nur Mensch und Tiere tötete, doch sie führt diese Überlegungen nicht aus. Schnell fügt sie sich in ihre einsame Lage in Gesellschaft nur eines Hundes und einer Kuh. »Über die Wand zerbrach ich mir nicht allzusehr den Kopf.« (*Die Wand*, 41) Das Ich denkt über sein bisheriges Leben nach, über seine eigenen Versäumnisse, über den Tod, die Liebe, und es plant – wie Robinson auf seiner einsamen Insel – sein Überleben, handelt strategisch bei der Nutzung des Proviants, sät, erntet, hofft auf ein Kalb der Kuh Bella. Letztlich jedoch stellt der Roman weniger eine Dystopie als eine moderne Robinsonade dar. Aber anders als Defoes Robinson hat die Ich-Erzählerin nicht nur ein zweckrationales Verhältnis zu den Tieren, sondern sie betrachtet sie als Gefährten, als ihr ebenbürtige Geschöpfe, an denen sie mit Liebe hängt. Ihre Rückschau auf das frühere Leben jenseits der Wand – ein unauthentisches Leben voller Langeweile, falscher Rücksichten, Maskierungen – ist von einer stark misanthropischen Sicht eingefärbt. Selbst ihre beiden Töchter, die

> [...] beiden eher unangenehmen, lieblosen und streitsüchtigen Halberwachsenen, die ich in der Stadt zurückgelassen hatte, waren unwirklich geworden. Ich trauerte nie um sie, immer nur um die Kinder, die sie vor vielen Jahren gewesen waren. Vielleicht klingt das sehr grausam, ich wüßte aber nicht, wem ich heute etwas vorlügen sollte. (40)

Später formuliert sie entschieden: »Und der Wald will nicht, daß die Menschen zurückkommen.« (185)

Ähnlich wie Arno Schmidts Ich-Erzähler aus *Schwarze Spiegel* scheint Marlen Haushofers Ich-Erzählerin die menschenleere Einsamkeit zu genießen, doch anders als Schmidts Solipsist, der sich den geistigen Vergnügungen seiner Lieblingslektüren hingibt, findet Haushofers Protagonistin keinerlei Zeit zum Lesen, und sie vermißt auch keineswegs eine Bibliothek. Sie entwickelt starke emotionale Bindungen zu ihren Tieren, dem Hund Luchs, der Katze und ihrem Nachwuchs, zu Bella, der Kuh, und dem Stier, und sie erfährt beim Tod eines Tieres tiefe Trauer über den Verlust eines Gefährten.

Auch wenn die Ich-Erzählerin die alltäglichen Verrichtungen, die dem Überleben dienen, detailliert schildert, ihr Bericht stellt sich zugleich als Seelenanalyse dar, als physisches Erfahrungsprotokoll, als Meditation über das Leben. Daß am Ende in diese karge Idylle, in der Mensch/Frau und Tier in glücklicher Gemeinschaft leben, ein Mann einbricht und brutal zwei ihrer Tiere tötet, deutet das Konzept eines Geschlechterdualismus an, das den Mann als Aggressor friedlichen Lebens, die Frau als Bewahrerin faßt. Das Schlußbild, die Ich-Erzählerin, die auf ein neues Kalb von Bella wartet, symbolisiert Hoffnung!

Marlen Haushofers Roman *Die Wand* liest sich – trotz der ›klassischen‹ dystopischen Ausgangssituation – auch als feministisch geprägte, ›grüne‹ Gegenutopie, die sich dem technologischen Fortschrittsdenken verweigert, als utopischer Entwurf freundschaftlichen Zusammenlebens in einer agrarisch gestalteten Naturwelt, in der – ein ausdrucksstarkes Symbol – der ursprünglich fast neue schwarze Mercedes als »ein grünüberwuchertes Nest für Mäuse und Vögel« (222) dient.

Auch die englische Autorin Doris Lessing (geb. 1919), die auf einer Farm in Rhodesien aufwuchs, entwirft in ihrem Roman *Die Memoiren einer Überlebenden* (*The Memoirs of a Survivor*) von 1974 keinen Idealstaat, sondern das Bild einer sich auflösenden Gesellschaft. Sie zeigt marodierende Kinder- und Jugendbanden, den Zerfall und den Zusammenbruch einer demokratischen Gesellschaftsordnung. Erzählt wird aus der Perspektive einer älteren Frau, die die Welt, »die Stadt« – wie es allgemein heißt – meistens von ihrem Fenster her betrachtet: die flüchtenden Menschen, die Menschen auf der Jagd nach Nahrungsmitteln. Sie fragte sich,

> [...] wie lange diese Stadt noch stehen würde, die von innen her zerfressen wurde, in der es kaum noch funktionierende öffentliche Einrichtungen gab, deren Bewohner flüchteten, die kaum noch mit Lebensmitteln versorgt werden konnte, deren Rechtsordnung zunehmend in den Gesetzen bestand, die die Bürger sich selbst auferlegten, in instinktiver Selbstbeherrschung oder sogar einer Art Fürsorglichkeit für andere, die in derselben Notlage waren wie man selbst.
>
> (*Die Memoiren einer Überlebenden*, 88)

Die Ich-Erzählerin gibt jedoch keinerlei Gründe an, wie es zu diesem Chaos gekommen ist; auch verzichtet sie darauf, genauer die sozialen und politischen Zustände dieser Welt in Auflösung vorzuführen. Bald auch verliert sie dieses Thema aus dem Blick und beschreibt das Heranwachsen eines jungen Mädchens, das plötzlich bei der Frau auftaucht. Fast voyeuristisch beobachtet die Frau die Liebesromanze, die sich zwischen dem Mädchen und Gerald, dem jungen Anführer einer der Jugendbanden, entwickelt. Schließlich verläßt das Mädchen mit dem Freund den unwirtlichen Ort – einer besseren Zukunft entgegen. Die Autorin arbeitet auch mit phantastischen Elementen, eröffnet neben der fiktiven Realität andere traumartige Welten, Rückblenden in mögliche kindliche Erlebniswelten des Mädchens. Doch was als ein Mehr an Vielschichtigkeit intendiert ist, wirkt diffus, schwächt letztlich den eigentlichen dystopischen Entwurf.

Exkurs
Ernest Callenbach: *Ecotopia*
Eine Utopie alternativen Lebens
in den siebziger Jahren

Trotz dieser vereinzelten Werke mit dystopischem Ansatz gilt doch allgemein der Befund, daß in den sechziger und siebziger Jahren die dystopische Literatur weitgehend von der literarischen Szene verschwand. Dafür steht auch ein Roman wie die 1975 publizierte ökologische Utopie des amerikanischen Autors und Filmwissenschaftlers Ernest Callenbach (geb. 1929), *Ecotopia* (*Ökotopia*), der Gedanken der Friedensbewegung, der Naturschutzbewegung im Westen der USA, des Feminismus und der sexuellen Befreiung aufgreift und in einer ästhetisch jedoch eher pedantischen Weise zu einer literarischen Fiktion verbindet. Sein Plot: Der Journalist William Weston, erster offizieller Besucher aus den USA, soll – die Handlung spielt im Jahr 1999 – im Auftrag der Regierung und der *Times-Post* Informationen über den jungen Staat liefern, der aus den ehemaligen Staaten Washington, Oregon und Nord-Kalifornien besteht, die sich 1980 von den USA abgespalten und ihre Unabhängigkeit erklärt haben. In Reportagen und Tagebuchaufzeichnungen berichtet Weston über das Leben in dem jungen Staat, seine anfängliche Skepsis gegenüber Ökotopia, das sich radikal von einem technologischen Fortschrittsdenken, einer rigiden puritanischen Arbeitsmoral abgewandt hat, weicht bald einer immer größeren Bewunderung für die sinnreichen sozialen, politischen und ökologisch-ökonomischen Strukturen in Ökotopia, das im Sinne einer *stablestate economy* den Rohstoffverbrauch begrenzt, Kompostierung und Recycling in großem Stil praktiziert, das Bevölkerungswachstum begrenzt und gleichsam à la Morus allen Bürgern gesunde, jedoch nicht luxuriöse Lebensbedingungen bietet. In Ökotopia wurde die 20-Stunden-Woche eingeführt, so daß die Bürger über viel Freizeit verfügen, doch auch für die Arbeit selbst gilt: sie soll Spaß machen. Callenbach veranschaulicht diese Maxime am Beispiel gemeinsamen Spülens: Während Weston die Arbeit schnell und effektiv erledigen will, belehren ihn die Ökotopier, wie man auf spaßvolle Weise die Spülarbeit angeht:

> Also fing ich an, auf ökotopische Art und Weise herumzutrödeln – trank ein wenig Bier, warf einige Messer und Gabeln ins Spülbecken, erzählte einen Witz, den ich im Laufe des Tages gehört hatte, und wischte ein paar Tische ab. Aber es war schwer, mein Tempo zu drosseln. (*Ökotopia*, 92)

Was Callenbach hier im Gegenzug zu der in den USA postulierten protestantischen Arbeitsethik entwirft, mutet denn doch reichlich albern an.

Ähnlich wie mit seiner Philosophie des Trödelns ergeht es ihm oft mit seinen anderen Entwürfen besseren sozialen Verhaltens, freundlichen Zusammenlebens. Daß die Bürger sich als Teil der Natur begreifen, die Natur nicht als bloßes entgegenstehendes Objekt, als unerschöpfliche, ausbeutbare Energiequelle, sondern gleichsam als Subjekt verstehen, entspricht den ökologischen Desideraten der Zeit; doch daß diejenigen, die »mit Holz bauen« wollen, »zunächst einmal in einem Forstlager einen ›Walddienst‹ ableisten« (76) müssen, erinnert fatal z. B. an die Zwangsverpflichtung der chinesischen Intellektuellen unter Mao zum Häuserbau und anderen praktischen Dienstleistungen.

Auch Callenbachs berechtigte Rebellion gegen die puritanische Sexualmoral führt zu merkwürdigen Übertreibungen und Widersprüchen. Ganz wie in der klassischen Utopietradition wird die Liebe für Weston zum *spiritus rector* in der neuen Welt, die Liebesbeziehung mit Marissa fördert seine emotionale und intellektuelle Entwicklung, führt schließlich zu dem Entschluß, in Ökotopia zu bleiben. Doch während er einerseits enthusiastisch eine bisher nie erfahrene erotische Leidenschaft in seinem Erlebnis mit Marissa preist, berichtet er andererseits – offenkundig sehr davon angetan – von einem sexuellen Erlebnis mit zwei koketten jungen Frauen, die »zum Sex das gleiche Verhältnis zu haben [scheinen] wie wir zum Essen oder vielleicht zum Laufen – eine angenehme biologische Funktion, aber ohne irgendwelche tieferen gefühlsmäßigen Erwartungen. Sehr entspannend« (120). Diese Trivialisierung des Eros widerspricht offenkundig dem Postulat lebenssteigernder Liebe. Männliche Wunschphantasien prägen Callenbachs Konzept befreiter Sinnlichkeit, so wenn Weston bei einem Krankenhausaufenthalt die wunderbare Fürsorge der Schwester Linda lobt, die den Patienten äußerst kundig massiert und ihm einen tollen Orgasmus verschafft. »Unsere Krankenhäuser sind – nun, sie sind medizinisch gesehen natürlich ausgezeichnet, aber sie sind unpersönlich.« (187) Ein problematisches Konzept ›persönlicher‹ Krankenbetreuung!

Callenbach geht in seinem utopischen Entwurf auf die verschiedensten Probleme westlicher Industrienationen ein – Transportwesen, Energieverbrauch, Abfallentsorgung,

Materialverbrauch, Gesundheitswesen, Supermarktketten usw. –; er führt die Mißstände einer nur auf Wachstum, Leistung und Profit orientierten Gesellschaft vor, doch es gelingt ihm nicht immer, vernünftige Alternativen vorzustellen.

Daß sein *Ökotopia* fast den Rang eines Kultbuchs erlangte, obwohl es sich weder durch stilistische Brillanz noch durch spannungsvolles Erzähltempo auszeichnet, mag wohl an der Aktualität seiner Kritikpunkte und Fragen liegen. Er griff alles auf und an, was in den siebziger Jahren ›trendy‹ war, hat in der Tat die – so der Klappentext – »in aller Welt erdachten oder versuchten Möglichkeiten alternativen Lebens zusammengetragen«.

XVI

Das dystopische Denken der achtziger Jahre
oder
Die Unvernunft der technologischen Vernunft

Das Ende der Menschheit, vor dem die Schriftsteller bis in die frühen sechziger Jahre warnten, diese Angstvorstellung nahm mit den sechziger Jahren im Zuge der friedlichen Koexistenz beider Machtblöcke allmählich ab. Man lebte recht sorglos mit dem Paradox, daß die Entspannung dem atomaren Wettrüsten, dem Ziel atomaren Gleichgewichts zu verdanken war. Die Warnutopien verschwanden in den sechziger und siebziger Jahren weitgehend aus der Literatur. Erst seit Beginn der achtziger Jahre tauchten sie wieder verstärkt auf. Deutsche Autoren, deren zwei Staaten den zwei opponierenden Machtblöcken angehören, reagierten mit Sorge auf die wachsenden Spannungen zwischen den Großmächten USA und Sowjetunion, auf die Gefahr eines erneuten Kalten Krieges, der zu einem atomaren Holocaust führen könnte. Neben Romanen entstanden auch zahlreiche Gedichte, die die Atomkatastrophe beschworen.

So veröffentlicht Heinz Piontek (geb. 1925) 1980 einen Lyrik-Zyklus mit dem sprechenden Titel *Vorkriegszeit*, der nicht eine Welt *nach*, sondern *vor* dem drohenden Weltkrieg antizipiert. So heißt es in dem Gedicht *Jetzt will er das GANZ ANDERE*, in dem das Ich seine Sehnsucht nach einem einfachen, alternativen Leben ausspricht, am Schluß mit dem Blick auf zwei junge Leute:

> Nun fallen ihm am Grund der Straße
> Winzige junge Leute auf,
> die auf einen Landrover zugehen.

> Er fürchtet, sie werden das Ende
> Der Vorkriegszeit noch erleben.
>
> (*Vorkriegszeit*, 14)

Diese Furcht bleibt Unterton auch der Gedichte, die mehr meditativ über Weisheit, über Glücksansprüche reflektieren oder die von den Schwierigkeiten sprechen, mit Sprache »in unser Inwendiges voller Wüste« zu gelangen. Endzeitbewußtsein spricht sich deutlich in dem Eingangsgedicht des Bandes aus:

> Ich, am Riff
> eines Jahrtausends,
> weiß wohl,
>
> daß wir nicht
> weiser geworden sind,
> aber verzweifelter.
>
> Drum hänge ich weiter
> Weiter an dir,
> entbrenne für dich
>
> mit meinem
> noch verbliebenen Feuer.
>
> (7)

Einerseits verweist Piontek nicht einfach fatalistisch auf die drohende Katastrophe, er drückt seine Friedenssehnsucht aus, ruft die Weisheit an als die Gegenkraft selbstzerstörerischer Technologie; andererseits überfliegt er idealitätssüchtig die zähe Materialität einer explosiven, hochgerüsteten politischen Realität, der mit der Anrufung der Weisheit nicht beizukommen ist. Wenn der Gedicht-Zyklus, in dem durchaus von Raketen die Rede ist, mit der »hellen und klaren Stimme« der Weisheit schließt – »*Laß die Furcht hinter dir!* / Sind doch beide, Tod und Schatten des Todes, / unterwegs in ewige Verbannung« (61) –, so scheint das mehr religiöse Trostgebärde zu sein. Gerade im

Horizont atomarer Selbstvernichtung wirkt die Haltung eines lyrischen Sehers, der die atomare Katastrophe als gegeben voraussieht – eine »verachte Erde«, »Öde«, »Menschenleere«, einen »totenstillen Kontinent« – und der doch den Sieg der Weisheit verkündet, als naiv und makaber zugleich.

Die lyrische Kurzform hat kaum die Möglichkeit, über komplexe politische, ökonomische und technologische Zusammenhänge aufzuklären, aber sie kann einprägsame Appelle aussenden. Und eine Tendenz der heutigen politischen Lyrik ist es, lyrische Aphorismen zu entwerfen, die sich auch als Transparentschrift eignen. So Erich Frieds (1921–1988) Lyrik-Spot:

> Status quo
>
> > zur Zeit des Wettrüstens
>
> Wer will
> daß die Welt
> so bleibt
> wie sie ist
> der will nicht
> daß sie bleibt.

(Gedichte 2, 523)

Pointiert formuliert Frieds Gedicht die Überzeugung vieler Zeitgenossen, der Status quo des Wettrüstens könne dazu führen, daß Europa »zum atomaren Schlachtfeld eines neuen und damit letzten Krieges wird« – wie es im »Appell der Schriftsteller Europas« vom Dezember 1981 heißt. Und daß die Schriftsteller nach ungefähr dreißig Jahren zu einem Friedensappell aufriefen, der u. a. von den PEN-Zentren der Bundesrepublik und der DDR unterstützt wurde, zeugt von der wieder aktuellen Zukunftsangst nicht nur der Intellektuellen, der Angst vor der Eskalation eines neuen Kalten

Krieges in die atomare Katastrophe. Utopisches Denken heute entwickelt entweder »grüne Utopien«, Gesellschaftsmodelle handwerklich-agrarischer Strukturen – wie der Amerikaner Ernest Callenbach in seinem *Ecotopia* – oder atomare Holocaust-Visionen, so formuliert Peter Schütt (geb. 1939) 1981 in *Der Letzte Krieg* aus dem Band *Entrüstet euch! Gedichte für den Frieden*:

> Der erste hieß
> hinterher einfach
> »der Weltkrieg« –
> so lange, bis der zweite ausbrach.
>
> [...]
> Wenn wir erst
> beim dritten
> angelangt sind
> wird keiner mehr
> bis vier zählen können.

(39)

Dieselbe Überzeugung spricht aus dem »Friedensappell der Schriftsteller Europas« im Sommer 1981:

> Die Menschheit soll jetzt an den verbrecherischen Gedanken gewöhnt werden, daß ein begrenzter Atomkrieg führbar sei – mit neuen Raketen, Neutronenbomben, Marschflugkörpern etc. Wir setzen dagegen: Mit Atomwaffen ist kein begrenzter Krieg führbar; er würde die ganze Welt vernichten.

Auffällig ist, daß sich das politische Warngedicht mit einer geradezu anti-lyrischen Sprache, seinem häufigen Konditional-Stil dem Ton der Aufrufe und Resolutionen angeglichen hat. Das macht die Lyrik ärmer, ästhetisch reizloser, bewahrt sie aber auch vor einem lyrischen Pathos, das noch die Katastrophe mit ästhetischen Blumen garniert. Anders als die Schriftsteller, die nach dem Zweiten Weltkrieg vor

Wiederbewaffnung und Aufrüstung warnten, sehen sich die heute Schreibenden einer total aufgerüsteten Welt gegenüber. »Leben, Überleben und Übertod« heißt der Artikel von Theo Sommer über »Reagans Rüstungspolitik und die US-Friedensbewegung« (»Die Zeit«, Nr. 12, 19. März 1982), und ähnlich formuliert zuvor Fried in seinem Gedicht *Und damit basta!*:

> Rakete
> Rettungsrakete
>
> Vernichtungsrakete
> Mittelstreckenrakete
>
> [...]
> Rüster
> Aufrüster
> Scharfrüster
> heute genannt Nach-Rüster

(Gedichte 2, 520)

Dem Essay-Titel und der Gedichtsequenz eignet die gleiche ästhetische Struktur, eine Rhetorik der Steigerung, die das Paradox fortgesetzter Rüstungssteigerung plakativ faßt. Frieds Gedichtsequenzen gehen darin über das Titel-Arrangement hinaus, daß sie in ihrer Schlußzeile jeweils die sprachliche Verbrämungsform hinzufügen, die den bedrohlichen Inhalt verharmlost. Dennoch, auch sie sind ein Beispiel dafür, daß die politische Lyrik, die sich mit der Atomkriegsgefahr beschäftigt, zu einem aphoristischen Prosa-Stil neigt. Umgekehrt zeigt das Beispiel auch, daß die Journalistik rhetorische Strukturen politischer Lyrik aufgegriffen hat. Es mag wohl an der Skepsis der Autoren literarischen Appellen gegenüber liegen, daß nicht schon mehr lyrische Warnutopien in den letzten Jahren erschienen sind. Gedichte, Songs sind eher in den politischen Kampf zu integrieren, und so überrascht es auch nicht, daß warnende

Utopien zuerst bei den Lyrikern und Liedermachern auf-
tauchten, die sich aktiv in der Friedensbewegung engagierten.

Bezeichnenderweise ist es wieder Friedrich Dürrenmatt,
der 1981 – knapp zwanzig Jahre nach seiner ersten Warnutopie – einen utopischen Entwurf veröffentlicht, seine Erzählung *Der Winterkrieg in Tibet*, die die wahnsinnige Wei-
terführung des Krieges nach dem dritten atomaren Weltkrieg imaginiert. Erzählt wird aus der Perspektive eines
Schweizer Oberst, der in einem unterirdischen Bunker-La-
byrinth seine Erlebnisse und Erkenntnisse für eine spätere
Nachwelt in die Wände ritzt. Niemand glaubte eigentlich an
einen atomaren Krieg:

> So waren wir davon überzeugt, es käme, wenn über-
> haupt, nur ein konventioneller Krieg in Frage, an den
> wir aber nicht glaubten, weil uns einerseits die Her-
> stellung der Bomben so viel gekostet hatte, daß wir für
> einen konventionellen Krieg zu wenig gerüstet waren,
> und weil wir andererseits die Bombe ja gerade gebaut
> hatten, um einen konventionellen Krieg zu verhin-
> dern. (*Der Winterkrieg in Tibet*, 129)

Satirisch prangert Dürrenmatt hier das Paradox an, das
die Politik der friedlichen Koexistenz bestimmte: eine kost-
spielige Aufrüstung/Weiterrüstung/Nachrüstung zwecks
Friedenssicherung. Über die Gründe des wider alle Vernunft ausbrechenden Krieges erfährt der Leser nichts – sicherlich vom Autor wohlbedacht. Gerade da Dürrenmatt
das nicht kalkulierbare Risiko einer Eskalation von Provo-
kation und Sanktionen verdeutlichen will, läßt er den dritten Weltkrieg plötzlich, unvorhergesehen ausbrechen. Lakonisch heißt es: »Der dritte Weltkrieg begann die ersten
zwei Tage konventionell«, eine ›konventionelle‹ Kriegsführung zwischen zwei hyper-atomgerüsteten Weltmächten
wird nur als Auftakt zu der ebenfalls kurzen und um so ra-

dikaler zerstörerischen atomaren Konfrontation vorgestellt.
So überraschend der Kriegsausbruch war, so abrupt ist auch
das »Kriegsende« bzw. die wechselseitige Kapitulation der
»verbündeten und feindlichen Armeen« (130). Die verschiedenen Regierungen, im unklaren über den Weltzustand,
funken von ihren unterirdischen Bunker-Residenzen ihre
Friedensangebote in die Welt, und sie halten sich weiterhin
als die privilegierten Überlebenden im Regierungsbunker
für die verantwortlichen Repräsentanten ihres jeweiligen
Volkes, das nur noch in kleinen Restbeständen dahinvege-
tiert. Die Soldaten/Bürger haben die Offiziere niederge-
schossen, sie verweigern den Krieg. Dürrenmatt polemisiert
gegen die lächerlich geringe Zahl von Atomschutzbunkern,
die gerade für die jeweiligen Regierungen ausreichte, die
dann ohne Volk regieren könnten, und damit auch ohne
dessen Kritik.

In den Bunkern geht der Krieg weiter, der Oberst erschießt den Philosophen und ehemaligen Kriegsdienstver-
weigerer Edinger, der mit anderen »Dissidenten«, »Opfern
von Radikalenerlassen« und »Kriegsdienstverweigerern«
(157) eine Weltverwaltung gegründet hat. Diese will den
kriegsmüden Menschen aller Länder helfen, die noch radio-
aktiv unverseuchte Sahara zu bewässern. Der Oberst jedoch
glaubt an den Feind, will die in ihrem Bunker eingeschlos-
sene Regierung mit Hilfe der letzten strahlenverseuchten
Soldaten befreien. Edingers Frau hat jedoch jede Verbindung
zum Regierungsbunker gesprengt. Der Oberst bleibt in seinem Bunker ebenso gefangen wie in seinem Kriegsdenken,
er kämpft gegen einen Feind, den es nicht gibt, glaubt am
»Winterkrieg in Tibet« teilzunehmen, einem Krieg, in dem
Feinde und Verbündete die gleiche Uniform tragen, ununterscheidbar sind. Jeder verdächtigt den anderen, zum Feind zu
gehören, d. h. jeder bekämpft jeden. Eine satirische Parabel,
die das Wahnwitzige von Kriegen karikiert.

Auch Dürrenmatts parabolische Erzählung, die vor einem Krieg warnt, in dem es keine Sieger mehr geben wird,

kann nur Appell an die menschliche Vernunft sein. Daß sich der Appell – anders als in den politischen Gedichten – zu einer komplexen Erzählung ausgestaltet, liegt in der existenziellen Perspektive des Autors, der die Situation des im Bunker Überlebenden als die des im Labyrinth gefangenen Individuums deutet, das Minotaurus und Theseus zugleich ist.

Auch Anton Andreas Guha, Redakteur bei der »Frankfurter Rundschau«, prangert in seinem 1983 erschienenen Roman *Ende. Tagebuch aus dem Dritten Weltkrieg* die (selbst-)mörderische Illusion an, daß atomare Abschreckung auf Dauer den Frieden sichern könnte. Schauplatz der Handlung: die Bundesrepublik Deutschland, genauer die Gegend um Frankfurt und Wiesbaden; erzählt wird aus der Perspektive eines Zeitungsredakteurs, der den Ablauf der aufhaltbaren und sich doch unaufhaltbar in mechanischer Wahnsinnslogik vollziehenden atomaren Katastrophe in einem Tagebuch festhält:

> 26. Juli – Es ist Krieg. Der Countdown läuft. Präzise, unerbittlich und unaufhaltsam . . . Der Redaktionsbote schrie es bereits auf dem Gang: USA greifen kubanische und sowjetische Stellungen auf Kuba an. Luftwaffe pausenlos im Einsatz. Washington droht mit Einsatz taktischer Atomwaffen.   (*Ende*, 5)

Gleichzeitig flackernde Blitz-Zeichen auf den Redaktionsbildschirmen: »Sowjetische strategische Atom-U-Boote in Stellung gegangen.« In den nächsten Tagen folgen weitere Katastrophenmeldungen: »Havanna in Schutt und Asche, sowjetische Elitetruppen im Nordjemen und Äthiopien, amerikanische Mobilmachung auf ihren Stützpunkten in Mittel- und Fernost« (54) usw. Guha fingiert die atomare Konfrontation der beiden Supermächte in real vorhandenen Krisengebieten, und er sucht die Vorstellung zu erwecken, so könnte die von Menschen zu verantwortende Apokalypse sich tatsächlich ereignen; die Tagebuchform mit vielen

Medienzitaten und Augenzeugenberichten suggeriert Dokumentationscharakter. Dennoch, die Frage, die sich dem Erzähler innerhalb der Romanfiktion stellt – »Wie vermittelt man seinen Lesern das Unvorstellbare?« –, betrifft auch den Autor selbst. Letztlich bleibt seine fingierte Geschichtsschreibung von den letzten Tagen der Menschheit – keine 35 Tage – gerade in der Konstruktion der politischen Kausalketten recht abstrakt. Guha sucht diesem Problem dadurch gegenzusteuern, daß er seinen Protagonisten mit einem kritischen politischen Problembewußtsein ausstattet, er ihn sich immer wieder an die politischen Ereignisse der letzten Jahre erinnern läßt. Guha kennt die entsetzliche Geschichte von Hiroshima und Nagasaki, aus ihr extrapoliert er die infernalischen Folgen eines weltweiten Atomkrieges. Sein Roman stellt einen verzweifelten Appell an die menschliche Vernunft dar, an die er kaum mehr zu glauben vermag. Symptomatisch für diese widersprüchliche Psychologik, die durchaus verständlich ist, die Berufung auf Kants Idee des Friedens als der höchsten Leistung der Vernunft, aber auch auf Nietzsches nihilistische Prognose, daß der menschliche Planet nur eine Minute in der Weltgeschichte ausmache. Immer wieder zitiert Guha Philosophen, Naturwissenschaftler, Politiker, die sich mit dem Friedensthema auseinandergesetzt bzw. vor der hochentwickelten Kriegstechnologie gewarnt haben. Sein *Tagebuch aus dem dritten Weltkrieg* stellt mehr einen theoretischen Diskurs dar, als daß es eine konkrete Dystopie ausgestaltete.

Darin liegt nun das grundsätzliche Problem der Warnutopien, die eine Situation nach einem dritten Weltkrieg imaginieren: Die Fiktion bewegt sich zwischen der Skylla stofflicher Dürftigkeit – denn was läßt sich vom Ende der Geschichte schon viel berichten – und der Charybdis der Verharmlosung bzw. der ästhetischen Ausbeutung der atomaren Katastrophe. Das ist eine Gefahr, der auch Matthias Horx (geb. 1955) in seinem »Ernstfall-Roman« *Es geht*

voran nicht entgeht. Schauplatz ist eine deutsche Großstadt
– wohl Frankfurt – im Jahr 1987 kurz vor der erwarteten
atomaren Katastrophe. Die es sich leisten konnten, sind
ausgewandert, die Stadt ist verödet, verkommen; es herrschen bürgerkriegsähnliche Verhältnisse, die Polizei bewacht notdürftig die Grenzen, um die Auswanderungen
einzudämmen. Erzählt wird aus der Perspektive eines aus-
geflippten Freaks, der »Pillen einwirft und säuft«, um »den
Amok zu stoppen und nicht ganz auszubrennen« (*Es geht
voran*, 12).

Zu den »Harten«, die für eine gewaltsame Auseinandersetzung mit den »Normalos« sind, gehört er nicht mehr,
aber auch nicht zu den »Transformatoren«, die argumenta-
tiv eine politische Veränderung herbeiführen wollen; und
die »Normalos« bzw. »Supernormalos« – das Establish-
ment – haßt er. Seine hilflose Aggression, die kein Ziel sieht,
macht sich in einem metaphernreichen Szene-Jargon Luft,
der wenigstens verbale Gemeinsamkeit schafft. Neue Orientierung und Selbstdisziplin gewinnt der Erzähler, als er
mit seiner Freundin der Untergrundorganisation »Phönix«
beitritt, die mit relativ stabilen Paaren ein Überlebenstraining exerziert, physisch und psychisch auf die Katastrophe
vorbereitet. Der atomare Schlag tritt ein; dank der Vorsorge
und dem harten Training überlebt die Gruppe des Ich-Erzählers und schlägt sich mit vielen Strapazen bis zu einem
strahlenunverseuchten »Weiler« durch, der »noch idyl-
lischer ist, als es die Kundschafter beschrieben haben« (118).
In ökologischem Geist werden Radieschen, Erdbeeren und
andere schöne Gemüse gepflanzt, bald versucht man sich an
der Herstellung von Ziegenkäse; Gewächshäuser werden
eingerichtet. Die Atomkatastrophe hat einen ökologischen
Neubeginn ermöglicht! Trotz Rückschlägen, Zwietracht
zwischen den Gruppen, Medikamentenmangel geht der
Kampf um ein besseres Leben voran; und da die »Normalos«, an ihrer Spitze die »Unberührbaren«, d. h. die Kapitalisten, die Menschen schon wieder bzw. noch immer in den

Fabriken ausbeuten, kommt es zu einem letzten großen Kampf, den die »Krieger« der »Clans« gewinnen. Als Heldenepos im Karl-May-Stil endet der Roman, Grün-Utopia hat gesiegt.

So originell der Roman z. T. in seinen verschiedenen Sprachstilen, in der Charakteristik alternativer Szenen auch ist, es bleibt doch das Problem, daß die Atomkatastrophe gleichsam mißbraucht wird, um alternative Lebensmöglichkeiten durchzuspielen.

Der Film steht vor dem gleichen Problem der Verharmlosung, wie Nicolas Meyers vieldiskutierte Untergangsvision *The Day After* von 1983 nach dem Drehbuch von Edward Hume demonstriert. Inmitten einer amerikanischen Mittelstandsidylle – man sieht nur Liebespaare, sich liebende Ehepaare, verständnisvolle Mütter und Väter, alles nette Menschen – bricht der atomare Vernichtungsschlag ein, ausgelöst von den beiden Supermächten. *The Day After* zeigt zwar Bilder des Grauens, Trümmerhalden, Leichenberge, Plünderungen, strahlenverseuchte Menschen und die verzweifelten Mühen des sympathischen Halbgotts in Weiß, dem Chaos in der einzig verschonten Klinik im Hundert-Meilen-Distrikt um Kansas City Herr zu werden, doch es könnten auch Bilder aus dem Zweiten Weltkrieg oder aus einem Katastrophengebiet sein. Zwar versteht der Regisseur seinen Film als Friedensappell, aber er verharmlost in bedenklicher Weise die Auswirkungen eines atomaren Krieges. Symptomatische Schlußbilder: Die kreißende Wöchnerin bringt in symbolischer Eindeutigkeit endlich ihr überfälliges Baby zur Welt. Der Bräutigam findet im Lazarett seine Braut; beiden sind die Haare ausgefallen, doch – inniger Blickwechsel: Sie lieben sich trotzdem! Daß die strahlenverseuchte Mutter ein strahlenverseuchtes Kind zur Welt bringt, daß beide elend zugrunde gehen werden, daß auch die Liebenden keine Lebenschance haben, diese Wahrheit kleistert der Film mit seinen idyllischen Bildern zu. Wie der

Roman von Horx propagiert auch der Film durch seine Dramaturgie die Ideologie »Das Leben geht weiter« – auch nach der atomaren Katastrophe.

Während der amerikanische Film vorgibt, vom Tag danach ließe sich ein realistisches Szenario entwerfen, die Katastrophe wäre mit dem rechten Pioniergeist aller zu bewältigen, evoziert der russische Film *Briefe eines Toten* von 1986 eine apokalyptische Landschaft von beklemmender Trostlosigkeit. Sein Regisseur Konstantin Lopuschanskij, der bei Tarkowskij Regieassistent war, sucht gar nicht erst wie sein amerikanischer Kollege die Eskalation in den atomaren Vernichtungsschlag zu konstruieren, führt uns auch nicht eine Stunde in russische Wohn- und Schlafzimmer, sondern setzt mit einer Verwüstungsvision ein, die in nichts mehr den Ruinenbildern nach dem Zweiten Weltkrieg ähnelt: Menschenleiber und Schlammassen, fast ununterscheidbar; nur zerborstene Gleise erinnern noch an die zunichte gemachte Zivilisation und eine Sakralmusik, die in ihrer reinen Schönheit elegisch den Verlust der humanen Welt beschwört. Ein Computerfehler hat offensichtlich die atomare Katastrophe ausgelöst. Nur beiläufig wird im Film der äußere Anlaß erwähnt, der die Weltvernichtungsmaschinerie in Gang setzte: Einem Arzt, der sich in einer Toilette erhängt, hämmern die Sätze im Kopf: »Computerfehler – Abschußbefehl widerrufen« – »Er kam nur sieben Sekunden zu spät!« Der äußere Anlaß ist unwichtig, entscheidend ist das Denken, das die »technische Panne« ermöglichte. Konsequenterweise verzichtet der Film auch auf eine Schuldzuweisung an die anderen, er fragt nach den tieferen, letztlich anthropologischen Gründen, die in die Selbstvernichtung führten.

Irgendwo gibt es einen Zentralbunker, der auch für die wenigen Überlebenden zu wenig Raum bietet und für Waisenkinder verschlossen bleibt – Kriegsgesetz! Hauptschauplatz ist der Bunker eines Museums. Hier versuchen die noch Überlebenden mit der Katastrophe psychisch fertig zu werden: Der Nobelpreisträger experimentiert weiter, stellt Theorien auf, da er den Glauben braucht, daß die Menschheitsgeschichte weitergeht. Die Museumsangestellte klammert sich an die Evolutionstheorie, läuft mit nacktem Oberkörper herum, da sie ihren Körper an die Strahlen gewöhnen will. Der Geschichtsschreiber diktiert weiter seine Berichte von der letzten Phase der Menschheit, sendet seine warnende Botschaft ins Nichts, in einer absurden Hoffnung, daß sie vielleicht doch von einem Menschen oder menschenähnlichen Wesen einmal gehört würde: »Der Mensch – eine von Tragik gezeichnete Spezies, dem Fortschrittswahn geweiht«, heißt es. In seinem Schreiben an die Nachwelt konstatiert er: »Die Menschheit ist einem tödlichen Irrtum erlegen«, und die Menschen sind »überaus intelligente, arrogante Affen«. Dagegen erinnert der Museumsleiter an das, was die Würde des Menschen ausmachte: »Mitleid, Fähigkeit zu lieben, obwohl das dem Kampf ums Dasein entgegenstand«, »Kunst«. Er ist ein Humanist, der seine Liebe zum Menschen bekennt, obwohl er sein destruktives Wesen erfahren hat. Sein Bekenntnis ist frei von jeder Sentimentalität, er wählt den Freitod, da das Leben im Bunker für ihn jeden Sinn verloren hat: »In der Stunde des Weltuntergangs hat der Tod seinen Schrecken verloren.« Lopuschanskij verzichtet auf dramatische Aktionen, läßt seine im Bunker eingeschlossenen Intellektuellen immer wieder über die Ursache der Katastrophe, über Wissenschaft, Moral, Fortschrittsgläubigkeit reflektieren. Die Gespräche drehen sich im Kreis, angesichts der atomaren Katastrophe erscheint der intellektuelle Diskurs als absurd. Nach dem Suizid seines Vaters sagt der Sohn über diesen und dessen Freund: »Die letzten beiden Humanisten-Fossilien.«

Der Film zeigt keine Bauern, Arbeiter oder mittleren Angestellten, sondern fast ausschließlich Repräsentanten der Intelligenz, und das hat seinen Sinn auch im Genre »atomare Warnutopie«, die als Handlungselement fast ausschließlich auf den philosophischen Diskurs angewiesen ist, da die Katastrophe alltägliches Leben unmöglich gemacht hat. Hier ähnelt Lopuschanskijs Film Guhas Bericht. Der Regisseur führt die psychologische Anstrengung seiner Protagonisten vor, sich mit dem Unvorstellbaren auseinanderzusetzen. Der eine wählt den Suizid, der andere klammert sich an die Hoffnung, daß es doch eine Zukunft geben wird. Der Professor, der unermüdlich an seinen toten Sohn schreibt, bastelt aus Draht und Kabeln einen Weihnachtsbaum für die Waisenkinder und pflanzt die Hoffnung auf Leben in die doch dem Tode geweihten Kinder. Sterbend sagt er den Kindern: »Geht fort von hier, denn solange sich der Mensch im Aufbruch befindet, gab es bisher immer eine Hoffnung.«

Schlußbild: Die Waisenkinder brechen auf, gehen fort – bergaufwärts, zielstrebig durch eine schneeverwehte Landschaft ohne Leichenfelder und Trümmer unter elegisch-leicht hoffnungsvoller Musik mit Versöhnungsakkord. Ein ambivalentes Schlußbild, das den Weg in die Geschichtslosigkeit/Schneewüste, aber auch den Aufbruch in eine neue Zukunft bedeuten kann.

Lopuschanskijs Film *Briefe eines Toten* – bezeichnend der Titel – will sicherlich nicht die atomare Katastrophe verharmlosen. Der Suizid des Humanisten als wohldurchdachte Konsequenz seiner Überlegung stellt einen starken Appell an die Vernunft dar. Doch auch Lopuschanskijs Warnutopie entgeht fast zwangsläufig nicht einer gewissen Verharmlosung. Der Film suggeriert, daß seine Protagonisten auch angesichts des unvorstellbaren Grauens ihre psychisch-intellektuelle Identität wahren, sie weiterhin ihrer Reflexionsweisen, Denkmethoden mächtig sind. Das animalisch nur schreiende Menschenbündel, der gelähmte Mensch, der sprachlos Dahinsiechende, der aus seinem Zusammenhang Gerissene könnte die Handlung nicht eine halbe Stunde lang tragen. So beeindruckend der Film ist, er beschwört das Ende der Geschichte durch den Mund von

Intellektuellen, die erstaunlicherweise an geistiger Kraft nichts eingebüßt haben.

Christa Wolf (geb. 1929) ist wohl eine Autorin, die sich der ästhetischen Problematik einer Warnutopie heute bewußt ist. In ihren Frankfurter Poetik-Vorlesungen, die die Voraussetzung ihrer Erzählung, ihrer vieldiskutierten *Kassandra* reflektieren, sagt sie pointiert:

> Die Oberkommandos der NATO und des Warschauer Pakts beraten über neue Rüstungsanstrengungen, um der angenommenen waffentechnischen Überlegenheit des jeweiligen ›Gegners‹ etwas Gleichwertiges entgegensetzen zu können. Die Einsicht, daß unser aller physische Existenz von den Verschiebungen im Wahndenken sehr kleiner Gruppen von Menschen abhängt, also vom Zufall, hebt natürlich die klassische Ästhetik endgültig aus ihren Angeln, ihren Halterungen, welche, letzten Endes, an den Gesetzen der Vernunft befestigt sind. [...]
> Die Homeriden mögen die ihnen zuhörende Menschenmenge durch ihre Berichte von lange vergangenen Heldentaten vereinigt und strukturiert haben, sogar über die sozial gegebenen Strukturen hinaus. Der Dramatiker des klassischen Griechenlands hat mit Hilfe der Ästhetik die politisch-ethische Haltung der freien, erwachsenen, männlichen Bürger der Polis mit geschaffen. Auch die Gesänge, Mysterienspiele, Heiligenlegenden des christlichen mittelalterlichen Dichters dienten einer Bindung, deren beide Glieder ansprechbar waren: Gott und Mensch. Das höfische Epos hat seinen festen Personenkreis, auf den es sich, ihn rühmend, bezieht. Der frühbürgerliche Dichter spricht in flammendem Protest seinen Fürsten an, und zugleich, sie aufrührend, dessen Untertanen. Das Proletariat, die sozialistischen Bewegungen mit ihren revolutionären,

klassenkämpferischen Zielen inspirieren die mit ihnen gehende Literatur zu konkreter Parteinahme. – Aber es wächst das Bewußtsein der Unangemessenheit von Worten vor den Erscheinungen, mit denen wir es jetzt zu tun haben. Was die anonymen nuklearen Planungsstäbe mit uns vorhaben, ist unsäglich; die Sprache, die sie erreichen würde, scheint es nicht zu geben.

(Wolf, 1983, 84 f.)

Christa Wolf beschwört in ihrer Erzählung nicht die atomare Katastrophe, sie imaginiert nicht den möglichen Ablauf einer politischen Eskalation, die den Atomkrieg auslösen könnte. Vielmehr deutet sie den Mythos der trojanischen Seherin Kassandra mit modernen psychologischen Mitteln und zeigt aus der Perspektive dieser Figur die Entwicklung innerhalb der trojanischen Gesellschaft, die in den Untergang Trojas führte. Ihre Kassandra liest nicht aus Vogelflug und Eingeweiden die Zukunft, sondern aus ihren hellsichtigen Beobachtungen der Gegenwart. Kassandras Sehergabe liegt in ihrem kritischen Bewußtsein, das die Vorbereitungen der martialischen Männergesellschaft für einen Angriffskrieg immer genauer durchschaut. Der Anlaß des Krieges – die von Paris geraubte schöne Helena – ist ein bloßes Phantom: Helena weilt gar nicht in Troja, der Ägypterkönig hat sie Paris längst abgejagt, dennoch hält man an dieser Version fest, um die Bürger für den Verteidigungskrieg zu motivieren. Christa Wolf hat mit *Kassandra* eine Parabel entworfen, die die Mechanismen eskalierender Gewalt, die Strukturen militärischen Denkens entlarvt. Der Rückgriff auf den Mythos ermöglicht ihr eine offene Erzählstruktur, die den Leser auffordert, selbst Parallelen zur Gegenwart zu ziehen. Indem sie darauf verzichtet, ein Zukunfts-Szenario der Atomkatastrophe zu arrangieren, das vom Ernstfall immer übertroffen würde, gelingt ihr eine Warnutopie, die an die Vernunft und Imaginationskraft der Leser appelliert und jede Verharmlosung »des Tages danach« vermeidet.

Nach der Unterzeichnung des Vertrags über die Mittel-
streckenraketen im Jahr 1988, in dem die beiden Supermächte zum ersten Mal die Vernichtung einer Raketengat-
tung beschlossen, nahm die Angst vor der militärischen
Atomkatastrophe ab, und auch die Warnutopien, die die
Folgen eines atomaren Schlags beschworen, verschwanden
von der literarischen Szene. Dennoch bedeutete das keineswegs ein Ende des dystopischen Denkens. Die Atomreaktor-Katastrophe von Tschernobyl im Jahr 1986 z. B., die die
sowjetische Regierung zunächst zu verharmlosen, sowie die
Kenntnis von anderen Kernkraft-Unfällen, die die jeweiligen Gesellschaften bzw. Regierungen vor der Öffentlichkeit
geheimzuhalten suchten, lösten Diskussionen über die viel
beschworene ›sichere Kernkraft‹ aus. Die Schriftsteller entwickelten sehr bald eine neue Sensibilität für diese ›zivile‹
Form atomarer Bedrohung; so veröffentlichte z. B. Wladi-
mir Gubarew (geb. 1938) 1986 in der russischen Zeitschrift
Nowij Mir das Theaterstück *Sarkophag*, das die Auswirkungen einer Atomreaktor-Katastrophe anprangert. Schauplatz ist ein Krankenhaus, in dem die Strahlenverseuchten
untergebracht sind. Die Frage nach den Verantwortlichen
dieses Unglücks wird den Leitern des Krankenhauses und
den Politikern gestellt – ein höchst brisantes Sujet in der damaligen Sowjetunion. Das Stück fand große Resonanz in
der literarischen Öffentlichkeit und wurde vielfach aufge-
führt. Auf der internationalen Hörspieltagung in Moskau
im Jahr 1994 – beim Radio Ostankino Grand Prix – präsen-
tierten verschiedene Redakteure – so Walerij Anisenko von
Radio Minsk/Weißrußland – Hörspiele mit dieser The-
matik.

Und auch nach dem Zusammenbruch der Sowjetunion,
der das Blockdenken vollends aufhob, ließ die Zunahme
neuer Krisenherde, neuer religiöser, ethnischer, politischer
Konflikte den Weltfrieden keineswegs sicher erscheinen. Im
Gegenteil, noch unkalkulierbarer scheinen die Ursachen für
kriegerische Konflikte mit ihren unkontrollierbaren Eskala-

tionen zu sein. Auch das Anwachsen fundamentalistischer
Bewegungen lädt nicht gerade zu optimistischer Betrachtung ein.

Im Jahr 1985 publiziert die kanadische Autorin Margaret
Atwood (geb. 1939) den dystopischen Roman *The Handmaid's Tale* (*Report der Magd*), der nun nicht eine Welt
nach dem dritten Weltkrieg oder das Szenario vom Aus-
bruch eines neuen Weltkriegs imaginiert, sondern eher in
der Tradition von Orwell einen totalitären Staat fundamentalistischer Prägung entwirft.

Der Plot, der das düstere Gedankenspiel in Gang setzt:
Gegen Ende des 20. Jahrhunderts reißen fanatische religiöse
Sektierer im Norden der USA die Macht an sich und errich-
ten die sogenannte Republik Gilead, einen rigoros theokratisch organisierten Staat, dessen Gewaltherrschaft ein
selbstbestimmtes Leben aller Einwohner zunichte macht,
die Bürger einer rigiden Zwangsordnung unterwirft, doch
darüber hinaus vor allem die weibliche Hälfte der Bevölkerung völlig entmündigt.

Wie bei Samjatin, Boye oder Orwell gewinnt der Leser
durch die subjektive Perspektive – hier einer Ich-Erzählerin
– Einblick in die Welt von Gilead. Genauer gesagt, es handelt sich um eine Sprecherin, wie man am Schluß des Romans erfährt, wenn auf einem Historikerkongreß im Jahr
2195 – rund 200 Jahre später – die vorliegende »Ich-Erzählung« als Transkription eines archäologischen Tonband-
funds identifiziert wird. Der Hauptreferent, Prof. Pieixoto,
Direktor der Archive Zwanzigstes und Einundzwanzigstes
Jahrhundert, Universität Cambridge, England, beschreibt
das Material:

> Es waren alles in allem rund dreißig Bänder, mit variie-
> rendem Verhältnis von Musik zu gesprochenem Wort.
> Im allgemeinen beginnt jedes Band mit zwei oder drei
> Songs, eine Maßnahme der Tarnung zweifellos. Dann

bricht die Musik ab, und die sprechende Stimme ergreift das Wort. Es ist die Stimme einer Frau und zwar,
unseren Stimm-Druck-Experten zufolge, durchgehend
dieselbe Stimme. Die Labels auf den Kassetten waren
authentische historische Labels. Sie datierten, natürlich, aus der Zeit vor Beginn der Frühen Gileadischen
Ära, denn unter dem Regime war alle säkulare Musik
dieser Art verboten. Es gab zum Beispiel vier Bänder
mit dem Titel ›Elvis Presley's Golden Years‹ [...] sowie
einige Titel, die jeweils nur ein Band füllten: ›Twisted
Sister at Carnegie Hall‹ ist eins, das mir besonders ge-
fällt. (*Report der Magd*, 384 f.)

Zusammen mit einem Kollegen hat der Referent die un-
geordneten Bänder in eine Reihenfolge gebracht. Offenkundig bedient sich Atwood hier einer modernen Variante der
beliebten Herausgeber-Fiktion, die den Wahrheitsgehalt ihrer Utopie unterstreichen soll. Auch die Möglichkeit einer
Fälschung wird diskutiert, da es bekanntlich »mehrere Fälle
solcher Fälschungen gegeben« hat, »für die Verlage große
Summen gezahlt haben, wobei sie zweifellos auf den Sensa-
tionswert solcher Geschichten setzten« (385). Zweifellos
auch eine Anspielung auf die Affäre um die gefälschten Hit-
ler-Tagebücher, die 1983 in der Weltöffentlichkeit für Sensa-
tionen sorgte. Interessant ist, daß der Referent – unter Ap-
plaus – davor warnt, die Gileader moralisch zu verurteilen
(vgl. 385). Eine Anspielung auf die Historikerdebatte um
den Nationalsozialismus.

Atwoods *The Handmaid's Tale* arbeitet mit den klassischen Motiven der totalitären Dystopie, fügt ihnen jedoch
noch das des Literaturverbots hinzu. In Gilead ist den
Frauen bei höchster Strafe – z.B. durch Abhacken der
Hände – Lesen und Schreiben untersagt. Selbst »die Bibel
wird unter Verschluß gehalten [...] Sie ist Zündstoff – wer
weiß, was wir damit anstellen würden, wenn wir sie jemals
in die Hände bekämen? Uns darf vorgelesen werden« (118).

Dieses Literatur- und Schreibverbot für Frauen in einer ausdifferenzierten Mediengesellschaft zielt letztlich darauf ab, die Frauen überhaupt ihrer Stimme zu berauben. Ihnen bleibt zwar der orale Diskurs, doch in einem Regime, das Geschichte systematisch fälscht, die orale Kommunikation behindert, in dem jede/jeder ein möglicher Spitzel sein kann, wird auch diese Kommunikationsform obsolet. Das Überwachungssystem durch »Augen« und »Wächter« verhindert jeden Gedanken- und Gefühlsaustausch, reduziert jede Kommunikation auf heimliche Kurzmitteilungen, meist über die letzten Exekutionen oder das Schicksal einer »Dissidentin«.

Desfred, so der neue gileadische Name der Protagonistin, der die Zugehörigkeit zu einem Mann »des Fred« ausdrückt, beschreibt nicht analytisch die Funktionsform des Staates, sondern sie zeichnet, wenn auch wohl aus der Rückschau, tagebuchartig ihre Erlebnisse in Gilead und ihre Erinnerungen an ihr Leben vor dem Putsch auf. Diese Rückblendung auf ihr Leben mit ihrer Freundin Moira, einer lesbischen Feministin, mit ihrer progressiven alleinerziehenden Mutter, die gegen Abtreibungsverbot und Gewaltpornographie protestierte, mit ihrem Freund und späterem Mann Luke und der kleinen Tochter, sie verdeutlichen die emanzipierte Stellung der Frauen in den USA der achtziger Jahre. Die Diskussionen zwischen Mutter und Tochter rufen ins Gedächtnis, daß die Frauen sich diese Position erst nach und nach mühsam erkämpft hatten.

»Desfred« arbeitete zur Zeit des Putsches als »Diskettierer« in der Bibliothek, hatte »Bücher auf Computerdisketten zu übertragen« (226), Moira arbeitete »für ein Frauenkollektiv, in der Verlagsabteilung. Dort wurden Bücher über Familienplanung und Vergewaltigung und ähnliche Themen herausgebracht« (233). Beide arbeiten in Berufen, die mit Schrift bzw. Digitalität zu tun haben!

Die Machtergreifung des Gileadischen Regimes geht einher mit der Ausschaltung der modernen Medien und der Übernahme der Bankkonten. Die erste Irritation, daß sich ein politischer Umbruch vollzieht, erfährt die Protagonistin dadurch, daß ihre Credit-card nicht mehr akzeptiert wird. Bargeld ist abgeschafft. Es folgt die Kündigung, die – wie sich bald herausstellt – alle Frauen betrifft, und dann sind wir mitten in der gileadischen Gesellschaft mit ihren Gesetzen. Pointierter, klarer als aus dem Bericht der Betroffenen erfährt man aus dem Wissenschaftsbericht des Gilead-Experten die politische Struktur dieses Regimes:

Aus den vorhandenen Dokumenten ging eindeutig hervor, daß sie zu der ersten Welle von Frauen gehörte, die für Reproduktionszwecke rekrutiert und jenen zugewiesen wurden, die solcher Dienste einerseits bedurften und die andererseits dank ihrer Stellung innerhalb der Elite auch einen Anspruch darauf hatten. Das Regime schaffte eine sofortige Reserve solcher Frauen kraft der einfachen Taktik, alle Zweitehen und nicht-ehelichen Verbindungen für ehebrecherisch zu erklären, die weiblichen Partner festzunehmen und mit der Begründung, daß sie als Erzieher moralisch ungeeignet seien, die Kinder, die sie bereits hatten, zu konfiszieren. Diese wurden dann von kinderlosen Ehepaaren der oberen Ränge adoptiert, die auf Nachkommenschaft um jeden Preis begierig waren. (In der mittleren Periode wurde diese Verfahrensweise auf alle Ehen ausgedehnt, die nicht innerhalb der Staatskirche geschlossen worden waren.) So war es den Männern mit hohem Rang im Regime möglich, unter denjenigen Frauen ihre Wahl zu treffen, die ihre Reproduktionsfähigkeit bereits durch die Geburt eines oder mehrerer gesunder Kinder unter Beweis gestellt hatten – eine wünschenswerte Eigenschaft in einem Zeitalter drastisch sinkender Geburtenraten bei den europiden

Rassen, einem Phänomen, das übrigens nicht nur in
Gilead, sondern in den meisten nördlichen europiden
Gesellschaften der Zeit zu beobachten war. – Die
Gründe für den Geburtenrückgang sind uns nicht vollständig klar. Zum Teil kann diese Entwicklung zweifellos auf die breite Verfügbarkeit empfängnisverhü-
tender Mittel verschiedenster Art, einschließlich Ab-
treibung, während der Periode, die Gilead unmittelbar
vorausging, zurückgeführt werden. Ein Teil der Un-
fruchtbarkeit war damals also gewollt, was die unterschiedlichen statistischen Ergebnisse bei europiden
und nicht europiden Rassen erklären mag. (388)

Desfred, im Staat Gilead eine Magd, die für die Repro-
duktion bestimmt ist, ist einem älteren Kommandanten zugeteilt, dem sie ein Kind gebären soll. Da die Geburtenrate
der »Europiden Rassen« seit einiger Zeit drastisch abfiel,
gilt der Sicherung der Fortpflanzung, der Anhebung der
Geburtenrate höchste staatliche Aufmerksamkeit. Die
Frauen werden in folgende Kategorien eingeteilt: die Ehe-
frauen der Commander/Kommandanten, die Aunts/Tan-
ten, die die »Umerziehung« der Frauen vornehmen, die
zum Dienen bestimmten »Marthas«, die speziell für sexuelle Dienste zuständigen »Jesebels« und schließlich die
Handmaids/Mägde, die zur Fortpflanzung bestimmt sind,
als Gebärmaschinen dienen. Desfred ist einem Kommandanten zugeteilt, dessen Ehefrau Serena Joy nicht gebärfä-
hig ist. Der Sexualakt vollzieht sich auf wahrhaft groteske
Weise:

Über mir, am Kopfende liegt Serena Joy ausgebreitet
da. Ihre Beine sind gespreizt, ich liege zwischen ihnen,
mit dem Kopf auf ihrem Magen, ihr Schambein liegt
unter meinem Nacken, ihre Schenkel zu beiden Seiten
von mir. Auch sie ist vollständig bekleidet.
Meine Arme sind erhoben; sie hält meine Hände – jede
meiner Hände in einer von ihren. Das soll bedeuten,

daß wir ein Fleisch sind, ein Wesen. In Wirklichkeit bedeutet es, daß sie damit die Kontrolle hat, über den Vorgang und so auch über das Produkt. Sofern es eins gibt. [...]

Mein roter Rock ist bis zur Taille, jedoch nicht höher, hochgezogen. Weiter unten fickt der Kommandant. Er fickt den unteren Teil meines Körpers. Ich sage nicht, daß er Liebe macht, denn das tut er nicht. Auch das Wort kopulieren wäre ungenau, denn es würde zwei Menschen voraussetzen, und hier ist nur einer beteiligt. Das Wort Vergewaltigung trifft auch nicht zu: hier geschieht nichts, wozu ich mich nicht verpflichtet habe. Viel Auswahl gab es nicht, aber doch eine gewisse, und eben das hier habe ich gewählt.

Deshalb liege ich still und stelle mir den ungesehenen Baldachin über mir vor. Ich erinnere mich an den Rat, den Königin Viktoria ihrer Tochter gab. *Schließe die Augen und denke an England.* Aber wir sind nicht in England. Wenn er sich doch beeilte!   (125 f.)

Atwood zielt hier wohl mit ihrer Groteske auf eine Persiflage über die Praktiken der »Leihmütter«, der künstlichen Befruchtung, der Spermenbanken usw.

Schließlich verstoßen alle Beteiligten gegen die heiligen Gesetze von Gilead: Der Kommandant fordert Desfred auf, heimlich mit ihm Scrabble zu spielen, ein Buchstabenspiel, das offenkundig das Schreibverbot verletzt; Serena Joy bittet Desfred, mit dem Chauffeur Nick zu schlafen, da sie an die Zeugungsfähigkeit des Gatten nicht glaubt, jedoch ein Kind will – eine Todsünde im wörtlichen Sinne, der Chauffeur betätigt sich für Serena Joy auch als Lieferant illegaler »Luxusgüter«. Desfred läßt sich auf die Forderungen ein, genießt das Scrabble, den Sex mit Nick, gerät in Todesgefahr. Schließlich wird sie von zwei Männern, die der Chauffeur – ist er Spion oder »Dissident«? – ihr schickt, im schwarzen Auto ins Ungewisse entführt. Das Manuskript, der Roman, der gut zweihundert Jahre später bei der »Internationalen Tagung der Vereinigung der Historiker, am 25. Juni 2195 an der Universität Denay« (381) Forschungsgegenstand wird, zeigt, daß sie dem Gileadischen Regime entkommen ist.

Atwood behandelt in ihrem Roman ein Potpourri an Themen und Mißständen in der Welt, die nicht in erster Linie die nordamerikanischen Gesellschaften betreffen; sie entwirft eine feministische Dystopie, in der den Frauen nur dienende Rollen zugewiesen werden, sie als Subjekt selbstbestimmten Handelns negiert werden. Ihren Grundeinfall jedoch, das Schriftlichkeitsverbot für Frauen, verspielt sie letztlich, da die einzigen Männer, die in dem Romangeschehen auftauchen, der Kommandant und der Chauffeur, nicht als praktizierende Leser und Schreiber vorgestellt werden. Das Herrschaftswissen, das den Männern durch die Schrift gegenüber den vom Schriftverbot betroffenen Frauen zukommt, bleibt Leerstelle. Nirgendwo wird deutlich, was die Männer, wenn sie nicht gerade Kommandanten sind, mit der Schrift anfangen, inwiefern sie Macht ausüben und die Frauen unterdrücken, es gibt überhaupt nur den Kommandanten und den Chauffeur, der gleichfalls Opfer ist und mit dem ihr schließlich die Flucht gelingt.

Doch mag es der ausgestalteten Dystopie auch an Stringenz fehlen, ihr satirischer Grundeinfall ist glänzend, und Atwoods Einfallsreichtum grotesker Situationen, die in ihrer Schreckensvision einer theokratisch, männlich organisierten USA am Ende des Jahrhunderts sich ereignen, beeindruckt. Parallelen zu zeitgenössischen fundamentalistischen Strömungen sind auffallend.

Atwoods Roman, der – anders als die Werke Haushofers und Lessings – das Thema atomarer Vernichtung völlig ausspart, dagegen eine Dystopie fundamentalistischer Gewaltherrschaft, eine geistfeindliche Gesellschaft entwirft, die alle Lebensfreude, alle Lust an Gesellligkeit, künstlerischer Produktion und Rezeption rigoros unterdrückt, setzt ein Signal: das Signal, daß die heutige Welt durch neue, andere Radikalismen bedroht ist. Die Angst vor dem berühmten »Knopfdruck«, »daß wir einander selber zu Stäubchen zersprengen und so der Geschichte ein Ende machen« könnten – wie Huxley formulierte –, ist der Angst vor Fanatismen gewichen, die dem Leben jeglichen Reiz, dem Individuum – vor allem dem weiblichen – Würde und Selbstbestimmung zu rauben suchen.

Bibliographie

Ausgaben

Andreae, Johann Valentin: Reipublicae Christianopolitanae Descriptio. Straßburg 1619. – Dt.: Reise nach der Insul Caphar Salama, Und Beschreibung der darauf gelegenen Republic Christiansburg. Nebst einer Zugabe von Moralischen Gedancken in gebundener und ungebundener Rede. Hrsg. von D[aniel] S[amuel] G[eorgii]. Esslingen 1741. – Reprogr. Nachdr. Hildesheim 1981.

Atwood, Margaret: The Handmaid's Tale. Toronto 1985. – Dt.: Report der Magd. Düsseldorf 1987.

Bacon, Francis: Nova Atlantis [1627]. London 1960. – Dt.: Neu-Atlantis. In: Der utopische Staat. Hrsg. von Klaus J. Heinisch. Reinbek bei Hamburg 1968.

– Das neue Organon. (Novum Organon.) Übers. von Manfred Buhr. Berlin 1962.

Bellamy, Edward: Looking Backward. 2000–1887 [1888]. Harmondsworth 1982. – Dt.: Ein Rückblick aus dem Jahre 2000 auf 1887. Übers. von Georg von Gizycki. Stuttgart 1983.

Bloch, Ernst: Das Prinzip Hoffnung. Frankfurt a. M. ⁴1977.

Boye, Karin: Kallocain. Roman fran 2000-talet [1940]. Stockholm 1983. – Dt.: Kallocain. Ein Roman aus dem 21. Jahrhundert. Übers. von Helga Clemens. Frankfurt a. M. 1993.

Brecht, Bertolt: An die Nachgeborenen. In: B. B.: Werke. Große kommentierte Berliner und Frankfurter Ausgabe, Bd. 12. Hrsg. von Werner Hecht, Jan Knopf, Werner Mittenzwei, Klaus-Detlef Müller. Frankfurt a. M. 1988.

– Der kaukasische Kreidekreis. In: Stücke aus dem Exil. Berlin und Frankfurt a. M. 1957.

Butler, Samuel: Erewhon, or, Over the Range [1872]. New York 1961. – Dt.: Erewhon oder Jenseits der Berge. Übers. von Fritz Güttinger. Frankfurt a. M. 1981.

Cabet, Etienne: Voyage en Icarie [1840]. Genf 1979. – Dt.: Reise nach Ikarien. Übers. von F. von Wendel-Hippler. Berlin 1979.

Callenbach, Ernest: Ecotopia. Hrsg. von Klaus Degering. Stuttgart

1996. – Dt.: Ökotopia. Übers. von Ursula Clement und Reinhard Merker. Berlin 1978.

Campanella, Tommaso: La Città del Sole [1602/1611]. Mailand 1962. – Dt.: Der Sonnenstaat. In: Der utopische Staat. Hrsg. von Klaus J. Heinisch. Reinbek bei Hamburg 1968.

Chateaubriand, François-René: Atala/René. Paris 1964.

Cyrano de Bergerac: Le Voyage dans la lune. (L'Autre Monde ou Les États et Empires de la Lune.) Paris 1970. – Dt.: Mondstaaten und Sonnenreiche. Phantastischer Roman. Übers. von Martha Schimper. München/Leipzig 1913.

Dalos, György: Neunzehnhundertfünfundachtzig. Ein historischer Bericht. Berlin 1982.

Dürrenmatt, Friedrich: Die Physiker [1962]. Zürich 1980.

– Der Winterkrieg in Tibet. In: F. D.: Labyrinth. Stoffe I–III. Zürich 1981.

Eich, Günter: Träume [1950]. In: G. E.: Gesammelte Werke. Bd. 2: Die Hörspiele 1. Frankfurt a. M. 1973.

Engels, Friedrich: Die Entwicklung des Socialismus von der Utopie zur Wissenschaft [1883]. Berlin 1955.

Enzensberger, Hans Magnus: Weiterung. In: H.-M. E.: Blindenschrift. Frankfurt a. M. 1964.

– Der Untergang der Titanic. Frankfurt a. M. 1978.

Fichte, Johann Gottlieb: Der geschloßne Handelsstaat. Tübingen 1800.

Fried, Erich: Gesammelte Werke. Gedichte 2. Berlin 1993.

Gilman, Charlotte Perkins: Herland [1915]. London 1986. – Dt.: Herland. Übers. von Sabine Wilhelm. Reinbek bei Hamburg 1994.

Goethe, Johann Wolfgang: Dichtung und Wahrheit. Hrsg. von Walter Hettcher. Stuttgart 1991.

Guha, Anton Andreas: Ende. Tagebuch aus dem 3. Weltkrieg. Königstein i. Ts. 1983.

Haushofer, Marlen: Die Wand [1968]. Düsseldorf ³1983.

Horx, Matthias: Es geht voran. Ein Ernstfall-Roman. Berlin 1982.

Huxley, Aldous: Brave New World [1932]. London 1994. – Dt.: Schöne neue Welt. Frankfurt a. M. 1997.

Kipphardt, Heinar: In der Sache J. Robert Oppenheimer [1964]. In: H. K.: Theaterstücke. Bd. 1. Köln 1978.

Lessing, Doris: The Memoirs of a Survivor. London 1974. – Dt.: Die Memoiren einer Überlebenden. Übers. von Rudolf Hermstein. Frankfurt a. M. 1979.

Mannheim, Karl: Ideologie und Utopie [1928/29]. Frankfurt a. M. [8]1995.

Mercier, Louis-Sébastien: L'An deux mille quatre cent quarante. Rêve s'il en fut jamais [1770]. Bordeaux 1971. [Zitate in der Übers. von Hiltrud Gnüg.] – Dt.: Das Jahr 2440. Ein Traum aller Träume. Übers. von Christian Felix Weise. Frankfurt a. M. 1982.

Morris, William: News from Nowhere [1890]. Harmondsworth 1984. – Dt.: Kunde von Nirgendwo. Übers. von Natalie Liebknecht. Reutlingen [2]1981.

Morus, Thomas: Utopia. In: Der utopische Staat. Hrsg. und übers. von Klaus J. Heinisch. Reinbek bei Hamburg 1968.

Orwell, George: Nineteen Eighty-Four [1949]. Harmondsworth 1989. – Dt.: 1984. Übers. von Kurt Wagenseil. Zürich [22]1974.

Ovid: Metamorphosen. Hrsg. und übers. von Hermann Breitenbach. Stuttgart 1993.

Owen, Robert: A new view of society, or essays on the principle of the formation of the human character and the application of the principle to practice. London 1816.

Piontek, Heinz: Vorkriegszeit. Ein Gedicht. München 1980.

Platon: Politeia. In: Platon: Sämtliche Werke 3. In der Übers. von Friedrich Schleiermacher mit der Stephanus-Numerierung. Hrsg. von Walter F. Otto, Ernesto Grassi, Gert Plamböck. Reinbek bei Hamburg [11]1967.

Rabelais, François: Gargantua et Pantagruel [1532–64]. Genève 1965. – Dt.: Gargantua und Pantagruel. Übers. von Walter Widmer und Karl August Horst. München 1968.

Samjatin, Jewgenij: My [1923]. Paris 1994. – Dt.: Wir. Übers. von Gisela Drohla. München 1982.

Saint-Pierre, Jacques-Henri Bernardin de: La Chaumière indienne [1791]. In: J.-H. B. de S.-P.: Paul et Virginie. Paris 1961.

Schiller, Friedrich: Über naive und sentimentalische Dichtung [1795/96]. Rev. Ausg. Stuttgart 1978.

Schmidt, Arno: Die Gelehrtenrepublik [1957]. Frankfurt a. M. 1979.
– Kaff auch Mare Crisium [1960]. Frankfurt a. M. 1979.
– Schwarze Spiegel [1949]. Frankfurt a. M. 1979.

Schnabel, Johann Gottfried: Die Insel Felsenburg. Wunderliche Fata einiger Seefahrer [1731–43]. Ausgabe in drei Bänden. Mit einem Nachw. von Günter Dammann. Frankfurt a. M. 1997.
– Der im Irrgarten der Liebe herumtaumelnde Kavalier [1746]. München 1968.

Schütt, Peter: Entrüstet euch! Gedichte für den Frieden. Dortmund 1982.

Shelley, Mary Wollstonecraft: Frankenstein, or The modern Prometheus [1818]. London 1932. – Dt.: Frankenstein oder Der neue Prometheus. Übers. von Friedrich Polakovics. München ²1980.

Swift, Jonathan: Travels into Several Remote Nations of the World. By Lemuel Gulliver. First a Surgeon, and then a Captain of Several Ships [1726]. Middlesex 1967. – Dt.: Gullivers Reisen. Mit einem Essay von Martin Walser. In: J.S.: Ausgewählte Werke. Übers. von G. Graustein, F. Kottenkamp und O. Wilck. Bd. 3. Frankfurt a. M. 1972.

Tschajanow, Alexander W.: Reise meines Bruders Alexej ins Land der bäuerlichen Utopie. Übers. von Christiane Schulte und Rosalinde Sartori. Frankfurt a. M. 1981.

Voltaire (d. i. François-Marie Arouet): Micromégas [1752]. Candide ou l'Optimisme [1759]. In: V.: Romans et Contes. Paris 1960. [Zitate in der Übers. von Hiltrud Gnüg.] – Dt.: Sämtliche Romane und Erzählungen. Hrsg. von L. Ronte und W. Widmer. München 1969.

Wells, Herbert G.: The Time Machine. An Invention [1895]. London 1985. – Dt.: Die Zeitmaschine. Eine Erfindung. Übers. von Peter Naujack. Zürich 1985.

– When the Sleeper Wakes [1899]. In: H. G. W.: Three Prophetic science fiction novels. New York 1960. – Dt.: Wenn der Schläfer erwacht. Übers. von Ida Koch-Loepringen. München/Zürich 1980.

Wieland, Christoph Martin: Der goldne Spiegel, oder die Könige von Scheschian. Eine wahre Geschichte [1772]. In: Ch. M. W.: Gesammelte Werke. Hrsg. von W. Kurrelmeyer. Berlin 1931.

Wolf, Christa: Kassandra. München 1993.

Ausgewählte Literatur

Adorno, Theodor W.: Aldous Huxley und die Utopie. In: Th. W. A.: Gesammelte Schriften. Band 10,1. Frankfurt a. M. 1977.

Augsburger, Hans-Jürgen: Die Anfänge der Utopie in Frankreich und ihre Grundlagen in der Antike. Bamberg 1975.

Baczko, Bronislaw: Lumières de l'Utopie. Paris 1978.

Berghahn, Klaus L. / Seeber, Hans Ulrich (Hrsg.): Literarische Utopien von Morus bis zur Gegenwart. Königstein i. Ts. 1983.

Berghahn, Klaus L. / Grimm, Reinhold (Hrsg.): Utopian Vision,
Technological Innovation and Poetic Imagination. Heidelberg
1990.

Berneri, Marie-Louise: Reise durch Utopia. Berlin 1982.

Biesterfeld, Wolfgang: Die literarische Utopie. Stuttgart [2]1982.

– Aufklärung und Utopie. Gesammelte Aufsätze zur Literaturge-
schichte. Hamburg 1993.

Binder, Regine: Die maskierte Utopie. Feminismus und Science-fiction. Frankfurt a. M. [u. a.] 1996.

Bloch, Ernst: Das Prinzip Hoffnung. Frankfurt a. M. [4]1977.

– Antizipierte Realität – Was geschieht und was leistet utopisches
Denken? In: E. B.: Abschied von der Utopie? Vorträge. Hrsg. von
Hanna Gekle. Frankfurt a. M. 1980.

Börner, Klaus H.: Auf der Suche nach dem irdischen Paradies. Zur
Ikonographie der geographischen Utopie. Frankfurt a. M. 1984.

Booker, M. Keith: Dystopian Literature. A Theory and Research
Guide. Westport, Conn., 1994.

Braungart, Wolfgang: Apokalypse und Utopie. In: Gerhard R. Kai-
ser (Hrsg.): Poesie der Apokalypse. Würzburg 1991. S. 63–102.

– Die Kunst der Utopie. Stuttgart 1989.

Brunner, Wolfgang: Die poetische Insel. Inseln und Inselvorstellun-
gen in der deutschen Literatur. Stuttgart 1967.

Butor, Michel: Die Krise der Science-Fiction. In: M. B.: repertoire 3.
München 1965.

Cauville, Joëlle: Réécriture des mythes. L'utopie au féminin. Amsterdam 1997.

Clare, Mariette: Doris Lessing and Women's Appropriation of
Science Fiction. Birmingham 1984.

Davey, Frank: Margaret Atwood: a Feminist Poetics. Vancouver 1984.

Drews, Jörg: Thesen und Notizen zu Kaff. In: Text + Kritik. H. 20:
Arno Schmidt. München 1968.

– / Bock, Hans Michael (Hrsg.): Der Solipsist in der Heide. Materialien zum Werk Arno Schmidts. München 1974.

Eggers, Werner: Arno Schmidt. In: Deutsche Literatur der Gegenwart in Einzeldarstellungen. Hrsg. von Dietrich Weber. Bd. 1.
Stuttgart 1976.

Enzensberger, Christian: Die Grenzen der literarischen Utopie.
In: Akzente 28 (1981) S. 44–60.

Erzgräber, Willi: Utopie und Antiutopie in der englischen Literatur. München ²1985.

Fishburn, Katherine: The Unespected Universe of Doris Lessing: A Study in Narrative Technique. Westport, Conn., 1985.

Földeak, Hans: Neuere Tendenzen in der sowjetischen Science Fiction. München 1975.

Fohrmann, Jürgen: From Literary Utopia to the Utopia of Subjectivity. In: Monatshefte 88 (1996) H. 3. S. 289–297.

– Über Utopie(n). In: Germanisch-romanische Monatsschrift 74 (1993) H. 4. S. 369–382.

Funke, Hans-Günther: Zur Geschichte der Gattungsbezeichnungen der literarischen Utopie in Frankreich im 17. und 18. Jahrhundert. In: Französische Literatur des 18. Jahrhunderts. Hrsg. von Wido Hempel. Frankfurt a. M. 1982.

Glaser, Horst Albert: Utopische Inseln. Beiträge zu ihrer Geschichte und Theorie. Frankfurt a. M. [u. a.] 1996.

Gnüg, Hiltrud (Hrsg.): Literarische Utopie-Entwürfe. Frankfurt a. M. 1982.

– Die Unvernunft der technologischen Vernunft. Zur Problematik moderner dystopischer Literatur. In: Literatur und Geschichte. 1788–1988. Hrsg. von Gerhard Schulz. Bern / Frankfurt a. M. 1990.

– Der utopische Roman. Eine Einführung. Zürich/München 1983.

Groeben, Norbert: Frauen – Science-fiction – Utopie. Vom Ende aller Utopie(n) zur Neugeburt einer literarischen Gattung? In: Internationales Archiv für Sozialgeschichte der deutschen Literatur 19 (1994) H. 2. S. 173–206.

Hahn, Peter: Kunst als Ideologie und Utopie. Über die theoretischen Möglichkeiten eines gesellschaftsbezogenen Kunstbegriffs. In: Literaturwissenschaft und Sozialwissenschaften 1. Stuttgart 1971.

Harbsmeier, Michael: Utopieforschung. Interdisziplinäre Studien zur neuzeitlichen Utopie. Frankfurt a. M. 1985.

Haschak, Paul G.: Utopian/Dystopian Literature: A Bibliography of Literary Criticism. Metuchen, N. J., [u. a.] 1994.

Hermand, Jost: Orte. Irgendwo. Formen utopischen Denkens. Königstein i. Ts. 1981.

Heuermann, Hartmut / Lange, Bernd-Peter (Hrsg.): Die Utopie in der angloamerikanischen Literatur. Düsseldorf 1984.

Hillegas, Mark: The Future as Nightmare: H. G. Wells and the Anti-Utopians. New York 1967.

Howells, Coral Ann: Margaret Atwood, *The Handmaid's Tale*: Notes. Harlow 1994.

Jucker, Rolf: Zeitgenössische Utopieentwürfe in Literatur und Gesellschaft. Zur Kontroverse seit den achtziger Jahren. Amsterdam 1997.

Klarer, Mario: Frau und Utopie. Feministische Literaturtheorie und utopisches Denken im anglo-amerikanischen Roman. Darmstadt 1993.

Kluwe, Sigbert: Weibliche Radikalität. Historische Fallstudien über Mary Wollstonecraft, Frances Wright, Sarah and Angelina Grimké, Charlotte Perkins Gilman. Frankfurt a. M. 1990.

Lane, Ann J.: To Herland and Beyond: The Life and Work of Charlotte Perkins Gilman. New York 1990.

Lill, Rudolf: Geschichte Italiens vom 16. Jahrhundert bis zu den Anfängen des Faschismus. Darmstadt 1980.

Lück, Hartmut: Fantastik – Science Fiction – Utopie. Das Realismusproblem in der utopisch-fantastischen Literatur. Gießen 1977.

Majut, Rudolf: Der utopische Roman. In: Deutsche Philologie im Aufriß. Hrsg. von Paul Merker und Wolfgang Stammler. Berlin 1960.

Massari, Roberto: Mary Shelleys Frankenstein. Vom romantischen Mythos zu den Anfängen der science-fiction. Hamburg 1989.

Mayer, Hans: Außenseiter. Frankfurt a. M. 1975.

Miller, Norbert: Utopie und Längeres Gedankenspiel. Erfundene Wirklichkeit in der Literatur. In: Sprache im technischen Zeitalter (1986) H. 97. S. 17–36.

Morrien, Rita: Weibliches Textbegehren bei Ingeborg Bachmann, Marlen Haushofer, Unica Zürn. Würzburg 1996.

Müller, Götz: Gegenwelten. Die Utopie in der deutschen Literatur. Stuttgart 1989.

Neusüss, Arnhelm (Hrsg.): Utopie. Begriff und Phänomen des Utopischen. Neuwied/Berlin ²1972.

Praesent, Angela: Vorwort. In: Charlotte Perkins Gilman: Herland. Reinbek bei Hamburg 1993. S. 7–10.

Ruyer, Raymond: L'Utopie et les utopies. Paris 1950.

Schütte, Wolfram: Robinsonaden und Bibliomania oder: Kopfwelten. Notizen zu den Anfängen Arno Schmidts. In: Literaturmagazin 7. Hrsg. von Nicolas Born und Jürgen Manthey. Reinbek bei Hamburg (Juni) 1977.

Schwonke, Martin: Vom Staatsroman zur Science Fiction. Eine Untersuchung über Geschichte und Funktion der naturwissenschaftlich-technischen Utopie. Stuttgart 1957.

Seeber, Hans Ulrich: Wandlungen der Form in der literarischen Utopie: Studien zur Entfaltung des utopischen Romans in England. Göppingen 1970.

Servier, Jean: L'utopie. Paris 1979.

Shafi, Monika: Utopische Entwürfe in der Literatur von Frauen. Bern / Frankfurt a. M. [u. a.] 1990.

Sibley, Mulford Q.: Technology and Utopian Thought. Minneapolis 1971.

Snodgrass, Mary Ellen: Encyclopedia of Utopian Literature. Santa Barbara, Calif., 1995.

Soeffner, Hans-Georg: Der geplante Mythus. Untersuchungen zur Struktur und Wirkungsbedingungen der Utopie. Hamburg 1974.

Spies, Bernhard (Hrsg.): Ideologie und Utopie in der deutschen Literatur der Neuzeit. Würzburg 1995.

Stockinger, Ludwig: Aspekte und Probleme der neueren Utopiediskussion in der deutschen Literaturwissenschaft. In: Utopieforschung. Interdisziplinäre Studien zur neuzeitlichen Utopie. Bd. 1 Hrsg. von Wilhelm Voßkamp. Stuttgart 1982. S. 120–142.

Sudreau, Pierre: La Stratégie de l'Absurde. Paris 1981.

Trousson, Raymond: Voyages aux pays de nulle part. Histoire littéraire de pensée utopique. Bruxelles ²1979.

Ueding, Gert (Hrsg.): Literatur als Utopie. Frankfurt a. M. 1978.

Villgradter, Rudolf / Krey, Friedrich (Hrsg.): Der utopische Roman. Darmstadt 1973.

Voßkamp, Wilhelm: Utopie als Antwort auf Geschichte. Zur Typologie literarischer Utopien in der Neuzeit. In: Geschichte als Literatur. Formen und Grenzen der Repräsentation von Vergangenheit. Hrsg. von Hartmut Eggert, Ulrich Profitlich und Klaus R. Scherpe. Stuttgart 1990. S. 273–283.

– (Hrsg.): Utopieforschung. Interdisziplinäre Studien zur neuzeitlichen Utopie. 3 Bde. Stuttgart 1982.

Wiegmann, Hermann: Utopie als Kategorie der Ästhetik. Zur Begriffsgeschichte der Ästhetik und Poetik. Stuttgart 1980.

Wolf, Christa: Voraussetzungen einer Erzählung: Kassandra. Frankfurter Poetik-Vorlesungen. Frankfurt a. M. 1983.

Werkregister

Halbfette Seitenzahlen bezeichnen die in einem Kapitel ausführlich besprochenen Werke.

Personenregister

Zur Autorin

HILTRUD GNÜG studierte in Köln und Paris Germanistik, Romanistik und Philosophie. Sie promovierte und habilitierte sich über komparatistische und motivgeschichtliche Themen. Seit 1984 ist sie Professorin für Neuere Deutsche Literaturwissenschaft an der Rheinischen Friedrich-Wilhelms-Universität Bonn. Sie hat u. a. folgende Bücher veröffentlicht: *Literarische Utopie-Entwürfe* (Hrsg., 1982), *Entstehung und Krise lyrischer Subjektivität. Vom klassischen lyrischen Ich zur modernen Erfahrungswirklichkeit* (1983), *Der utopische Roman* (1983), *Kult der Kälte. Der klassische Dandy im Spiegel der Weltliteratur* (1988), *Nichts ist versprochen. Liebesgedichte der Gegenwart* (Hrsg., 1989), *An Hölderlin. Zeitgenössische Gedichte* (Hrsg., 1993), *Don Juan. Ein Mythos der Neuzeit* (1993), *Frauen Literatur Geschichte. Schreibende Frauen vom Mittelalter bis zur Gegenwart* (Hrsg., ²1999). – Der vorliegende Band ist die Neufassung des 1983 bei Artemis erstmals erschienenen Buchs *Der utopische Roman. Eine Einführung.*